코로나19 바이러스
"친환경 99.9% 항균잉크 인쇄"
전격 도입

언제 끝날지 모를 코로나19 바이러스
99.9% 항균잉크(V-CLEAN99)를 도입하여 「안심도서」로
독자분들의 건강과 안전을 위해 노력하겠습니다.

본 도서는 항균잉크로 인쇄하였습니다.

항균잉크(V-CLEAN99)의 특징

◉ 바이러스, 박테리아, 곰팡이 등에 항균효과가 있는 산화아연을 적용

◉ 산화아연은 한국의 식약처와 미국의 FDA에서 식품첨가물로 인증받아 **강력한 항균력**을 구현하는 소재

◉ 황색포도상구균과 대장균에 대한 테스트를 완료하여 **99.9%의 강력한 항균효과** 확인

◉ 잉크 내 중금속, 잔류성 오염물질 등 **유해 물질 저감**

TEST REPORT

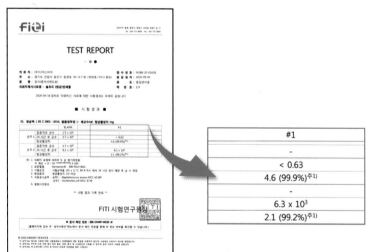

	#1
	-
	< 0.63
	4.6 (99.9%)주1)
	-
	6.3 × 10³
	2.1 (99.2%)주1)

Clean Zone

시대교육그룹

1970

소련 / 러시아

1970   다른 천체의 자료 회수를 위한 최초 로봇 탐사
(루나 16호, 달)

1970   다른 천체 위의 최초 이동 차량
(루나 17호, 달)

1971   다른 행성 위의 최초 연착륙
(마르스 3호, 화성)

1972   다른 행성 위에 과학적으로 성공한 최초 착륙
(베네라 8호, 금성)

1980

1980-
1981   최초로 1년에 가까운 외계 비행(마르스 호의 비행 시간과 비슷함)
(소유즈 35호)

1983   다른 행성의 궤도에서 행성 전 표면의 레이다 지도 최초 작성
(베네라 15호, 금성)

1985   다른 행성 대기 중에 풍선형 탐사 기구의 최초 배치
(베가 1호, 금성)

1986   혜성에 최초로 접근
(베가 1호, 핼리 혜성)

1986   승무원 교대 근무가 가능한 최초의 우주정거장 설치
(미르 호)

1950

미국

1958　우주 공간에서 최초의 과학적 발견: 밴앨런 대
(익스플로러 1호)

1959　우주에서 지구로 최초 텔레비전 화상 송신
(익스플로러 6호)

1960

1962　행성간 공간에서 최초의 과학적 발견: 태양풍의 직접 관측
(마리너 2호)

1962　최초로 과학적으로 성공한 행성 탐사
(마리너 2호, 금성)

1962　우주 공간에 최초로 천문대 설치
(OSO 1호)

1968　인류 최초의 다른 천체 선회
(아폴로 8호, 달)

1969　인류 최초의 다른 천체 위 착륙과 보행
(아폴로 11호, 달)

1969　다른 천체에서 최초로 표본 채집 및 회수
(아폴로 11호, 달)

1970

1971　다른 천체 위의 최초 유인 이동 차량
(아폴로 15호, 달)

1971　다른 행성을 선회한 최초 우주선
(마리너 9호, 화성)

1974　최초의 두 행성 탐사
(마리너 10호, 금성과 수성)

1976　최초의 화성 착륙 성공,
다른 행성 위의 생명체를 찾는 최초 우주선
(바이킹 1호)

공기업

공사
공단

필수이론 600제

기계직 ✛ 한국사 포함

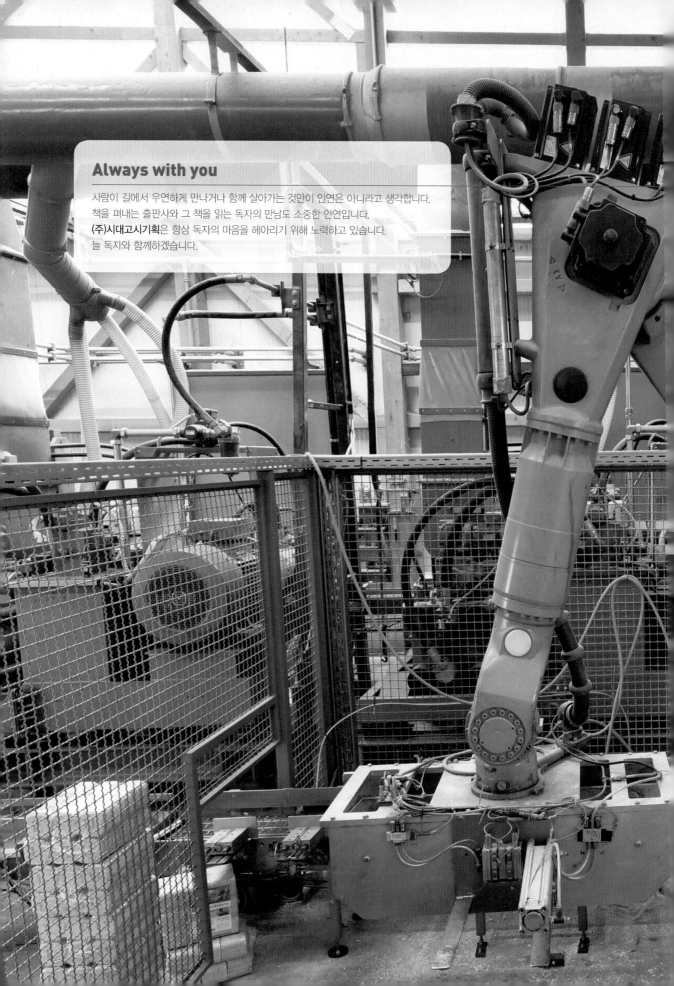

Always with you

사람이 길에서 우연하게 만나거나 함께 살아가는 것만이 인연은 아니라고 생각합니다.
책을 펴내는 출판사와 그 책을 읽는 독자의 만남도 소중한 인연입니다.
(주)시대고시기획은 항상 독자의 마음을 헤아리기 위해 노력하고 있습니다.
늘 독자와 함께하겠습니다.

머리글

최근 공기업과 공단은 기계직군을 채용할 때 NCS 기반의 전공 역량평가와 한국사 능력평가를 실시하고 있다. 평균적으로 전공 역량평가는 60문제, 한국사는 10문제가 출제되나 광범위한 시험범위로 인해 수험생들이 어려움을 겪고 있다.

본서는 전공과 한국사에 대한 출제 경향과 그 흐름을 빨리 파악하고 싶은 수험생들을 위해 그들의 눈높이에서 만들어졌다. 또한, 광범위한 기계 분야 전공영역과 한국사 분야에서 최소한 이것만은 알고 시험장에 들어가야 한다는 일종의 가이드라인을 제공하고자 하는 것도 하나의 목표이다. 어떤 시험이든 한 권의 책으로 합격을 달성하기란 어려운 일이어서 많은 수험생이 다양한 전공서적이나 수험서적으로 시험 준비를 하는데, 본서는 많은 책에서 정보를 얻은 후 그에 살을 붙여 나갈 뼈대가 되었으면 하는 목적으로 만들었다.

공기업의 성격에 따라 출제영역과 비율이 달라 시험 준비에 어려움을 겪을 수 있으나, 본서는 그동안의 공기업 기출문제들을 분석하여 가장 많이 출제되었던 영역 순으로 구성하였다. 시험 준비 시 다음과 같이 본 책을 활용할 것을 권장한다.

첫째, 하루 1시간씩 전공영역 주제를 속독한다. 전공용어에 노출되는 횟수가 많을수록 실전에서 문제 파악의 시간을 줄일 수 있다.

둘째, 매주 한 번씩 백지에 자신이 외운 이론과 그 핵심단어들이 영역별 몇 개나 되는지 스스로 피드백(Feedback)하여 다음 주의 공부 방향을 잡는다.

셋째, 한국사는 매일 10개의 모듈(Module)을 가볍게 읽음으로써 공부라기보다 역사를 알아간다는 마음으로 가볍게 접근한다.

넷째, 본서를 기준으로 시험 전날과 당일 시험장에서 볼 Summary Book을 만든다. 본서에서 외워지지 않는 부분을 뼈대로 하고, 본서에 없는 이론들을 추가하여 한 권의 Summary Book을 만들어 시험 당일 시험장에서 중요한 핵심내용만 확인할 수 있도록 한다.

위와 같이 본서를 활용한다면 수험생 여러분이 우수한 성적으로 필기시험을 통과하고 면접전형으로 나아가는 데 훌륭한 디딤돌 역할을 할 것이다.

본서가 출판되기까지 조언을 아끼지 않았던 여러 공기업 사원들과 준비생 여러분께 깊은 감사를 드리며, 시대고시기획 관계자 분들께도 감사드린다.

편저자 홍순규

주요 공기업 및 공단의 기계직 채용 정보

한국 남부발전

채용 예상 시기	상반기(4월) / 하반기(10월)
채용 전형	서류 → 필기시험(전공필기) → 면접
2차 필기시험 내용	• 직무능력평가(K-JAT) • 전공 : 기사 수준 50문항 • 한국사 : 20문항 • 영어 : 20문항
필기시험 선발 인원	채용 인원의 3배수
3차 면접	• 1차 면접 : PT, GD, 실무역량 면접 • 2차 면접 : 인성 및 조직 적합성 평가

한국 중부발전

채용 예상 시기	상반기(4월) / 하반기(10월)
채용 전형	서류 → 직무적합도 평가 → 직무능력평가(전공필기) → 심층 면접
2차 필기시험 내용	• 전공 : 일반기계기사 수준 50문항 • 한국사 : 10문항 • 직무수행능력 평가 : 10문항
필기시험 선발 인원	채용 인원의 3배수
3차 면접	• 1차 직군별 PT / 토론 면접 • 2차 경영진 인성 면접

한국 서부발전

채용 예상 시기	상반기(4월) / 하반기(10월)
채용 전형	서류 → 직무지식 평가(전공필기) → 직업기초능력, 인성검사 → 역량구조화 면접
1차 필기시험 내용	• 전공 : 기사 수준 70문항 • 한국사 : 10문항
필기시험 선발 인원	채용 인원의 2~3배수
2차 직업기초능력/ 인성검사	• 직업기초능력평가 • 인성검사 : 적부판정
3차 면접	• 개별 인터뷰 • 직무상황 면접

한국남동발전

채용 예상 시기	상반기(4월) / 하반기(10월)
채용 전형	서류 → 필기시험 → 심층 면접
2차 필기시험 내용	• 전공 : 직무수행능력 평가 기계 분야 지식 60문항 • 직업기초능력 : 45문항 • 인성검사 : 적부판정
필기시험 선발 인원	채용 인원의 2.5~3배수
3차 면접	• 인성역량 면접 • 상황 면접

한국동서발전

채용 예상 시기	상반기(4월) / 하반기(10월)
채용 전형	서류 → 필기시험 → 심층 면접
1차 필기시험 내용	• 전공 : 기계 분야 90점 • 한국사 : 10점 • NCS 직업기초능력검사 : 100점 • 인성검사 : 적부판정
필기시험 선발 인원	채용 인원의 3~5배수
2차 면접	• 직무 PT 면접 • 인성 면접

한국석유공사

채용 예상 시기	상반기(5월) / 하반기(7월)
채용 전형	서류 → 직무수행능력 평가 → 직업기초능력검사, 인성검사 → 면접
1차 필기시험 내용	• 전공 : 76문항 • 한국사 : 4문항
필기시험 선발 인원	채용 인원의 5배수
3차 면접	• 직무 면접 • 종합 면접

한국가스공사

채용 예상 시기	상반기(4월) / 하반기(10월)
채용 전형	서류 → 필기시험 → 면접
2차 필기시험 내용	• NCS 직업기초능력(50%) • 전공 : 직무수행능력 전공 지식(50%) • 인성검사 : 적부판정
필기시험 선발 인원	모집 인원의 2배수
3차 면접	• 직무 PT 면접 • 직업기초 면접

| Guide |

한국지역 난방공사	채용 예상 시기	상반기(6월) / 하반기(9월)
	채용 전형	서류 → 필기시험 → 면접
	2차 필기시험 내용	• 직업기초능력 : 50문항 • 직무수행능력 : 50문항
	필기시험 선발 인원	채용 인원의 2배수
	3차 면접	• 인성면접 • 대졸 : 직무역량 면접(In-basket) 고졸 : 상황 면접

한전 원자력연료	채용 예상 시기	상반기(4월) / 하반기(10월)
	채용 전형	서류 → 필기시험 → 면접
	2차 필기시험 내용	• NCS 직업기초능력 평가(기술능력 포함) • 인성검사 : 적부판정
	필기시험 선발 인원	채용 인원의 5배수
	3차 면접	• 역량 면접 • 토의 면접

한국시설 안전공단	채용 예상 시기	3월
	채용 전형	서류 → 필기시험 → 면접
	2차 필기시험 내용	• 전공 : 기계설계 25문항, 재료역학 25문항 • NCS 직업기초능력 평가 : 50문항
	필기시험 선발 인원	모집단위 채용 인원의 3~5배수
	3차 면접	• 발표 면접 • 인성 및 직무역량 면접

이 책의 구성과 특징

01

핵심이론(전공)

기계직 영역의 최신 출제 기준과 경향을 분석하여 시험에 꼭 나오고 반드시 학습해야 하는 내용을 정리하여 수록하였습니다.

02

한국사

한국사 시험이 많이 중요해짐에 따라 10~20문항 정도가 출제되고 있습니다. 출제경향을 파악하여 중요한 핵심이론을 수록하였습니다.

03

기출복원문제

최신 출제경향을 파악하여, 출제 빈도가 높고 새로운 유형의 문제를 복원하였습니다. 기출복원문제를 통해 중요한 이론을 한 번 더 점검해 보고 새로운 유형의 문제에 대비할 수 있도록 구성하였습니다.

Contents

목차

제 **1** 과목

유체역학

Module 50제

공사공단 공기업 전공 [필기]

기계직
필수 이론 600제
(한국사 포함)

600제

(주)시대고시기획
(주)시대교육
www. **sidaegosi**.com

시험정보 · 자료실 · 이벤트
합격을 위한 최고의 선택

시대에듀
www. **sdedu**.co.kr

자격증 · 공무원 · 취업까지
BEST 온라인 강의 제공

유체역학

Module 001

압축성 유체와 비압축성 유체

핵심이론

[유체의 분류]

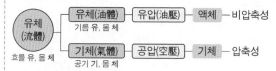

[유압과 공압(기압)의 응답속도]

유압(油壓)장치에 사용되는 유체는 비압축성 액체다. 액체를 실린더나 관로 내에서 일정한 부피만큼 밀어내면 그 즉시 동일한 부피만큼 끝부분이 다른 곳으로 이동하므로 응답속도가 빠르다. 반면에 공압(空壓)장치는 압축성 유체인 기체를 사용하므로, 일정한 부피만큼 밀어내어도 상당한 부피의 압축이 이루어진 후에 응답이 이루어지므로 반응속도는 유압보다 떨어진다.

따라서, 유압이 공압(기압)에 비해 반응속도(응답속도)가 빠르다.

액체 > 기체

용어 정의

• **유체** : 기체나 액체를 하나의 용어로써 총칭하는 말
• **압축성 유체** : 유체가 외부 압력을 받아 그 부피가 줄어들거나 밀도변화가 있는 유체
• **비압축성 유체** : 액체가 외부 압력을 받아 그 부피나 밀도변화가 없는(무시할 수 있는) 유체

안심Touch

Module **002**

파스칼의 원리

핵심**이론**

밀폐된 용기 속에 있는 액체에 압력을 가하면 그 액체가 접하고 있는 모든 방향으로 같은 크기의 힘인 "압력"이 전달되며, 그 압력은 벽에 수직으로 작용한다.

※ 파스칼(Pascal)의 원리는 유압 잭(펌프)의 원리로도 사용된다.

[파스칼의 원리 표현식]

$$P_1 = P_2$$

$$P_1 = \frac{F_1}{A_1} = \frac{F_1}{\dfrac{\pi D_1^{\,2}}{4}} = P_2$$

$$\frac{4F_1}{\pi D_1^{\,2}} = \frac{4F_2}{\pi D_2^{\,2}}$$

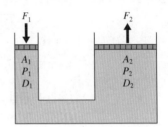

용어 **정의** ▶

파스칼(Pa)

• 국제도량형회의에서 정해진 압력의 단위로 $[\text{Pa}] = [\text{N/m}^2]$를 사용한다.
• 프랑스의 과학자이자 수학자인 Pascal의 이름에서 유래되었다.

Module **003**

압력

핵심**이론**

[압력(Pressure)의 종류]

• **절대압력**(P_{abs}) : 완전진공상태를 기점 0으로 하여 측정한 압력

$$P_{\text{abs}} : P_{\text{a}(=\text{atm})} + P_g$$

• **대기압**(P_{atm}) : 지표면에 작용하는 공기의 압력

대기압 1기압은 1643년 토리첼리가 측정한 진공시험에서 1[m]의 유리관 속에 수은을 채워 넣고 입구를 뒤집어서 수은을 채운 용기에 넣었을 때 수은 기둥의 높이가 76[cmHg](=760[mmHg])까지 내려온 후 평형을 이루었을 때의 압력을 말한다. 이 값은 측정 위치나 날씨에 따라 달라진다.

- 표준대기압 : 해상을 기준으로 측정

   표준대기압 $1[\text{atm}] = 760[\text{mmHg}]$

   $= 10.332[\text{mAq}]$

   $= 101.3[\text{kPa}]$

   $1[\text{bar}] = 10^5[\text{Pa}]$

   $= 14.5[\text{psi}]$

- 국소대기압 : 임의의 위치를 기준으로 측정
- **게이지압력**(P_g) : 대기압을 기점 0으로 하여 측정한 압력. (+)면 정압, (−)면 부압

   $P_g = P_{\text{abs}} - P_{\text{atm}}$

- **진공압(부압)** : 대기압을 기준으로 그 이하의 압력. 진공도는 진공압력의 크기를 백분율로 표시한다.

> **용어 정의**

- **압력의 단위** : $1[\text{Pa}] = 1[\text{N/m}^2]$
- **완전진공** : 기압이 0인 상태

Module 004

표면장력
(γ or σ)

> **핵심이론**

- **표면장력**, $\gamma = \dfrac{F}{A} = \dfrac{ma}{A} = \dfrac{[\text{kg} \cdot \text{m/s}^2]}{[\text{m}]} = [\text{kg/s}^2]$
- **표면장력의 차원** : MT^{-2}

> **용어 정의**

표면장력($\gamma(=\sigma)$)
유체 입자 간 응집력으로 인해 유체의 자유표면이 서로 잡아당기면서 얇은 탄성 막이 형성되는 성질이다. 표면장력은 바늘과 같은 물체도 물에 띄울 수 있다.

Module 005

모세관 현상

> **핵심이론**

물속에 모세관을 세로로 넣으면 관 내부의 액체 표면이 외부 액체의 표면보다 높거나 낮아지는 현상이다. 물분자와 유리벽 사이의 접착력이 액체의 응집력보다 더 클 때 발생한다.

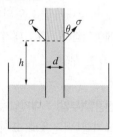

액면으로부터의 모세관 높이 $h = \dfrac{4\sigma\cos\theta}{\gamma d}$

여기서,　γ : 물의 비중량　　　　　　σ : 표면장력
　　　　θ : 모세관에 의해 올라간 각도　　d : 모세관 지름

> **용어 정의**

모세관(Capillary Tube) : 毛(가벼울, 줄기 모), 細(가늘 세), 직경이 작은 관

Module 006

밀 도

> **핵심이론**

• **밀도**, $\rho = \dfrac{m(\text{질량})}{V(\text{부피})}\,[\text{kg/m}^3]$

> **용어 정의**

밀도(ρ)
• 단위체적당 질량의 크기
• 밀도는 온도와 압력의 변화에 따라 같은 물체라도 그 값은 달라진다.
• 동일한 부피라도 밀도가 작은 물체일수록 물에 잘 뜬다.

Module 007

체적유량(Q)과 질량유량($\dot{M}$)

핵심이론

- **체적유량(Q)**

$$Q = A \times v \ [\text{m}^3/\text{s}]$$

여기서, A : 단면적[m²], v : 유동속도[m/s]

- **질량유량($\dot{M}$)**

$$\dot{M} = \rho \times A \times v = \rho Q \ [\text{kg/s}]$$

여기서, ρ : 밀도 [kg/m³]

용어 정의

- **체적유량(Q)** : 단위시간 동안 수로나 관의 단면적을 통과하는 유체의 총량
- **질량유량($\dot{M}$)** : 단위시간 동안 수로나 관의 단면적을 통과하는 유체의 총질량

Module 008

MLT계와 FLT계

핵심이론

[물리량별 표시방법]

물리량	기 호	단 위	FLT계	MLT계
운동량	$p = mv$	[N · s]	FT	MLT^{-1}
응 력	σ	[N/m²]	FL^{-2}	$ML^{-1}T^{-2}$
압 력	P	[N/m²]	FL^{-2}	$ML^{-1}T^{-2}$
힘	$F = ma$	[kg · m/s²]	F	MLT^{-2}
에너지	E	[N · m]	FL	ML^2T^{-2}
동 력	$H(=L)$	[J/s]	FLT^{-1}	ML^2T^{-3}
점성계수	μ	[poise]	$FL^{-2}T$	$ML^{-1}T^{-1}$
동점성계수	$\nu = \dfrac{\mu}{\rho}$	[St(Stokes)]	L^2T^{-1}	L^2T^{-1}
표면장력	$Y(=T, \sigma)$	[dyne/cm]	FL^{-1}	MT^{-2}
체적유량	Q	[m³/s]	L^3T^{-1}	L^3T^{-1}
토 크	T	[N · m]	FL	ML^2T^{-2}
속 도	v	[m/s]	LT^{-1}	LT^{-1}
가속도	a	[m/s²]	LT^{-2}	LT^{-2}

안심Touch

물리량	기 호	단 위	FLT계	MLT계
밀 도	$\rho = \dfrac{m}{V}$	$[\mathrm{kg/m^3}]$	$FL^{-4}T^2$	ML^{-3}
비중량	$\gamma = \dfrac{W}{V}$	$[\mathrm{kg_f/m^3}]$	FL^{-3}	$ML^{-2}T^{-2}$

용어 정의

기본 차원의 종류
- FLT 계 $= F$: 힘(Force), L : 길이(Length), T : 시간(Time)
- MLT 계 $= M$: 질량(Mass), L : 길이(Length), T : 시간(Time)

Module **009**

부 력

핵심이론

부력, $F_B = \rho g V = \gamma V$

여기서, ρ : 물의 밀도, g : 중력가속도, V : 물체가 유체에 잠긴 부피, γ : 비중량

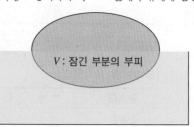

V : 잠긴 부분의 부피

용어 정의

부력(浮力, 뜰 부, 힘 력, Buoyancy)
- 물체를 액체 속에 넣었을 때 중력의 반대방향으로 물체를 밀어 올리는 힘으로, 표면력이라고도 한다.
- 부력의 크기는 액체 내에서 물체가 차지하는 부피에 상당하는 액체의 무게로 표시한다.

Module 010

유선의 방정식

[핵심이론]

- 유체의 속도 V는 3개의 방향으로 각각의 속도벡터를 갖는데 x방향으로 u, y 방향으로 v, z방향으로 w를 기호로 사용한다.
- 속도벡터와 각 방향의 성분들은 비례관계를 갖는데 이에 대한 미분 방정식은 다음과 같다.

  유선의 미분 방정식, $\dfrac{dx}{u} = \dfrac{dy}{v} = \dfrac{dz}{w}$

[용어 정의]

유선(Stream Line)
유체 입자가 곡선을 따라 유동할 때, 모든 점에서 속도벡터의 방향을 갖는 연속적인 선

Module 011

유적선, 유맥선

[핵심이론]

[유적선(Path Line)]
유체 입자가 시간이 지나면서 이동한 경로를 이어놓은 선(궤적)

[유맥선(Streak Line)]
일정 시간 동안 임의의 한 점을 통과한 입자들을 순서대로 이어놓은 선
바람 부는 날 굴뚝에서 나오는 연기를 카메라 셔터속도 1/100초로 하여 사진을 찍었을 때 유동가시화 사진에서 보이는 연기의 모양

[용어 정의]

유동가시화
압력이나 속도, 온도와 같이 사람의 눈에는 보이지 않는 유동정보들을 시간과 공간의 영역에서 사람들의 눈에 보이도록 하는 방법

안심Touch

Module 012

베르누이 정리

핵심**이론**

베르누이 정리는 유체의 유동관련식을 수두의 형태로 표현한 방정식으로 다음과 같다.

$$\frac{P_1}{\gamma} + \frac{v_1^2}{2g} + z_1 = \frac{P_2}{\gamma} + \frac{v_2^2}{2g} + z_2$$

압력   속도   위치
수두   수두   수두

[베르누이 방정식을 충족시키기 위해 가정한 조건]
- 정상유동이다.
- 비점성유동이다.
- 비압축성유동이다.
- 유체 입자는 유선을 따라서 유동한다.

용어 정의

- 베르누이 정리(Bernoulli's Theorem)는 유체 에너지 보존의 법칙을 적용한 법칙이다.
- 오일러 방정식을 적분하면 베르누이 정리가 된다.

Module 013

뉴턴의 점성법칙

핵심**이론**

뉴턴의 점성법칙에 따른 전단력, $\tau = \mu \frac{du}{dy}$

여기서, $\frac{du}{dy}$: 속도구배(변형률)

용어 정의

- **점성** : 유체가 끈적끈적한 성질
- **뉴턴의 점성법칙** : 모든 유체에는 점성이 존재하며, 이 때문에 유체가 유동할 때 서로 다른 층을 이루어 흐르는 층류유동이 발생한다. 이때 층 사이에는 전단력이 발생되고, 이 전단응력에 대한 관계식을 정리한 것이 뉴턴의 점성법칙이다.

Module 014

로켓 추진력

> **핵심이론**

로켓의 분출 추력(추진력), $F = \dot{m}v = \rho Q v$

여기서, $\dot{m}$: 질량유량[kg/s], Q : 체적유량[m^3/s], v : 분출속도[m/s]

> **용어 정의**

- **질량유량($\dot{m}$)** : 단위시간 동안 수로나 관의 단면적을 통과하는 유체의 총질량
- **추력** : 비행기가 앞으로 나아가려는 힘이다. 추력이 클수록 양력도 커진다.

Module 015

연속방정식

> **핵심이론**

질량보존의 법칙을 적용한 공식으로, 유체 유동을 방정식의 형태로 표현할 때, "모든 관로의 단면에서 유량의 무게는 같다."는 것을 나타낸 법칙이다.

$A_1 v_1 = A_2 v_2$

여기서, A : 유동 단면적, v : 유체의 속도

> **용어 정의**

유동(流動) : 흐를 유, 움직일 동
액체나 기체 상태의 물질이 흘러서 움직이는 현상

Module 016

기화기

> **핵심이론**

연소실로 이어진 관로에 단면이 작아지는 벤투리(Venturi) 부분이 존재하는데, 단면이 작아지므로 연속방정식에 의해 속도가 커지면서 압력이 대기압 이하로 낮아진다. 이 벤투리 부분과 연결된 연료실의 연료가 기압차에 의해 벤투리 영역으로 이동되며, 이 부분을 지나가는 고속의 공기와 혼합되면서 공기와 연료의 혼합가스가 연소실로 이동된다.
- **기화기의 기본원리** : 베르누이 방정식을 이용

안심Touch

용어 정의

- 기화(氣化) : 공기 기, 모양이 바뀌다 화
- 기화기 : 연료와 공기를 혼합시켜 연소실로 보내는 역할을 하는 장치

Module 017

동점성계수

핵심이론

- 동점성계수, $\nu = \dfrac{\mu}{\rho}$ [Stokes]
- 동점성계수의 단위, $1[\text{Stokes}] = 1[\text{cm}^2/\text{s}] = 100[\text{centiStokes(cSt)}]$

용어 정의

동점성계수(ν) : 유체가 유동할 때 밀도를 고려한 점성계수로 점성계수를 유체가 가진 밀도로 나눈 값이다.

Module 018

관의 상당길이
(L_e)

핵심이론

관의 상당길이, $L_e = \dfrac{K(\text{밸브 손실계수}) \times d(\text{관의 지름})}{f(\text{관마찰계수})}$

용어 정의

상당길이(Equivalent Length)
배관에서 이음부와 같이 유체의 흐름에 방해를 주는 인자들의 영향에 상당하는 저항을 배관의 손실 길이로 계산한 것

Module 019

노즐과 디퓨저

핵심이론

[노즐과 디퓨저의 형상]

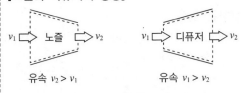

유속 $v_2 > v_1$ 유속 $v_1 > v_2$

용어 정의

- 노즐(Nozzle) : 유체가 관이나 튜브 내부를 이동할 때 기존의 통로보다 작은 구멍으로 빠져나가게 함으로써 속도를 높이기 위한 장치
- 디퓨저(Diffuser) : 관내를 흐르는 고속의 유체를 감속시키면서 압력을 높이고자 할 때 사용하는 장치

Module 020

초킹(Choking)

핵심이론

노즐의 입구와 출구 간 압력 차이가 발생하면 유체 유동이 일어난다. 이때 두 지점 간의 압력차가 커질수록 유량은 더욱 증가한다. 그러다가 출구 쪽 압력이 더 감소하여 입구 측의 압력차가 "기존 압력" 대비 일정 비율 이상에 도달하면, 더 이상 출구를 빠져나가는 유량이 증가하지 않고 일정하게 유지되는 현상

용어 정의

유동(流動) : 흐를 유, 움직일 동, 유체가 흐르는 상태

Module 021

박리와 후류현상

핵심이론

- 박리(Separation) : 유체 입자가 물체의 표면에 계속 붙어 있을 수 없어서 이탈하는 현상
- 후류(Wake) : 박리점 후방에 생기는 유체의 와류 현상

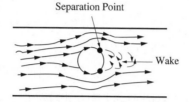

용어 정의

- 박리점(Separation Point)
경계층 내에 있지만 물체의 표면에 매우 근접해 있는 유체입자는 물체 표면과의 마찰로 인해 운동에너지를 잃어버리고 일정 지점에 도달하면, 속도가 0이 되면서 더 이상 유체의 표면을 따라가지 못해 표면에서 이탈하는 박리현상이 일어나게 되는데 이 점이 박리점이다.

Module 022

강제 보텍스 유동

핵심이론

유체가 흐를 때 고체처럼 회전하는 현상으로 흐름의 형태는 그림과 같다.

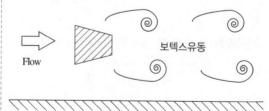

용어 정의

강제 보텍스(Forced Vortex) : 고체 회전운동

Module 023

스토크스의 법칙

핵심이론

물체가 점성이 있는 유체로부터 받는 점성저항인 저항력(F)을 정립한 법칙이다.

- **점성 유체의 저항력**, $F = 6\pi\mu rv$

  여기서, μ : 점성계수, r : 물체의 반지름, v : 유동속도

- **스토크스 법칙에 따라 저항력이 큰 경우**
  - 물체가 클수록
  - 점성이 클수록
  - 속도가 빠를수록
- **스토크스 법칙을 기초로 만들어진 점도계** : 낙구식 점도계

용어 정의

- **스토크스(Stokes' Law)** : 영국의 물리학자이자 수학자로 유체 저항의 법칙을 발견하였다.
- **점도** : 작동온도에서 "유동성"을 나타내는 척도로써, 이 수치로 유체마찰의 정도를 결정한다.

Module 024

하겐-푸아죄유 법칙

핵심이론

[하겐-푸아죄유 방정식에 의해 구할 수 있는 유량]

- 원형관을 흐르는 유량 $Q = \dfrac{\Delta p \pi d^4}{128\mu l}$

  여기서, Δp : 압력구배(압력차), d : 관의 직경, μ : 점성계수, l : 관의 길이

- 하겐-푸아죄유 방정식은 오스트발트(Ostwald) 점도계에 이용된다.

용어 정의

하겐-푸아죄유의 법칙(Hagen-Poiseuille's Equation)

일정한 크기의 원형 관내를 흐르는 점성 유체의 흐름량에 관한 방정식으로 프랑스의 물리학자 푸아죄유가 발견하였으며, 독일의 하겐이 이보다 먼저 발견하여 하겐-푸아죄유(일부책 하겐-포아즈)법칙 혹은 방정식으로 불리고 있다. 점성유체가 일정 시간 동안 원형관 내를 흐르는 양은 관의 양 끝의 압력 차와 반지름의 4제곱에 비례하고 관의 길이에는 반비례한다는 법칙이다.

Module 025

관마찰계수(f)

> **핵심이론**

• 관마찰계수는 레이놀즈 수와 관벽의 표면조도와의 함수이다.

$$f = \left(\frac{\rho v D}{\mu}, \ \frac{e}{D} \right)$$

여기서, $\frac{e}{D}$: 상대 표면조도

• 층류유동에서의 관마찰계수, $f = \frac{64}{Re}$

여기서, Re : 레이놀즈 수

> **용어 정의**

표면조도 : 표면의 매끈한 정도로 표면 거칠기라고도 한다.

Module 026

돌연 축소관과 돌연 확대관의 손실수두

> **핵심이론**

• **돌연 축소관의 손실수두**, $H = K\dfrac{v_2^2}{2g}$ [m]

여기서, v_2 : 축소된 관의 유속[m/s], K : 손실계수

• **돌연 확대관의 손실수두**, $H = K\dfrac{(v_1 - v_2)^2}{2g}$ [m]

여기서, v_1 : 축소된 관의 유속, v_2 : 확대관의 유속[m/s]

> **용어 정의**

• **돌연 축소관** : 유체가 들어가는 입구의 지름이 출구 지름보다 월등히 큰 관 (Tube)
• **돌연 확대관** : 유체가 나오는 출구의 지름이 입구 지름보다 월등히 큰 관 (Tube)

Module 027

항력과 양력

핵심이론

- **항력**, $D = C_D \times \dfrac{\rho v^2}{2} A$

  여기서, C_D : 항력계수(저항계수), v : 속도[m/s], A : 운동방향의 투영면적[m²]

- **비행기에 작용하는 힘**

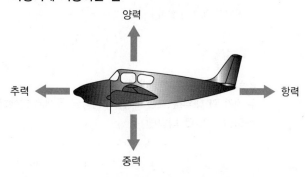

용어 정의

- **항력** : 공기에 저항하는 힘으로 추력을 방해한다.
- **양력** : 유체의 흐름 방향에서 수직으로 작용하는 힘으로 비행기가 뜨게 하는 원리로, 추력(추진력)이 커지면 양력은 더 커진다.
- **추력** : 비행기가 앞으로 나가려는 힘이다. 추력이 클수록 양력도 커진다.

안심Touch

Module 028

손실수두

핵심**이론**

- 관마찰 손실수두, $h = \lambda \times \dfrac{L}{D} \times \dfrac{v^2}{2g}\,[\mathrm{m}]$

- 밸브의 손실수두, $h_L = \zeta \dfrac{v^2}{2g}\,[\mathrm{m}]$

  여기서, ζ : 손실계수

용어 정의

손실수두(Loss of Head)
유체가 관 내부를 흐를 때 단위 중량당 유체에 발생하는 에너지의 손실을 물의 높이인 수두로 나타낸 것

Module 029

레이놀즈 수

핵심**이론**

레이놀즈 수, $Re = \dfrac{\text{관성력}}{\text{점성력}} = \dfrac{\rho v L}{\mu} = \dfrac{vL}{\nu}$

여기서, ρ : 밀도, v : 속도, L : 유동의 특성길이, ν : 동점성계수, μ : 점성계수

[레이놀즈 수에 따른 유체의 유동상태]
- 원형관

층류유동	천이구역	난류유동
$Re < 2,100$	$2,100 < Re < 4,000$	$4,000 < Re$

- 비원형관

층류유동	천이구역	난류유동
$Re < 500$	$500 < Re < 2,000$	$2,000 < Re$

용어 정의

- 레이놀즈 수(Re) : "무차원 수"로 층류와 난류를 구분하는 척도
- 천이구역 : 층류와 난류의 중간 영역의 흐름 상태
- 층류 : 유체의 유동이 규칙적이고 매끄러운 흐름
- 난류 : 유체의 유동이 불규칙적이고 와류가 일어나는 흐름

Module 030

프루드 수(Fr)

핵심이론

프루드 수, $Fr = \dfrac{관성력}{중력} = \dfrac{v}{\sqrt{Lg}}$

여기서, L : 길이(예 방수로에서는 수심의 길이), v : 유동속도, g : 중력가속도

[프루드 수를 통해 유체 흐름의 분류]

- $Fr < 1$, 아임계 흐름, 느린 하천
- $Fr = 1$, 임계 흐름, 아임계와 초임계의 변환점, 자유흐름
- $Fr > 1$, 초임계 흐름, 빠르게 흐르는 하천

용어 정의

- 프루드 수(Froude Number) : 유체 유동을 관성과 중력의 비로 나타내는 무차원 수로 유동의 역학적 상사성을 판단하기 위해 사용하는 것으로 자유표면 유동 해석에 중요한 영향을 미친다.
- 상사성(Similarity) : 모형시험을 할 때 모형(프로토 모델)이 원형에 대해 가져야 할 조건

Module 031

마하 수(M)

핵심이론

마하 수, $M = \dfrac{v}{c} = \dfrac{v}{\sqrt{K/\rho}}$

여기서, c : 음속, v : 유체속도, K : 유량계수, ρ : 유체의 밀도

[마하 수의 분류]

- $M < 1$: 아음속(Subsonic)
- $M = 1$: 천음속(Transonic)
- $M > 1$: 초음속(Supersonic)

용어 정의

마하 수(Mach Number)
유체의 유동 속도와 음속의 비를 나타내는 용어로써 무차원 수이다. 마하 1의 유속은 음속과 같으므로 마하 수 0.8은 음속의 80[%]를 의미한다.

안심Touch

Module 032

웨버 수(We)

핵심이론

웨버 수, $We = \dfrac{\text{관성력}}{\text{표면장력}} = \dfrac{\rho v^2 L}{\sigma}$

여기서, v : 유체의 속도, L : 특성길이

용어 정의

웨버 수(Weber Number) = 표면 장력에 영향을 미치는 것과 관련된 무차원수

Module 033

음 속

핵심이론

[음속 구하는 식]
- **기체의 음속**, $a = \sqrt{kRT}$

　여기서, k : 비열비, R : 기체상수, T : 절대온도

[음속의 특징]
- 밀도가 크면 음속은 낮다.
- 탄성과 온도가 클수록 음속도 크다.
- 기체의 음속 < 액체의 음속 < 고체의 음속

용어 정의

음속 : 음파 속도의 약자로 소리 파장이 퍼져나가는 속도

Module 034

수력반경(R_h)

핵심이론

수력반경, $R_h = \dfrac{유동단면적(A)}{접수길이(P)}$

예 한 변의 길이가 a인 정사각형 유관의 수력반경(R_h)

$$R_h = \frac{A}{P} = \frac{a^2}{4a} = \frac{a}{4}$$

용어 정의

수력반경(Hydrodynamic Radius) : 유체가 흐르는 관의 유동 단면적을 둘레길이(= 접수길이, P)로 나눈 값

Module 035

위 어

핵심이론

· 위어의 종류

삼각위어	사각위어	사다리꼴위어

· 사각위어의 수로 폭(b) 설계

$b = 2y$

여기서, y : 수로의 깊이

용어 정의

위어(Weir) : 유체의 흐름을 측정하거나 제어하는 장치

안심Touch

Module 036

개수로

하천이나 위어 흐름과 같이 관로를 흐르는 유체가 공기와 접하는 부분이
있는 흐름으로 개수로는 자유 수면이 존재한다.

• 개수로(Open Channel, 開水路) : 열릴 개, 물 수, 길 로
• 자유 수면 : 대기와 접촉하고 있는 물

Module 037

평판에 작용하는 힘

• 분류가 고정평판에 수직으로 충돌할 때 평판에 작용하는 힘
$$F = \rho Q v = \rho A v^2$$
• 분류가 이동평판에 수직으로 충돌할 때 평판에 작용하는 힘
$$F = \rho Q(v - u) = \rho A (v - u)^2$$
여기서, u : 평판의 이동속도

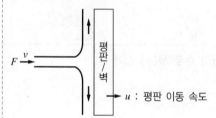

평판 : 편평한 판을 말하는 것으로 유체 위에 떠 있는 배의 바닥면 역시 평판으
로 볼 수 있다.

Module 038

경계층

핵심이론

[경계층의 특징]
- 층류경계층은 평판의 선단 근방에서 발생한다.
- 난류경계층은 난류의 성질을 갖는 경계층 구역이다.
- 물체가 받는 저항은 경계층에 관련이 있다.

[경계층 두께, δ]
- 층류 : $\delta \propto x^{\frac{1}{2}}$ 여기서, x : 평판 선반으로부터의 거리
- 난류 : $\delta \propto x^{\frac{4}{5}}$

용어 정의

- **경계층** : 유체가 흐를 때 물체 표면과의 마찰로 인하여 표면에 생성되는 층
- **경계층의 두께** : 유체의 속도가 자유흐름의 속도인 99[%]가 되는 부분까지의 길이

Module 039

강관의 지름(D)

핵심이론

강관의 지름(D)은 체적유량(Q)식을 변형시켜 유도할 수 있다.

$$Q = A \times v$$

$$Q = \frac{\pi D^2}{4} \times v \ [\mathrm{m^3/s}]$$

$$D^2 = \frac{4Q}{\pi v}$$

$$D = \sqrt{\frac{4Q}{\pi v}} \ [\mathrm{m}]$$

용어 정의

체적유량(Q) : 단위시간 동안 수로나 관의 단면적을 통과하는 유체의 총량

안심Touch

Module **040**

펌프의 3요소

핵심**이론**

[펌프의 3요소]
- 송출유량[m^3/min]
- 양정[m]
- 회전수[rpm]

용어 정의

- **양정** : 펌프가 물을 퍼올리는 높이로 유체를 흡입하는 수면에서 배출하는 수면까지의 높이
- **펌프** : 유체에 압력을 가함으로써 유체에 힘을 주어 이동시키고자 할 때 사용하는 기계장치

Module **041**

순수물질의 상변화 과정

핵심**이론**

- 승화 : 고체 → 기체
- 융해 : 고체 → 액체
- 기화 : 액체 → 기체
- 응고 : 액체 → 고체
- 액화 : 기체 → 액체
- 증착 : 기체 → 고체

Module **042**

피스톤 펌프의
동력

<핵심이론>

[피스톤 펌프의 소요동력과 축동력]

- PS 단위 : 소요동력, $L = \dfrac{PQ}{75\eta}$ [PS]

  축동력, $L = \dfrac{T\omega}{75\eta}$ [PS]

- kW 단위 : 소요동력, $L = \dfrac{PQ}{102\eta}$ [kW]

  축동력, $L = \dfrac{T\omega}{102\eta}$ [kW]

  여기서, P : 압력, Q : 유량, T : 토크, ω : 각속도, η : 효율

<용어 정의>

- **소요동력** : 펌프를 구동시키는데 필요한 동력
- **축동력** : 펌프를 통해 만들어내는 동력

Module **043**

다르시-바이스바흐
방정식

<핵심이론>

- 다르시-바이스바흐 방정식으로 마찰손실수두를 구하는 식

  마찰손실수두, $H_L = f\dfrac{L}{D}\dfrac{v^2}{2g}$

  여기서, f : 관마찰계수, v : 유속, D : 관의 직경, L : 길이

- 다르시-바이스바흐 방정식은 레이놀즈 수와 관의 상대조도와 관계된 수치이다.

<용어 정의>

다르시-바이스바흐식(Darcy-Weisbach Formula)
관로를 흐르는 물에 발생되는 손실은 물의 점성으로 인한 마찰이 발생된다는 것(관마찰계수)을 가정하고, 마찰 손실의 크기를 정량화하기 위해 마찰손실수두를 구하는 공식

Module 044

터빈의 종류

핵심이론

[터빈의 종류]

• **축류형 터빈**
  - 충동형 터빈 : 엔탈피 강하가 노즐에서만 일어나며 작동유체는 고속으로 로터에 유입된다.
  - 반동형 터빈 : 엔탈피 강하가 노즐과 버킷에서 동시에 일어나며 충동형보다 효율이 높다.

• **원심형 터빈**
  원심형 압축기와 작동유체의 흐름 방향이 반대인 터빈으로 축류형 터빈보다 부하가 작은 곳에 사용된다. 따라서 소형 가스터빈이나 터보차저에 사용된다.

용어 정의

• **고압터빈(HP)** : 보일러에서 나온 증기가 다시 과열기를 거쳐 약 250[Pa]의 고압증기에 의해 구동되는 터빈
• **저압터빈(LP)** : 중압터빈 이후 설치되는 터빈이다.

Module 045

유체 흐름의 특성

핵심이론

• **정상류** : 유체 흐름이 시간에 따라 변하지 않는 일정한 흐름. 입구와 출구에서의 속도, 압력, 밀도, 온도가 일정하다.
• **비정상류** : 유체 흐름이 시간에 따라 변하는 흐름. 입구와 출구에서의 속도, 압력, 밀도, 온도가 일정하지 않다.
• **점성유체 흐름** : 유체가 흐를 때 마찰저항이 존재하는 상태이다.
• **비점성유체 흐름** : 유체가 흐를 때 마찰저항이 존재하지 않는 상태이다.

용어 정의

점성(黏性) : 찰질(끈기가 있을) 점, 성질 성, 액체가 끈적한 성질을 수치로 나타낸 것

Module 046

유체 토크 컨버터

핵심이론

[유체 토크 컨버터의 구성요소]
- 터 빈
- 임펠러 : 펌프의 역할
- 스테이터 : 유체 흐름 방향을 일정하게 유지 및 힘의 전달 역할

용어 정의

유체 토크 컨버터
동력전달이나 유체 변속을 유체의 유동으로 실행하는 장치로 과부하에 대한
기관 정지나 손상이 없고, 유체가 발생하는 부하의 변동에 따라 자동으로 변속
한다.

Module 047

유체 안에서 물체가 받는 압력 (전압력)

핵심이론

[유체 안에서 물체가 받는 압력(전압력)]

$$P = \frac{F}{A} = \frac{mg}{A} = \frac{\rho V \times g}{A} = \frac{\rho(Ah)g}{A} = \rho g\overline{h} = \gamma\overline{h}$$

※ $\overline{h}$: 물체의 도심점과 유체표면과의 거리

용어 정의

전압력 : 유체 안에 잠긴 평판에 작용하는 힘

Module 048

버킹엄의 π정리

핵심이론

한 방정식에서 얻을 수 있는 무차원 수는 π정리로 알 수 있다.
- 버킹엄의 π정리에 의한 무차원의 수, $\pi = m - n$
  여기서, m : 방정식의 물리량 수, n : 기준차원의 최소 개수

[버킹엄의 π정리 사용조건]
• 변수를 셀 수 있어야 한다.
• 기준차원 : MLT, FLT

용어 정의

버킹엄의 π정리(Buckingham π Theorem)
상사법칙 등에서 계산상 편의를 위해 변수를 없애야 유체 현상들을 이해하기
쉬우므로 버킹엄의 π정리를 통해서 변수를 줄일 수 있다.

Module 049

무차원 수

핵심이론

[무차원수의 종류]

• 코시 수, $C_a = \dfrac{\rho v^2}{K}$

• 웨버 수, $We = \dfrac{\rho v^2 L}{\sigma}$

• 마하 수, $M = \dfrac{v}{c}$

• 오일러 수, $E_n = \dfrac{\Delta P}{\rho v^2}$

• 프루드 수, $Fr = \dfrac{v}{\sqrt{Lg}}$

• 레이놀즈 수, $Re = \dfrac{\rho v L}{\mu}$

• 비중, $S = \dfrac{\rho_x}{\rho_w} = \dfrac{\gamma_x}{\gamma_w}$

용어 정의

무차원 수 : 단위가 모두 소거되어 차원이 없는 수

Module 050

내연기관용 윤활유

핵심이론

[내연기관용 윤활유가 갖추어야 할 성질]
- 산화안정성이 클 것
- 기포발생이 적을 것
- 부식방지성이 좋을 것
- 적당한 점도를 가질 것

[내연기관 윤활유의 SAE 번호]
- 겨울용 : SAE 10
- 봄, 가을용 : SAE 20~30
- 여름용 : SAE 40

[미국석유협회에서 지정한 API 번호]

가솔린 기관용	디젤 기관용
• ML : 경부하용 오일 • MM : 중간부하용 오일 • MS : 고부하용 오일	• DG : 경부하용 오일 • DM : 중간부하용 오일 • DS : 고부하용 오일

용어 정의

- **SAE(Society of Automotive Engineers)** : 미국의 자동차기술협회 오일의 점도를 SAE 다음의 번호로 표시하는데, 번호가 클수록 점도가 높다.
- **API(American Petroleum Institute)** : 미국석유협회
- **내연기관(Internal Combustion Engine)** : 기관 내부에 마련된 실린더와 같은 연소공간에서 연소할 때 순간적으로 발생되는 고온, 고압의 팽창 에너지를 이용하여 기계적인 일을 만들어내는 동력발생장치

MEMO

제 **2** 과목

열역학

Module 50제

공사공단 / 공기업 전공 [필기]

기계직 600제
필수 이론
(한국사 포함)

(주)시대고시기획
(주)시대교육

시대에듀

www.**sidaegosi**.com

www.**sdedu**.co.kr

시험정보 · 자료실 · 이벤트
합격을 위한 최고의 선택

자격증 · 공무원 · 취업까지
BEST 온라인 강의 제공

제2과목 열역학

Module 001

열역학
제0, 1, 2, 3법칙

핵심이론

- **열역학 제0법칙** : 열평형의 법칙(온도계의 원리가 되는 법칙)

$$Q = mC(T_2 - T_1)$$

여기서, m : 질량, C : 비열, T : 온도

- **열역학 제1법칙** : 에너지보존의 법칙

$$Q = \delta q + W$$

여기서, δq : 열량, W : 일량

- **열역학 제2법칙** : 비가역의 법칙(일은 모든 양이 열로 바뀌지만, 열은 모든 양이 일로 변환되지 못한다)

- **열역학 제3법칙** : 어떤 방법으로도 계(System)를 절대온도 0 켈빈(Kelvin)온도에 이르게 할 수 없다.

용어 정의

열역학(Thermodynamics)
열을 이용해서 에너지를 효율적으로 만드는 것을 연구하는 학문

Module 002

제1종 영구기관과 제2종 영구기관

핵심이론

[제1종 영구기관]

열효율이 100[%] 이상인 기관. 열역학 제1법칙에 위배된다.

• 에너지 소비 없이 계속 일을 하는 원동기 장치

• 외부(주위)에 대해 일을 계속할 수 있는 원동기 장치

• 외부에서 에너지를 가하지 않아도 영구적으로 에너지를 내는 기관

[제2종 영구기관]

열효율이 100[%]인 기관. 열역학 제2법칙에 위배된다.

• 열에너지를 모두 일 에너지로 변환시키는 기관

용어 정의

영구기관(Perpetual-motion Machine)

한 번 외부에서 동력을 받으면 추가 에너지 없이도 운동을 지속하는 가상의 기관

Module 003

보일-샤를의 법칙

핵심이론

• 보일의 법칙 : $P_1 V_1 = P_2 V_2 =$ 일정(const)

• 샤를의 법칙 : $\dfrac{V_1}{T_1} = \dfrac{V_2}{T_2} =$ 일정

• 보일-샤를의 법칙 : $\dfrac{P_1 V_1}{T_1} = \dfrac{P_2 V_2}{T_2} =$ 일정

용어 정의

• 보일의 법칙 : 이상기체의 온도가 일정할 때, 부피는 압력에 반비례한다.

• 샤를의 법칙 : 이상기체의 압력이 일정할 때, 부피는 절대온도에 비례한다.

• 보일-샤를의 법칙 : 일정량의 기체의 부피는 압력에 반비례하고 절대온도에는 정비례한다. 즉, 보일의 법칙과 샤를의 법칙을 종합한 것으로, 기체의 압력과 온도, 부피 사이의 관계를 나타낸 법칙이다.

이상기체 상태방정식은 이 보일-샤를의 법칙과 아보가드로 법칙을 종합해서 만든 법칙이다.

Module 004

이상기체

핵심이론

[이상기체 상태방정식]

이상기체 상태방정식은 이상기체일 경우에만 성립하는 공식이다.

$P\nu = RT$

$PV = n\overline{R}T$

여기서, P : 압력, V : 체적, ν : 비체적, n : 기체 몰 수(mol),
m : 질량, R : 기체상수, $\overline{R}$: 일반기체상수, T : 절대온도

[실제 기체가 이상기체 상태방정식을 만족하는 경우]

- 비체적이 클수록
- 온도가 높을수록
- 압력이 낮을수록
- 분자량이 작을수록

용어 정의

- 이상기체 : 온도와 압력, 비체적이 이상기체 상태방정식 "$P\nu = RT$"를 만족하는 기체이다. 이상기체 상태에서 내부에너지와 엔탈피는 온도만의 함수이다.
- 몰 수(n) : $n = \dfrac{m(질량)}{M(몰질량, 분자량)}$

Module 005

열량과 일량

핵심이론

[열 량]

- 열량, $Q = m \times c \times \triangle t$

  여기서, m : 질량, c : 비열, $\triangle t$: 나중 온도-처음 온도

- 열량에서 사용되는 온도는 Kenvin 온도, "K"이다.
- 섭씨온도와 켈빈온도의 계산식, $0[℃] = 273.15[K]$

[일 량]

- 절대일 : 밀폐계에서의 일(예 내연기관)

  $_1W_2 = \displaystyle\int_1^2 Pdv\,[\text{kJ/kg}]$

- 공업일 : 개방계에서의 일(예 터빈, 펌프)

$$W_t = - \int_1^2 vdP[\mathrm{kJ/kg}]$$

[일과 열의 기본 특성]
- 일과 열은 전달되는 에너지이다.
- 일의 기본단위는 줄(J, Joule)이다.
- 일의 크기는 힘과 그 작용 거리의 곱이다.
- 일과 열은 경로함수이다.
- 일량 선도 : P-v 선도, P-v 선도에서 면적은 일량 값을 의미한다.
- 열량 선도 : T-s 선도, T-s 선도에서 면적은 열량 값을 의미한다.

> **용어 정의**

- **열량**(Quantity of Heat) : 1기압하에서 물 1[g]을 온도 1[℃](14.4→15.5[℃]) 올리는데 필요한 열의 양(量)으로, 단위는 국제단위계(SI) 기준으로 J(Joule)을 사용한다. 과거에는 "cal"로 표기하였다.
- 1[cal] = 4.186[J]

Module **006**

푸리에 열전도 법칙

> **핵심이론**

- **푸리에(Fourier's Law) 열전도율,** $\dot{Q}_{\mathrm{cond}} = -kA\dfrac{\triangle T}{L}$

여기서, k : 비례상수로 재료의 열전도율
　　　　 A : 전도되는 단면적, L : 전도물질의 두께

> **용어 정의**

- **푸리에(Fourier's Law) 열전도 법칙** : 두 물체 사이에 단위시간당 전도되는 열량은 두 물체의 온도차와 두 물체가 접촉하고 있는 단면적에 비례하고 거리에는 반비례한다는 법칙
- **전도** : 격자 내에서 분자의 진동과 자유전자에 의한 에너지 수송 현상

Module 007

물질의 비열

핵심이론

[물질의 비열]

- 물의 비열 : 약 4.2[kJ/kg · ℃]
- 공기의 비열 : 약 1[kJ/kg · ℃]
- 철의 비열 : 약 0.45[kJ/kg · ℃]
- 얼음의 비열 : 약 2[kJ/kg · ℃]

예 70[℃]의 물에는 화상을 입지만 70[℃]의 공기에는 화상을 입지 않는
다. 그 이유는?

물의 비열 > 공기의 비열

- 비열비, $k = \dfrac{C_p}{C_v} =$ 약 1.4 단, 항상 $C_p > C_v$

[정적비열(C_v)과 정압비열(C_p), 비열비(k)와의 관계]

- **정적비열(C_v)**

$C_p - C_v = R$ 여기서, $R =$ 기체상수

- **정압비열(C_p)**

$C_p - C_v = R$

$kC_v - C_v = R$

$C_v(k-1) = R$

$C_v = \dfrac{R}{k-1}$

- **비열비(k)**

$k = \dfrac{C_p}{C_v}, \quad C_p = kC_v = k \times \dfrac{R}{k-1} = \dfrac{kR}{k-1}$

용어 정의

- **비열(C)** : 어떤 물질 1[kg]을 1[℃] 상승시키는 데 필요한 열의 양
- **비열비(k)** : 정압비열과 정적비열의 비로 이 수치는 항상 1 이상
- **정적비열(C_v)** : $v = $const 상태에서 가스 1[kg]의 온도를 1[℃] 상승시키는데
필요한 열의 양
- **정압비열(C_p)** : $P = $const 상태에서 가스 1[kg]의 온도를 1[℃] 상승시키는
데 필요한 열의 양

Module 008

기체상수(R)

> **핵심이론**

• 기체상수, $R = \dfrac{\overline{R}}{m} = \dfrac{8,314\,[\mathrm{J/kg \cdot K}]}{m}$

여기서, m : 분자량, $\overline{R}$: 일반기체상수

• 공기의 기체상수, $R = 29.27\,[\mathrm{kgf/kg \cdot K}] = 287[\mathrm{J/kg \cdot K}]$

> **용어 정의**

• 일반기체상수, $\overline{R} = \dfrac{PV}{T} = 8,314[\mathrm{J/kmol \cdot K}]$

• **몰(mol)** : 원자나 분자와 같이 눈에 보이지 않는 입자의 수를 나타낼 때 사용하는 단위

$1[\mathrm{mol}] = 6.022 \times 10^{23}$ 개

Module 009

열역학적 계

> **핵심이론**

[열역학적 계(System)]
열을 통해 원하는 목적의 일을 달성하고자 할 때 그 핵심적인 일이 일어나는 공간이나 그 영역(예 4행정 가솔린 기관의 실린더 내부)

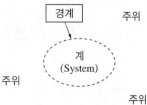

[계의 종류]
• **고립계** : 주위와 에너지(열과 일)나 작동물질의 교환이 없는 계
  예 로켓
• **개방계** : 주위와 에너지(열과 일)과 작동물질의 교환이 가능한 계
  예 터빈, 펌프
• **밀폐계** : 주위와 에너지의 교환은 있으나 작동물질의 교환은 없는 계
  예 내연기관

[열역학적 계에서의 열량변화]

- 밀폐계에서의 열량변화, $\delta q = du + Pdv$ [kJ/kg]

$$C_v dT + Pdv$$

- 개방계에서의 열량변화, $\delta q = dh - vdP$ [kJ/kg]

$$C_P dT - vdP$$

용어 정의 ▶

- 주위(Surroundings) : 열역학적 계(System)를 제외한 나머지 부분으로 자동차 엔진을 계(System)로 본다면 주위는 대기로 보면 된다.

Module 010

저위발열량과
고위발열량

핵심이론 ▶

- 저위발열량(H_l)

고위 발열량에서 연소가스에 포함된 수증기의 증발열을 뺀 열량이다.

$$H_l : 8,100C + 29,000\left(h - \frac{O}{8}\right) + 2,500S - 600w [kcal/kg]$$

- 고위발열량(H_h)

연료가 완전 연소했을 때 방출하는 열량으로 연소에 의해 발생한 수증기의 잠열도 포함한다.

$$H_h : 8,100C + 34,000\left(h - \frac{O}{8}\right) + 2,500S [kcal/kg]$$

용어 정의 ▶

잠열(Latent Heat)
다른 말로는 숨은열이다. 물질이 액체와 기체, 액체와 고체 간 상변화될 때 온도를 변화시키지 않고 흡수되거나 방출되는 열량

Module 011

탄소가 연소할 때

핵심이론

- 탄소 1[kg]이 완전 연소할 때 필요한 산소의 체적 : 1.86[Nm³]
- 탄소 1[kg]이 완전 연소할 때 필요한 산소의 무게 : 2.667[kg]
- 탄소 1[kg]이 완전 연소할 때 발생되는 이산화탄소(CO_2)의 무게 : 3.667[kg]
- 탄소 1[kmol]의 무게는 12[kg]이다.
- 산소 1[kmol]의 무게는 32[kg]이다.
- 이산화탄소 1[kmol]의 무게는 44[kg]이다.
- 탄소 1[kg] 연소 시 필요 체적[Nm³]

용어 정의

- [Nm³] : Normal meter
- 기체 1[kmol]의 체적은 22.4[Nm³]이다.

Module 012

엔탈피(H)

핵심이론

- $H = U + PV$

  여기서, U(내부에너지), P(압력), V(체적)
- 정압, 정적, 단열과정에서의 엔탈피 변화, $dh = C_p\, dT$

  여기서, C_p : 정압비열

용어 정의

- **엔탈피(H)** : en(속, 안) + thalpo(따뜻하게 하다)의 합성어
  열의 이동과 상태 변화에 따른 물질의 에너지 변화를 동시에 설명하기 위해 만들어진 개념
- **내부에너지(U)** : 물질이 가지고 있는 자체의 에너지

Module 013

엔트로피(s)

핵심이론

엔트로피 변화식, $\triangle s = s_2 - s_1 = \int_1^2 \dfrac{\delta q}{T}$

[엔트로피에 대한 상식문제]
- 방안의 온도가 올라갔다. → 엔트로피는 증가했다.
- 앞에 있는 종이가 움직였다. → 엔트로피는 증가했다.
- 차안의 온도가 일정하게 계속 유지된다. → 엔트로피는 0이다.

[엔트로피의 특징]
- 엔트로피는 항상 증가한다.
- 엔트로피 생성 항은 항상 양수이다.

용어 정의

엔트로피(Entropy) : 시스템을 구성하는 물질들의 무질서한 정도를 나타내는 척도

Module 014

내부에너지(U)

핵심이론

- 내부에너지, $U = Q - W$
  $Q = U + W$
  $\delta q = du + pdv$
- 내부에너지 변화, $du = C_v\, dT$
  내부에너지는 줄(Joule)의 실험을 통해서 온도만의 함수라는 것이 증명되었다.

용어 정의

내부에너지(U) : 물질이 가진 총에너지에서 역학적인 에너지(운동, 위치에너지)와 같은 외부 에너지를 뺀, 물질 자체가 가진 고유의 에너지

Module 015

스테판-볼츠만 법칙

핵심이론

스테판-볼츠만 법칙에 따른 흑체의 단위면적당 복사에너지(E)

$$E = \sigma T^4$$

여기서, σ : 스테판-볼츠만 상수, $5.67 \times 10^{-8} [\text{W} \cdot \text{m}^{-2}\text{K}^{-4}]$, T : 절대온도

용어정의

[스테판-볼츠만 법칙(Stefan-Boltzmann Law)]
태양의 흑체가 단위 면적당 만들어내는 방출에너지(E)는 절대온도의 4제곱에 비례한다.

• 복사(Radiation) : 분자나 원자의 배열이 변하면서 전자기파 형태로 방사된 에너지로 전도나 대류처럼 매개물질을 필요로 하지 않는다. 전달속도는 광속이며 진공에서도 에너지가 감소되지 않는다.

Module 016

℃와 ℉가 같아지는 온도

핵심이론

[℃]와 [℉]가 같아지는 온도 : −40(−40[℉] = −40[℃])

[풀이식]

$[℉] = \dfrac{9}{5}[℃] + 32$, 여기서, [℉]와 [℃]를 T라 놓으면

$$T = \frac{9}{5}T + 32$$

$$T - \frac{9}{5}T = 32$$

$$-\frac{4}{5}T = 32$$

$$T = 32 \times -\frac{5}{4}$$

$$T = -40$$

용어 정의

- [°F] : 파렌하이트(Fahrenheit), 화씨온도로 1기압하에서 물의 빙점을 32 [°F], 비등점을 212[°F]로 정한 후 사이를 180등분한 눈금을 적용시켜 온도계로 사용한다.
- [℃] : 셀시우스(Celsius), 섭씨온도로 1기압하에서 물의 빙점을 0[℃], 비등점을 100[℃]로 정한 후 사이를 100등분한 눈금을 적용시켜 온도계로 사용한다.

Module 017

열역학 학자들의
주요이론

핵심이론

[열역학 학자들의 주요이론]
- Newton(뉴턴) : $F = ma$
- Carnot(카르노) : 카르노사이클(열기관의 이상사이클)
- Joule(줄) : 열역학 제1법칙(Joule의 실험을 통해 일과 열의 상관관계를 밝힌다)
- Rankine(랭킨) : 랭킨사이클(증기원동소의 이상사이클), 열역학 용어 처음 사용
- Clausius(클라우시우스) : 열역학 제2법칙
- Kelvin(켈빈) : K(켈빈)온도 단위를 처음 사용

용어 정의

열역학의 발전
뉴턴(1642)의 만유인력 법칙에서 힘에 대한 정의가 나온 후부터 카르노(1796), 줄(1818), 랭킨(1820), 클라우시우스(1822), 켈빈(William Thomson, 1824) 등의 학자들이 동시대에 본격적으로 일과 열, 온도에 대한 연구를 하면서부터 열역학은 비약적으로 발전하게 되었다.

Module **018**

카르노사이클

핵심이론

[카르노사이클의 일반적인 특성]
- 총엔트로피의 변화는 없다.
- 열전달은 등온과정에서만 이루어진다.
- 일의 전달은 등온과 단열과정에서 모두 발생할 수 있다.
- 2개의 가역 단열과정과 2개의 가역 등온과정으로 구성된다.

[카르노사이클의 열효율]

$$\eta = 1 - \frac{T_2(\text{저온, 절대온도})}{T_1(\text{고온, 절대온도})} = 1 - \frac{273 + T_2\,[\text{℃}]}{273 + T_1\,[\text{℃}]}$$

[카르노사이클의 P-v, T-s 선도]

P-v 선도	T-s 선도
1 → 2과정 : 단열 압축 2 → 3과정 : 등온 팽창(Q_H In) 3 → 4과정 : 단열 팽창 4 → 1과정 : 등온 압축(Q_L Out)	2 → 3과정 : Q_H In 4 → 1과정 : Q_L Out 1 → 2과정 : 등엔트로피 3 → 4과정 : 등엔트로피

용어 정의

카르노사이클 : 열기관의 이상 사이클

Module 019

랭킨사이클

핵심이론

[랭킨사이클 구성도]

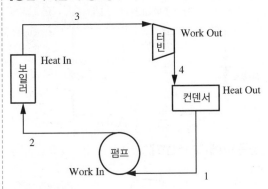

[랭킨사이클의 P-v , T-s 선도]

P-v 선도	T-s 선도
1 → 2과정 : 펌프, 가역단열 압축과정	
2 → 3과정 : 보일러에서 열 흡수, 정압가열과정(Q_{in})	1 → 2과정 : 펌프일($s=c$)
	2 → 3과정 : 보일러(Q_{in})
3 → 4과정 : 터빈, 가역단열 팽창과정($s=c$)	3 → 4과정 : 터빈일($s=c$)
4 → 1과정 : 응축기에서 열 방출, 정압방열과정(Q_{out})	4 → 1과정 : 응축기(Q_{out})

- 랭킨사이클의 펌프일 : $W_p = v \times (P_2 - P_1)$

[랭킨사이클의 효율을 높이는 방법]

- 보일러의 압력을 높인다.
- 복수기의 압력은 낮춘다.
- 터빈의 입구온도를 높인다.

용어 정의

랭킨사이클 : 증기기관의 이상 사이클로 전기를 발생시키는 "Power Cycle"에 속한다. 보일러와 터빈, 복수기(Condenser)와 급수펌프로 구성된 사이클

안심Touch

Module 020

냉동사이클

핵심이론

[냉동사이클 구성도]

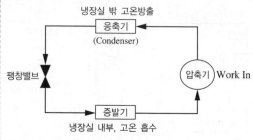

[냉동사이클 P-h선도]

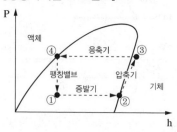

[냉동사이클의 경로순서]

| 단열팽창 | → | 등온팽창 | → | 단열압축 | → | 등온압축 |

[냉동사이클의 성적계수(ε_r, 성능계수, COP)]

냉동효과를 나타내는 기준이 되는 수치

$$\varepsilon_r = \frac{\text{저온체에서 흡수한 열량}}{\text{공급열량}} = \frac{Q_2}{Q_1 - Q_2} = \frac{T_2}{T_1 - T_2}$$

$$= \frac{\text{증발기}}{\text{응축기} - \text{증발기}}$$

여기서, T_1 : 고온, T_2 : 저온

• **이상적인 냉동사이클** : 역카르노 사이클

용어 정의

• **냉동장치와 냉동사이클** : 냉동 사이클 내부를 유동하는 동작물질인 냉매를 순환시켜 저온 측에서 고온 측으로 열을 이동시키는 장치로 이 과정을 냉동 사이클이라고 한다. 여기서 냉동이란 냉매를 이용하여 어떤 계(System)나 물체의 온도를 주변의 온도보다 낮게 만드는 과정을 말한다.

• **이원 냉동 사이클** : 저온과 고온부에서 각각의 사이클을 행하는 2개의 냉동 기를 하나로 조합한 사이클로 -60[℃] 이하의 저온을 얻고자 할 때 적합하다.

Module **021**

오토사이클

핵심이론

[오토사이클의 열효율]

①식 $\eta = \dfrac{Q_H - Q_L}{Q_H} = 1 - \dfrac{Q_L}{Q_H} = 1 - \dfrac{C_v(T_4 - T_1)}{C_v(T_3 - T_2)} = 1 - \dfrac{T_4 - T_1}{T_3 - T_2}$

②식 $\eta_0 = 1 - \left(\dfrac{1}{\varepsilon}\right)^{k-1}$

여기서, k : 비열비, ε : 압축비

[오토사이클의 P-v , T-s 선도]

P-v 선도	T-s 선도
1 → 2 과정 : 가역단열압축	1 → 2 과정 : $s = c$, 등엔트로피
2 → 3 과정 : 정적가열(Q_{in})	2 → 3 과정 : Q_{in}
3 → 4 과정 : 가역단열팽창	3 → 4 과정 : $s = c$, 등엔트로피
4 → 1 과정 : 정적방열(Q_{out})	4 → 1 과정 : Q_{out}

[오토사이클 특징]
• 압축비가 클수록 효율이 높다.
• 연소과정을 정적가열과정으로 본다.

용어 정의

• **오토사이클** : 불꽃점화 기관인 가솔린기관의 이상 사이클
• **압축비** : 내연기관에서 실린더가 피스톤에 의해 압축될 때 간극체적(연소실체적) 대비 얼마나 많은 비율이 압축되는지의 비율을 나타낸 것이다.

압축비, $\varepsilon = \dfrac{V_C(간극체적) \times V_S(행정체적)}{V_C(간극체적)}$

Module **022**

보일러의 연료소모량

핵심이론

- **보일러의 연료소모량**, $F = \dfrac{\text{보일러 용량}(Q)}{\text{저위발열량}(H_L) \times \text{효율}(\eta)}$ [kg/h]

- **보일러의 용량**(Q)
  - 난방면적을 기준으로 한다.
  - 일반적인 난방면적으로는 평당 500[kcal] 정도다.

용어 정의

- **저위발열량**(H_L) : 고위 발열량에서 연소가스에 포함된 수증기의 증발열을 뺀 열량
- 1[kcal] = 4.2[kJ]

Module **023**

내연기관의 열효율이 높은 순서

핵심이론

[내연기관 열효율이 높은 순서]

이론열효율 > 도시열효율 > 제동 열효율

용어 정의

열효율(Thermal Efficiency)
입력된 열에 의해 변환된 일의 비율로 열기관의 성능을 나타내는 척도다.
$$\eta_{th} = \frac{W_{\neq t,\text{out}}}{Q_{\text{in}}} = 1 - \frac{Q_L}{Q_H}$$

Module 024

브레이턴 사이클

핵심**이론**

[브레이턴 사이클의 터빈 작동과정]

사이클로 흡입된 공기는 압축기에서 고압으로 압축된 후 연소실로 보내진다. 연소실을 거치면서 고온, 고압으로 만들어진 가스는 가스터빈을 회전시킨 후 대기 중으로 배출된다.

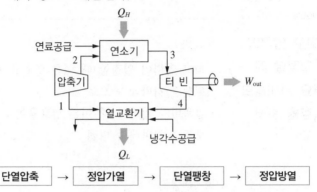

| 단열압축 | → | 정압가열 | → | 단열팽창 | → | 정압방열 |

[브레이턴 사이클의 P-v , T-s 선도]

P-v 선도	T-s 선도
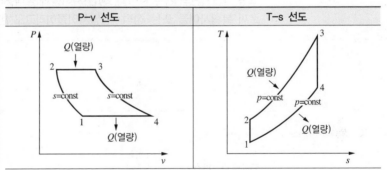	

1→2과정 : 등엔트로피 압축(압축기)

2→3과정 : 정압가열, Q_{in}

3→4과정 : 등엔트로피 팽창(터빈)

4→1과정 : 정압방열, Q_{out}

[브레이턴 사이클의 특징]

- 정압하에서 열량을 공급받고 방출한다.
- 압축과정은 단열압축이다.
- 팽창과정을 단열팽창이다.

> 용어 정의
>
> **브레이턴 사이클**
> 가스터빈기관의 이상사이클로 George Brayton이 1870년 자신의 석유연소 왕
> 복기관을 구동시키기 위해 처음 개발한 사이클

Module **025**

최고 압력이 일정할 때 주요 사이클의 효율 순서

> 핵심이론
>
> • 최고 압력이 일정할 때 이론 열효율이 가장 높은 사이클
>   디젤 > 사바테 > 오토
> • 압축비가 일정할 때 이론 열효율이 가장 높은 사이클
>   오토 > 사바테 > 디젤

> 용어 정의
>
> **사바테사이클**
> 고속 디젤기관의 기본 사이클. 정압 사이클과 정적 사이클로 이루어진 사이클
> 로써 복합사이클 또는 정적·정압사이클이라고도 한다.

Module **026**

줄-톰슨 계수

> 핵심이론
>
> **줄-톰슨 계수,** $\mu = \left(\dfrac{\partial T}{\partial P}\right)_h = \dfrac{V}{C_P}(\alpha T - 1)$
>
> 여기서, α : 열팽창계수, C_P : 정압비열, V : 부피

> 용어 정의
>
> **줄-톰슨 계수**(Joule–Thomson Coefficient)
> 엔탈피가 일정할 때 단위 압력의 변화에 따라 온도의 변화를 나타내는
> 척도다. 유체가 모세관이나 작은 구멍이 여러 개 있는 팽창밸브나 뚜껑을
> 통과할 때 압력은 감소되나, 유체의 엔탈피의 변화 없이 일정하고 온도가
> 크게 떨어지는 현상을 나타내는 계수

Module 027

가스터빈의 3요소

> **핵심이론**

[가스터빈의 3요소]
- 압축기
- 연소기
- 터 빈

[가스터빈의 특징]
- 고속회전이 가능하다.
- 실제 가스터빈은 개방사이클이다.
- 동일출력에서 소형이며 경량이다.
- 열효율이 낮고 연료소비율이 크다.
- 기구가 간단하고 토크 변동이 작다.
- 증기터빈에 비해 중량당 동력이 크다.
- 공기는 산소공급과 냉각제 역할을 한다.
- 윤활유 소비가 적고 운전비가 저렴하다.

> **용어 정의**

가스터빈
압축공기와 연료를 연소실에서 폭발시키면 고온고압의 가스가 발생되고 이것이 터빈을 돌려서 동력을 얻는 열기관이다. 내연기관과 외연기관으로 구분된다.

Module 028

수력터빈 출력

> **핵심이론**

수력터빈의 출력, $P = \gamma QH\eta$

여기서, γ : 비중량, Q : 유량, H : 양정(높이), η : 효율

> **용어 정의**

수력터빈
댐과 같이 물의 역학적 에너지를 통해 터빈을 회전시켜 전기를 생산하는 장치

Module 029

수소화플루오린화
탄소
(냉매제)

핵심이론

[냉매제의 규제]

2016년 지구온난화 방지를 위해 최근 에어컨이나 냉장고용 냉매로 사용 중인 "수소화플루오린화탄소(HFCs ; 수소불화탄소)" 사용규제에 합의하였다.

수소화플루오린화탄소는 1987년 "몬트리올 의정서"에서 지구의 오존층 파괴로 지목된 프레온가스(CFC ; 염화플루오린화탄소)의 대체물질로 사용되어 왔지만, 수소화플루오린화탄소는 이산화탄소보다 더 강력한 온실가스 효과가 있고, 전 세계적으로 에어컨 등의 사용이 늘면서 규제 대상으로 지목되어 왔다.

[냉매의 종류]

- R-22
- R-123a
- R-134a
- R-152a
- R-32
- R-407C

용어 정의

- 냉매 : 상온에서 증발과 응축의 상변화가 쉽게 이루어져서 냉동장치의 동작 유체로 사용되는 작동유체
- 오존층 파괴 : 프레온 냉매 중 염소성분이 오존을 파괴하는데, 1개의 염소원자가 연쇄반응에 의해 다수의 오존을 파괴한다.

Module 030

냉매의 구비조건

핵심이론

- 비열비가 작을 것
- 응축압력이 낮을 것
- 응고 온도가 낮을 것
- 점도가 크고 표면장력이 작을 것
- 임계 온도가 높고 상온에서 액화가 가능할 것
- 증발 잠열이 크고 저온에서도 증발 압력이 대기압 이상일 것

용어 정의

냉매 : 냉동 사이클을 순환하는 작동유체로 저온에서 열을 빼앗아 고온으로 열을 이동시킨다.

Module 031

냉동톤(RT)

핵심이론

0[℃] 물 1[ton]을 24시간 동안 모두 0[℃]의 얼음으로 만드는데 필요한 냉동능력으로 1시간당 소요되는 열량으로 나타내는데, 단위는 [RT]를 쓴다.

[냉동톤의 단위]

$1[\text{RT}] = 3,320[\text{kcal/hr}]$

용어 정의

물에서 얼음으로 변할 때의 응고열(잠열) : 79.68[kcal/kg]

Module 032

증기의 성질

핵심이론

[압력=일정(Pressure=Constant)할 때]
- 100[℃] 미만의 물 : 압축수(증기드레인 또는 응축수)
- 100[℃]의 물 : 포화수
- 100[℃]의 물과 증기가 공존 : 습증기, 습포화증기
- 100[℃]의 증기 : 포화증기, 건포화증기
- 100[℃] 초과의 증기 : 과열증기

용어 정의

습증기 : 100[℃]의 물이 증기로 변하고 있는 구간으로 물과 증기가 함께 공존하는 상태
과열증기 : 100[℃] 초과로 가열된 증기, 건포화증기를 가열한 상태의 증기

Module **033**

교축과정

노즐이나 오리피스와 같이 관의 직경이 급격히 작아지는 부분을 유체가 통과하면 압력도 급격히 떨어지면서 와류가 발생되어 압력 손실이 발생하는 과정이다. 교축과정이 일어나는 동안에는 외부와의 일(W)교환이 없으며 열도 차단되는 단열과정으로 간주한다.

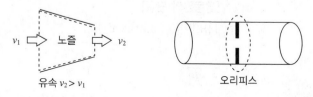

유속 $v_2 > v_1$　　　　　　　　오리피스

용어 정의

교축과정(Throttling Process) : 단열과정 = 등엔트로피 과정

Module **034**

완전가스의
상태방정식

[등온과정($T = \mathrm{constant}$)]

- 절대일, $W = \displaystyle\int_1^2 PdV$, $PV = RT$, $P = \dfrac{RT}{V}$ 대입하면

$$= \int_1^2 \frac{RT}{V} dV$$
$$= RT\ln\frac{V_2}{V_1}$$
$$= RT\ln\frac{P_1}{P_2}$$

　에서 부피의 변화가 없으므로 $W = 0$
- 공업일, $W_t = W($절대일$)$와 같다.
　내부에너지 변화가 없으므로 절대일과 공업일이 같다.
- 내부에너지 변화, $dU = C_v dT = 0$
- 엔탈피 변화, $dH = C_P dT = 0$
- 열량변화, $\delta Q = W = W_t$

[정적과정($V=$ constant)]

- 절대일, $W=P(V_2-V_1)$에서 부피의 변화가 없으므로 $W=0$

- 공업일, $\begin{aligned}W_t &=-V(P_2-P_1)\\ &=V(P_1-P_2)\\ &=R(T_1-T_2)\end{aligned}$

- 내부에너지 변화, $\begin{aligned}dU &=C_v dT\\ &=C_v(T_2-T_1)\end{aligned}$

- 엔탈피 변화, $\begin{aligned}dH &=C_P dT\\ &=C_P(T_2-T_1)\end{aligned}$

- 열량변화, $\begin{aligned}\delta Q &=dU+PdV\\ &=dU\end{aligned}$

[정압과정($P=$ constant)]

- 절대일, $W=P(V_2-V_1)$

- 공업일, $W_t=-V(P_2-P_1)=0$

- 내부에너지 변화, $dU=C_v dT=C_v(T_2-T_1)$

- 엔탈피 변화, $dH=C_P dT=C_P(T_2-T_1)$

- 열량변화, $\delta Q=dH-VdP=dH$

[단열변화]

$PV^k=$ constant, $TV^{k-1}=$ constant

$$\frac{T_2}{T_1}=\left(\frac{P_2}{P_1}\right)^{\frac{k-1}{k}}=\left(\frac{V_1}{V_2}\right)^{k-1}$$

여기서, k : 비열비

- 절대일, $W=\dfrac{R}{k-1}(T_1-T_2)$

- 공업일, $W_t=\dfrac{kR}{k-1}(T_1-T_2)$

- 내부에너지 변화, $dU=C_v dT=C_v(T_2-T_1)$

- 엔탈피 변화, $dH=C_P dT=C_P(T_2-T_1)$

- 열량변화, $\delta Q=0$

[폴리트로픽 변화]

$PV^n=$ constant, $TV^{n-1}=$ constant

여기서, 지수 n : 폴리트로픽 지수

$$\frac{T_2}{T_1}=\left(\frac{P_2}{P_1}\right)^{\frac{n-1}{n}}=\left(\frac{V_1}{V_2}\right)^{n-1}$$

용어 정의 ▶

• 단열변화 : 과정이 변하는 동안 열의 출입을 차단한 과정으로 터빈 내에서
  증기가 팽창하면서 외부에 일을 할 때나 펌프에서 보일러로 물을 보낼 때
  주변과 열 출입을 하지 않는 상태에서 과정이 이루어지는 변화

Module 035

기타 열기관 사이클

핵심이론

[스털링 사이클]
• 2개의 정적과정과 2개의 등온과정으로 이루어진다.
• 무겁고 복잡하다.
• 실린더의 양쪽에 두 개의 피스톤이 있고, 중간에 한 개의 재생장치로
  구성된 사이클
• 재생기는 열용량이 큰 금속이나 세라믹 재질의 망으로 열에너지를 일시적
  저장에 사용된다.

[에릭슨 사이클]
2개의 정압과정과 2개의 등온과정으로 이루어진다.

[앳킨슨 사이클]
2개의 단열과정과 1개의 정적과정, 1개의 정압과정으로 이루어진다.

[르누아 사이클]
1개의 정압과정, 1개의 정적과정, 1개의 단열과정으로 이루어진다.

용어 정의 ▶

스털링 사이클과 에릭슨 사이클 : 완전가역 사이클

Module 036

가압경수로

핵심이론

압력을 가한 물을 냉각수로 사용하는 원자로다. 냉각수가 끓지 못하게 만들기 위해 150기압으로 압력을 가하기 때문에 300[℃]까지 물의 온도가 높아져도 끓지 않는다. 만약 냉각수가 끓게 되어 연료봉 표면에 기포가 생기면 열전달 능력이 떨어져서 연료봉이 녹아 큰 사고가 발생할 수 있다.

용어 정의

- **경수(輕水)** : 가벼울 경, 물 수
  원자로에서 냉각재로 가장 많이 사용하는 것은 물(경수)이다.
- **경수로** : 냉각재와 감속재로 경수인 물을 사용하는 원자로

Module 037

보일러

핵심이론

[보일러의 종류 및 특징]
- **드럼형 보일러(순환보일러)**
  - 자연순환보일러 : 급수펌프를 통해 절탄기를 거친 급수는 드럼에서 기체와 수분이 분리된 후 포화수는 관(Tube)을 통해 하부 헤더를 거치면서 수랭벽에서 노 내부의 복사열을 흡수한다.
  - 강제순환보일러 : 보일러 수를 순환시킬 때 순환펌프를 이용한 것으로 이를 제외하면 자연순환 보일러와 구조는 비슷하다. 자연순환 보일러보다 더 많은 증기를 만들어낸다.

자연순환 보일러의 특징	• 별도 순환 설비가 없어 구조가 간단하다. • 운전이 비교적 용이하다. • 증기압력이 높아지면 순환력이 저하된다. • 보유수량이 많아 기동, 정지 시간이 길고 정지 시 열손실이 많다.
강제순환 보일러의 특징	• 순환펌프는 사용압력 증가 시 충분한 순환력 확보, 증발관 과열 감소 • 증발관 유량을 일정하게, 오리피스의 막힘(Pluging) 방지 • 점화 전 보일러수를 순환시켜 물때(Scale) 생성이 적다. • 튜브 직경이 작아 내압 강도가 크고 열전달률이 좋다. • 보유수량이 적어 기동, 정지시간 단축, 정지 시 열손실 감소 • 전열면 수관 자유롭게 배치가능, 노 구성이 자유롭다.

안심Touch

- **관류형 보일러**
  - 슐저(Sulzer) 보일러 : 표준 석탄 화력 보일러로 사용. 가수 분리기가 설치된다.
  - 벤슨(Benson) 보일러 : 물이 전열면을 한 번만 통과한다. 유동안정성을 위해 최소 급수량은 정격량의 3[%] 이상 유지되어야 한다.

관류보일러의 특징	• 대용량이다. • 드럼이 없다. • 고압에 적합하다. • 가볍고 기동시간이 빠르다. • 급수펌프의 동력 손실이 크다. • 내압 강도가 크지만 압력 손실이 크다. • 열용량이 작아서 부하의 변동에 신속하게 대응할 수 있다.

- **노통연관식 보일러**

  노통 내에 있는 파이프 안으로 연소가스를 흐르게 하여 외부의 물을 가열하여 증발시킨다.

노통연관식 보일러의 특징	• 구조가 복잡하다. • 설치 면적이 작다. • 수명이 짧은 편이다. • 부하 변동이 잘된다. • 열효율이 좋다. • 이동 시 분할이 어렵다. • 예열 시간이 길다. • 수관식에 비해 제작비가 저렴하다. • 보유수면이 넓어 급수량을 제어하기 쉽다.

[보일러 구조]
- 본체 : 연소실, 대류 전열면
- 부속장치 : 급수장치, 연소장치, 송풍장치, 자동화 컨트롤장치

[보일러의 열효율]

$$\eta_B = \frac{(증기엔탈피 - 급수엔탈피)[kJ/kg] \times 증기의\ 증발량[kg/h]}{연료소비량[kg/h] \times 연료발열량[kJ/kg]} \times 100[\%]$$

> **용어 정의**

- **보일러(Boiler)** : 강철로 만든 용기 안에서 물을 가열한 후 고온, 고압의 증기를 발생시키는 장치
- **관류형 보일러** : Tube(관)으로 급수가 공급되어 예열부 → 증발부 → 과열부를 지나면서 관속을 흐르는 물을 가열하는 구조의 보일러다. 하나의 긴 관만으로 구성된 단관식과 다수의 수관이 상부와 하부의 헤더로 이루어진 다관식 관류 보일러로 분류한다.

Module 038

복수기, 절탄기, 애프터쿨러

핵심**이론**

[복수기(Condenser)]
터빈을 돌리고 빠져나온 물과 증기가 섞인 유체를 차가운 물을 담고 유동하고 있는 파이프 주변을 지나게 하면 이 유체는 냉각되면서 물이 된다.

[절탄기(Economizer)]
배기가스의 잔열을 이용하여 보일러에 공급되는 급수를 예열함으로써 보일러의 효율을 높이기 위한 장치로 잔열 회수가 그 목적이다.

[애프터 쿨러(After Cooler)]
공기압축기에서 토출된 압축공기는 압축될 때 약 $15\sim20[℃]$로 온도가 올라가는데, 이 공기는 공기압축기의 후단부에 설치된 냉동식이나 흡착식 드라이어와 같은 제습장비에 무리를 주어 고장을 초래한다. 따라서 이 애프터쿨러는 공기압축기에서 토출된 고온의 압축공기를 냉각하여 응축수를 드레인 밸브를 통해 외부로 내보내는 역할을 한다.

용어 정의

복수기 : 증기를 수(水)로 되돌리는 장치라 하여 복수기라고 불린다.

Module 039

냉동기의 4대 구성요소

핵심**이론**

[냉동기의 4대 구성요소]
- **압축기** : 냉매 기체의 압력과 온도를 높여 고온, 고압으로 만들면서 냉매에 압력을 가해 순환시킨다.
- **응축기** : 복수기라고도 불리며 냉매기체를 액체로 상변화시키면서 고온, 고압의 액체를 만든다.
- **팽창밸브** : 교축과정 상태로 줄어든 입구를 지나면서 냉매 액체가 무화되어 저온, 저압의 액체를 만든다.
- **증발기** : 냉매 액체가 대기와 만나면서 증발되면서 기체가 된다. 실내는 냉매의 증발 잠열로 인하여 온도가 낮아진다. 저열원에서 열을 흡수하는 장치다.

• 냉동기(Refrigerator) : 냉매를 이용하여 저온부에서 열을 흡수하여 고온
부에다 방출함으로써 밀폐된 구조 내부의 온도를 낮추는 기계장치
• 팽창밸브에서 일어나는 교축과정에서는 엔탈피가 일정하다.

Module 040

대류의 열전달률

핵심이론

[대류 열전달률]

$$\dot{Q}_{conv} = hA(T_s - T_f)[\mathrm{W}]$$

여기서, h : 대류 열전달 계수, A : 열전달이 발생하는 표면적
T_s : 표면온도, T_f : 표면에서 떨어진 유체온도

용어 정의 >

대류 : 물질이 직접 이동하면서 열을 전달하는 현상으로 유체가 열을 받아 데워
지면 위로 올라가고 그 빈자리를 차가운 유체가 채워지면서 순환하는 것이
주요 대류현상에 대한 설명이다.

Module 041

상태량

핵심이론

[강도성 상태량의 종류]
• v(비체적)
• ρ(밀도)
• T(온도)
• P(압력)

[종량성 상태량의 종류]
• V(부피)
• H(엔탈피)
• s(엔트로피)
• m(질량)
• U(내부에너지)

> 용어 정의

- 강도성 상태량 : 물질의 질량이나 크기에 상관없이 그 크기가 결정되는 상태량
- 종량성 상태량 : 물질의 질량이나 크기에 따라 그 크기가 결정되는 상태량

Module 042
과열기와 재열기

> 핵심이론

[과열기(Superheater)]
보일러의 수랭벽에서 증발된 포화증기를 더욱 가열하여 과열증기로 만드는 기계장치

[재열기(Reheater)]
고압터빈을 회전시킨 후 빠져나온 증기를 다시 재가열하는 장치로 과열도를 높이는 기계장치

[열기관에서 과열기와 재열기를 사용하는 목적]
- 마찰손실을 줄여 효율을 높이기 위해
- 습기로 인한 부품 내부의 침식을 줄이기 위해
- 증기압력과 증기온도를 높여서 열효율을 높이기 위해
- 과열증기가 터빈에서 열 낙차를 증가시키고 내부 효율을 높이기 때문에

> 용어 정의

고압터빈(HP) : 보일러에서 나온 증기가 다시 과열기를 거쳐 약 250[Pa]의 고압증기에 의해 구동되는 터빈

Module 043
선팽창계수

> 핵심이론

[선팽창계수가 큰 순서]

Pb(납) > Mg(마그네슘) > Al(알루미늄) > Cu(구리) > Fe(철) > Cr(크로뮴)

> 용어 정의

선팽창계수 : 온도가 1[℃] 변화할 때 단위 길이당 늘어난 재료의 길이

안심Touch

Module **044**

기계효율과 제동마력, 도시마력

핵심이론

• **기계효율**, $\eta = \dfrac{제동마력}{도시마력(지시마력)} \times 100[\%]$

• **제동마력**, $\text{BHP} = \dfrac{2\pi NT}{75 \times 60}$ [PS]

• **도시마력**, $\text{IHP} = \dfrac{PV_s ZN}{75 \times 60}$ [PS]

여기서, P : 평균유효압력, V_s : 행정체적, Z : 실린더 수, N : 회전수[rpm]

용어 정의

• 제동마력(BHP ; Brake Horse Power) : 실제 기관 운전에 사용되는 마력으로 "축마력", "정미마력"이라고도 한다.
• 도시마력(IHP ; Indicated Horse Power) : 연소실 발생 마력으로 실린더 내부의 폭발 압력을 측정한 것으로 "지시마력"이라고도 한다.

Module **045**

연소의 3요소

핵심이론

[연소의 3요소]
• 점화원
• 연소물질
• 산 소

용어 정의

산소(Oxygen)
조연성 가스인 산소는 연소할 때 반드시 필요한 가스다. 공기 중에는 질소가 78[%], 산소가 21[%], 나머지 가스나 먼지가 1[%]를 차지하므로 대기중에서 원활한 연소를 위해서는 필요한 순수 산소의 비율을 계산한 후 공기를 투입해야 한다.

Module **046**

자동차
총배기량과
압축비

핵심**이론**

- **총배기량,** $Vs = A \times L \times Z = \dfrac{\pi D^2}{4} \times L \times Z$

  여기서, L : 행정길이, Z : 실린더 수

- **압축비,** $\varepsilon = 1 + \dfrac{V_s(\text{행정 체적})}{V_c(\text{연소실 체적})}$

용어 **정의**

배기량 : 자동차로 대표되는 내연기관의 피스톤이 1회 움직였을 때 배출되는
기체의 부피다. 따라서 실린더의 총부피를 측정하면 그것이 곧 배기량이다.

Module **047**

디젤 기관의
연소과정

핵심**이론**

[디젤 엔진의 연소과정]

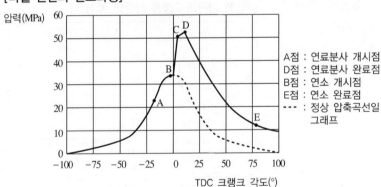

A점 : 연료분사 개시점
D점 : 연료분사 완료점
B점 : 연소 개시점
E점 : 연소 완료점
----- : 정상 압축곡선일
     그래프

A~B구간 : 착화지연기간
B~C구간 : 화염전파기간
C~D구간 : 직접연소기간
D~F구간 : 후기 연소기간

[디젤 기관의 연소과정 순서]

| 착화지연기간 | → | 급격연소기간 | → | 제어연소기간 | → | 후기 연소기간 |

안심Touch

용어 정의 ▶

• **착화지연기간 [A~B 구간]**
연료가 분사되어 연소가 일어날 때까지의 기간을 말한다. 압축이 끝나기 전인 A지점에서 연료 분사가 시작되나 바로 착화되지 않고 지연되면서 B지점까지 압력이 상승한 후 착화되어 연소된다.

• **화염전파기간 [B~C 구간]**
확산연소기간이나 급격연소기간이라고도 불리는 이 구간은 착화지연기간이 끝나고 착화와 동시에 화염전파가 일어나는 구간이다. 연소실 내의 압력이 급상승하면서 동력이 발생하는 구간이다.

• **직접연소기간 [C~D 구간]**
제어연소기간이라고도 불리는 이 구간은 혼합기에서 연소가 발생하는 구간으로 연료 분사량의 영향을 가장 많이 받는다.

• **후기 연소기간 [D~F 구간]**
연료 분사가 종료된 직후부터 연소가 끝날 때까지의 구간이다.

Module **048**

4행정 기관과
2행정 기관

핵심이론

[4행정 기관과 2행정 기관의 차이점]

항 목	4행정 사이클	2행정 사이클
구 조	복잡하다.	간단하다.
제작단가	고가이다.	저가이다.
밸브기구	필요하다.	필요없다.
유효행정	길다.	짧다.
열효율	높다.	낮다.
연료소비율	2행정보다 적다.	4행정보다 많다.
체적효율	높다.	낮다.
회전력	불균일	균일
마력당 기관중량	무겁다.	가볍다.
동력발생	크랭크축 2회전당 1회	크랭크축 1회전당 1회
윤활유소비	적다.	많다.
동일 배기량 시 출력	작다.	크다.

> **용어 정의**
> • **행정(Stroke)** : 피스톤이 상사점이나 하사점에서 출발한 후 반대방향 끝까지 한 번 움직인 거리다.
> • **4행정 기관** : 크랭크축이 2회전하는 동안 "흡입 → 압축 → 폭발 → 배기"의 4번의 스트로크(Stroke)가 연달아 일어나면서 1[cycle]을 마치는 내연기관
> • **2행정 기관** : 크랭크축이 1회전하는 동안 "흡입·압축 → 폭발·배기"의 2번의 스트로크(Stroke)가 연달아 일어나면서 1[cycle]을 마치는 내연기관

Module **049**

가솔린 기관과 디젤 기관

> **핵심이론**

[가솔린 기관과 디젤 기관의 차이점]

항 목	가솔린 기관	디젤 기관
점화방식	전기 불꽃 점화	압축 착화
최대압력	30~35[kg/cm^2]	65~70[kg/cm^2]
열효율	작다.	크다.
압축비	6~11 : 1	15~22 : 1
연소실 형상	간단하다.	복잡하다.
연료공급	기화기 또는 인젝터	분사펌프, 분사노즐, 인젝터
진동 및 소음	작다.	크다.
출력당 중량	작다.	크다.
제작비	저렴하다.	비싸다.

> **용어 정의**
> • **인젝터** : 연료를 실린더나 기화기 안으로 공급해 주는 장치
> • **가솔린 기관** : 불꽃점화방식으로 가솔린(휘발류)을 연료로 하여 폭발동력을 만들어내는 내연기관
> • **디젤 기관** : 디젤연료의 자기착화를 이용한 압축착화방식의 내연기관으로 고온의 압축된 공기에 연료를 분사하여 자연발화시켜 폭발동력을 만든다.

─Module 050

전공과 관련된
일반상식 문제

핵심이론

• 요리시간 문제 : 압력이 클수록 가열시간이 짧아져서 요리시간도 단축된다.
• 냉장고 문을 계속 열어둘 때 방의 온도 변화를 묻는 문제 : 방 온도가 올라간다.
• 골프공의 표면이 요철 형상인 이유 : 유동저항을 줄이기 위해
• 터보차저의 목적을 묻는 문제 : 비출력 증대를 위해

용어 정의

터보차저
내연기관의 엔진에서 연소 후 나오는 배출가스의 압력으로 터빈을 돌려서 공기를 압축하여 고압의 압축공기를 실린더로 공급함으로써 출력을 높여 연소효율을 높이는 기계장치다.

제 **3** 과목

기계재료

Module 80제

공사공단 공기업 전공 [필기]

기계직
필수 이론 600제
(한국사 포함)

(주)시대고시기획
(주)시대교육

www.**sidaegosi**.com

시험정보 · 자료실 · 이벤트
합격을 위한 최고의 선택

|

시대에듀

www.**sdedu**.co.kr

자격증 · 공무원 · 취업까지
BEST 온라인 강의 제공

제 **3** 과목 기계재료

Module 001

금속의 일반적인 특징

핵심이론

[금속의 특징]
- 비중이 크다.
- 전기 및 열의 양도체이다.
- 금속 특유의 광택을 갖는다.
- 이온화하면 양(+)이온이 된다.
- 상온에서 고체이며 결정체이다(단, Hg 제외).
- 연성과 전성이 우수하며 소성변형이 가능하다.

용어 정의

금속(金屬 쇠 금, 이을 속)
상온에서 고체인 광물의 총칭으로 위 특성을 만족하는 물질

Module 002

철(Fe)의
결정구조

핵심이론

[Fe의 결정구조의 종류 및 특징]

종 류	체심입방격자(BCC) (Body Centered Cubic)	면심입방격자(FCC) (Face Centered Cubic)	조밀육방격자(HCP) (Hexagonal Close Packed lattice)
성 질	• 강도가 크다. • 용융점이 높다. • 전성과 연성이 작다.	• 전기전도도가 크다. • 가공성이 우수하다. • 장신구로 사용된다. • 전성과 연성이 크다. • 연한 성질의 재료이다.	• 전성과 연성이 작다. • 가공성이 좋지 않다.
원 소	W, Cr, Mo, V, Na, K	Al, Ag, Au, Cu, Ni, Pb, Pt, Ca	Mg, Zn, Ti, Be, Hg, Zr, Cd, Ce
단위격자	2개	4개	2개
배위수	8	12	12
원자충전율	68[%]	74[%]	74[%]
기준치 [mg/L]	5.00	5.00	1.00

용어 정의

결정구조 : 3차원 공간에서 규칙적으로 배열된 원자의 집합체

Module 003

열 및
전기 전도율

핵심이론

[열 및 전기 전도율이 높은 순서]

Ag	>	Cu	>	Au	>	Al	>	Mg	>	Zn	>	Ni	>	Fe	>	Pb	>	Sb
은		구		금		알		마		아		니		철		납		주

※ 열전도율이 높을수록 고유저항은 작아진다.

용어 정의

열전도(熱傳導) : 더울 열, 전할 전, 이끌 도
온도가 다른 두 물체가 서로 닿았을 때 높은 온도의 분자들이 낮은 쪽 분자들과
충돌하며 온도가 낮은 쪽으로 이동함으로써 접촉에 의한 열전달이 이루어지는 현상

Module 004

기계재료가 일반적으로 갖추어야 할 성질

핵심이론

- **가공특성** : 절삭성, 용접성, 주조성, 성형성
- **경제성** : 목적 대비 적절한 가격과 재료 공급의 용이성
- **물리화학적 특성** : 내식성, 내열성, 내마모성
- **열처리성**

Module 005

강괴의 탈산 정도에 따른 종류

핵심이론

- **킬드강** : 평로, 전기로에서 제조된 용강을 Fe-Mn, Fe-Si, Al 등으로 완전히 탈산시킨 강으로 상부에 작은 수축관과 소수의 기포만이 존재하며 탄소 함유량이 0.15~0.3[%] 정도인 강
- **세미킬드강** : 탈산의 정도가 킬드강과 림드강 중간으로 림드강에 비해 재질이 균일하며 용접성이 좋고, 킬드강보다는 압연이 더 잘된다.
- **림드강** : 평로, 전로에서 제조된 것을 Fe-Mn으로 가볍게 탈산시킨 강
- **캡트강** : 림드강을 주형에 주입한 후 탈산제를 넣거나 주형에 뚜껑을 덮고 리밍 작용을 억제하여 표면을 림드강처럼 깨끗하게 만듦과 동시에 내부를 세미킬드강처럼 편석이 적은 상태로 만든 강

킬드강	림드강	세미킬드강
수축공 강괴	기포 강괴	수축공 기포 강괴

용어 정의

탈산 : 용융된 금속 내부에 녹아 있는 산소를 없애는 것

Module 006

합금(Alloy)

핵심이론

[합금의 일반적 성질]

• 경도가 증가한다.

• 주조성이 좋아진다.

• 용융점이 낮아진다.

• 전성, 연성은 떨어진다.

• 성분 금속의 비율에 따라 색이 변한다.

• 성분 금속보다 강도 및 경도가 증가한다.

• 합금 전 금속들보다 우수한 성질을 나타내는 경우가 많다.

용어 정의

합금(Alloy)

철강에 영향을 주는 주요 10가지 합금원소에는 C(탄소), Si(규소), Mn(망간), P(인), S(황), N(질소), Cr(크로뮴), V(바나듐), Mo(몰리브덴), Cu(구리), Ni(니켈)인데, 이러한 철강의 합금원소는 각각 철강재의 용접성과 밀접한 관련이 있다. 그 중 C(탄소)가 가장 큰 영향을 미치는데, C(탄소)량이 적을수록 용접성이 좋으므로, 저탄소강이 가장 용접성이 좋다.

Module 007

금속의 비중

핵심이론

[경금속과 중금속의 비중(s)]

경금속				중금속													
Mg	Be	Al	Ti	Sn	V	Cr	Mn	Fe	Ni	Cu	Mo	Ag	Pb	W	Au	Pt	Ir
1.7	1.8	2.7	4.5	5.8	6.1	7.1	7.4	7.8	8.9	8.9	10.2	10.4	11.3	19.1	19.3	21.4	22

※ 경금속과 중금속을 구분하는 비중의 경계 : 4.5

용어 정의

비중(Specific Gravity) : 어떤 물질의 질량과 표준물질(4[℃] 물 또는 1기압 하 0[℃]의 공기)과의 비

$$s = \frac{\rho_x}{\rho_w} = \frac{\gamma_x}{\gamma_w}$$

Module 008

취 성

핵심이론

[취성의 종류]

- **적열취성** : 赤熱 붉을 적, 더울 열, 철이 빨갛게 달궈진 상태
  S(황)의 함유량이 많은 탄소강이 900[℃] 부근에서 적열(赤熱)상태가 되었을 때 파괴되는 성질로 철에 S의 함유량이 많으면 황화철이 되면서 결정립계 부근의 황(S)이 망상으로 분포되면서 결정립계가 파괴된다. 적열취성을 방지하려면 망간(Mn)을 합금하여 황(S)을 황화망간(MnS)으로 석출시키면 된다. 이 적열취성은 높은 온도에서 발생하므로 고온취성으로도 불린다.

- **청열취성** : 靑熱 푸를 청, 더울 열, 철이 산화되어 푸른빛으로 달궈져 보이는 상태
  탄소강이 200~300[℃]에서 인장강도와 경도값이 상온일 때보다 커지는 반면, 연신율이나 성형성은 오히려 작아져서 취성이 커지는 현상이다. 이 온도범위(200~300[℃])에서는 철의 표면에 푸른 산화피막이 형성되기 때문에 청열취성이라고 불린다. 따라서 탄소강은 200~300[℃]에서는 가공을 피해야 한다.

- **저온취성**
  탄소강이 천이온도에 도달하면 충격치가 급격히 감소되면서 취성이 커지는 현상

- **상온취성**
  인(P)의 함유량이 많은 탄소강이 상온(약 24[℃])에서 충격치가 떨어지면서 취성이 커지는 현상

용어 정의

취성 : 물체가 외력에 견디지 못하고 파괴되는 성질로 인성의 반대 성질이다. 취성재료는 연성이 거의 없으므로 항복점이 아닌 탄성한도를 고려해서 다뤄야 한다.

Module 009

잔류응력

핵심이론

변형 후 외력을 제거해도 재료의 내부나 표면에 남아 있는 응력이다.
물체의 온도변화에 의해서 발생할 수 있는데 추가적으로 소성변형을 해
주거나 재결정 온도 전까지 온도를 올려 줌으로써 감소시킬 수 있다.
표면에 남아 있는 인장잔류응력은 피로수명과 파괴 강도를 저하시킨다.

용어 정의

- 강도 : 외력에 대한 재료 단면의 저항력
- 소성 : 물체에 변형을 준 뒤 외력을 제거해도 원래의 상태로 되돌아오지 않고
  영구적으로 변형되는 성질로 가소성이라고도 한다.

Module 010

Fe-C
평형상태도

핵심이론

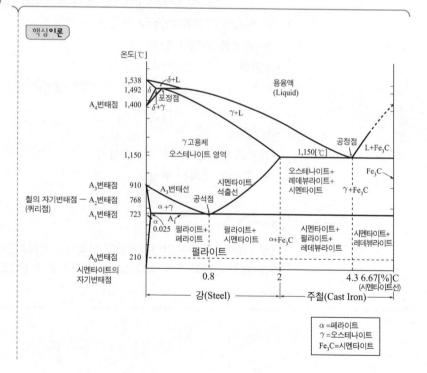

<용어 정의>

- **Fe-C 평형상태도** : 순수한 철(Fe)에 탄소(C)를 합금시킬 때 온도에 따른 조직의 변화를 나타낸 그래프
- **공석점** : 철이 하나의 고용체 상태에서 냉각될 때 공석점으로 불리는 A_1변태점(723[℃])을 지나면서 두 개의 고체가 혼합된 상태로 변하는 반응
- **공정점** : 두 개의 성분 금속이 용융 상태에서는 하나의 액체로 존재하나 응고 시에는 공정점으로 불리는 1,150[℃]에서 일정한 비율로 두 종류의 금속이 동시에 정출되어 나오는 반응

Module 011
철의 변태점

<핵심이론>

[Fe의 변태점의 종류]
- A_0변태점(210[℃]) : 시멘타이트의 자기 변태점
- A_1변태점(723[℃]) : 철의 동소변태점(=공석 변태점)
- A_2변태점(768[℃]) : 철의 자기변태점
- A_3변태점(910[℃]) : 철의 동소변태점, 체심입방격자(BCC) → 면심입방격자(FCC)
- A_4변태점(1,410[℃]) : 철의 동소변태점, 면심입방격자(FCC) → 체심입방격자(BCC)

<용어 정의>

- **변태** : 철이 온도변화에 따라 원자 배열이 바뀌면서 내부 결정구조나 자성이 변화되는 현상
- **변태점** : 변태가 일어나는 온도
- **동소변태** : 동일한 원소 내에서 온도변화에 따라 원자 배열이 바뀌는 현상으로 철(Fe)은 고체 상태에서 910[℃]의 열을 받으면 체심입방격자(BCC) → 면심입방격자(FCC)로, 1,400[℃]에서는 FCC → BCC로 바뀌며 열을 잃을 때는 반대가 된다.

Module 012

Fe-C계
평형상태도에서의
3개 불변반응

핵심이론

[Fe-C계 평형상태도에서의 3개 불변반응]

종 류	반응온도	탄소함유량	반응내용	생성조직
공석반응	723[℃]	0.8[%]	γ 고용체 $\leftrightarrow$ α 고용체 + Fe_3C	펄라이트 조직
공정반응	1,147[℃]	4.3[%]	융체(L) $\leftrightarrow$ γ 고용체 + Fe_3C	레데뷰라이트 조직
포정반응	1,494[℃] (1,500[℃])	0.18[%]	δ 고용체 + 융체(L) $\leftrightarrow$ γ 고용체	오스테나이트 조직

용어 정의

고용체 : 두 개 이상의 고체가 일정한 조성으로 완전하게 균일한 상을 이룬 혼합물

Module 013

절삭공구 재료의
구비 조건

핵심이론

[절삭공구 재료의 구비 조건]
• 내마모성이 커야 한다.
• 충격에 잘 견뎌야 한다.
• 고온 경도가 커야 한다.
• 열처리와 가공이 쉬워야 한다.
• 절삭 시 마찰계수가 작아야 한다.
• 강인성(억세고 질긴 성질)이 커야 한다.
• 성형성이 용이하고 가격이 저렴해야 한다.

용어 정의

고온경도 : 접촉 부위의 온도가 높아지더라도 경도를 유지하는 성질

Module 014

초경합금

핵심이론

[초경합금의 특징]
- 경도가 높다.
- 내마모성이 크다.
- 고온에서 변형이 적다.
- 고온경도 및 강도가 양호하다
- 소결합금으로 이루어진 공구이다.
- 진동이나 충격을 받으면 쉽게 깨진다.
- 고속도강의 4배의 절삭 속도로 가공이 가능하다.

용어 정의

초경합금(소결 초경합금)
1,100[℃]의 고온에서도 경도 변화 없이 고속절삭이 가능한 절삭공구로 사용하며 WC, TiC, TaC 분말에 Co나 Ni 분말을 추가한 후 1,400[℃] 이상의 고온으로 가열하면서 프레스로 소결시켜 만든다.

Module 015

세라믹

핵심이론

[세라믹의 특징]
- 충격에 약하다.
- 성형성이 좋지 못하다.
- 주로 고온에서 소결시켜 만든다.
- 내마모성과 내열성, 내화학성(내산화성)이 우수하나 인성이 부족하다.

용어 정의

세라믹(Ceramics)
무기질의 비금속 재료를 고온에서 소결한 것으로 1,200[℃]의 절삭 열에도 경도 변화가 없는 신소재이다.

Module 016

주조경질합금

핵심이론

[주조경질합금의 특징]

• 열처리가 불필요하다.

• 내구성과 인성이 작다.

• 800[℃]의 절삭 열에도 경도변화가 없다.

• 청동이나 황동의 절삭 재료로도 사용된다.

• 고속도강보다 2배의 절삭속도로 가공이 가능하다.

용어 정의

주조경질합금

스텔라이트(Stellite)로도 불리는 주조경질합금은 Co(코발트)를 주성분으로 한 Co-Cr-W-C계의 합금이다.

Module 017

고속도강(HSS)

핵심이론

[표준 고속도강의 합금 비율]

W(텅스텐) : 18[%], Cr(크로뮴) : 4[%], V(바나듐) : 1[%]

용어 정의

고속도강(HSS)

탄소강에 W-18[%], Cr-4[%], V-1[%]이 합금된 것으로 600[℃]의 절삭열에도 경도 변화가 없다. 탄소강보다 2배의 절삭 속도로 가공이 가능하기 때문에 강력 절삭 바이트나 밀링 커터용 재료로 사용된다. 고속도강에서 나타나는 시효변화를 억제하기 위해서는 뜨임처리를 3회 이상 반복함으로써 잔류응력을 제거해야 한다. W계와 Mo계로 크게 분류된다.

Module 018

재료의 고온경도와 파손강도

핵심이론

[공구재료 중 고온경도, 파손강도가 높은 순서]
다이아몬드 > WC-TiC-Co계 초경합금 > 고속도강 > 합금공구강 > 탄소공구강

용어 정의

파손강도 : 재료가 파손되기 직전까지 외력에 버틸 수 있는 최대 강도

Module 019

다이아몬드

핵심이론

절삭공구용 재료 중에서 가장 경도가 높고(약 H_B 7,000), 내마멸성이 크며 절삭속도가 빨라서 가공이 매우 능률적이나 취성이 크고 값이 비싼 단점이 있다. 강에 비해 열팽창이 크지 않아서 장시간의 고속절삭이 가능하다.

용어 정의

• **경도** : 물질의 단단함과 무른 정도를 나타내는 것
• H_B : 브리넬 경도
 압입자인 강구에 일정량의 하중을 걸어 시험편의 표면에 압입한 후, 압입자국의 표면적의 크기와 하중의 비로 경도 측정

Module 020

**입방정 질화붕소
(CBN공구)**

> **핵심이론**

미소분말을 고온이나 고압에서 소결하여 만든 것으로 다이아몬드 다음으로 경한 재료이다. 내열성과 내마모성이 뛰어나서 철계 금속이나 내열합금의 절삭, 난삭재, 고속도강의 절삭에 주로 사용한다.

> **용어 정의**

- 입방정 질화붕소(Cubic Boron Nitride) = CBN 공구
- 난삭재 : 절삭이 어려운 재료

Module 021

**철강의
탄소함유량
증가에 따른 특성**

> **핵심이론**

- 경도 증가
- 취성 증가
- 항복점 증가
- 충격치 감소
- 인장강도 증가
- 인성 및 연신율 감소

> **용어 정의**

항복점(Yield Point)
인장 시험에서 하중이 증가하여 어느 한도에 도달하면, 하중을 제거해도 원위치로 되돌아가지 않고 변형이 남게 되는 그 순간의 하중

Module 022

탄소의 함유량에 따른 철강의 분류

핵심이론

성 질	순 철	강	주 철
영어 표현	Pure Iron	Steel	Cast Iron
탄소 함유량	0.02[%] 이하	0.02~2.0[%]	2.0~6.67[%]
담금질성	담금질이 안 됨	좋 음	잘되지 않음
강도/경도	연하고 약함	크다.	경도는 크나 잘 부서짐
활 용	전기재료	기계재료	주조용 철
제 조	전기로	전 로	큐폴라

용어 정의

큐폴라(=용선로)
주철을 용해하는 대표적인 용해로이며 내부는 강판 위에 내열벽돌로 채워진
형태이다. 최근 전기로의 보급으로 많이 사용되지는 않으나 설치비가 적고 짧
은 시간에 많은 양을 용해할 수 있어서 지속적으로 사용되고 있는 용해로이다.

Module 023

철강의 5대 합금 원소

핵심이론

- C(탄소)
- Si(규소, 실리콘)
- Mn(망간)
- P(인)
- S(황)

용어 정의

Si(규소)는 과거에는 규소(Silicon)만을 주로 나타내는 용어로 사용되었고,
최근에는 "실리콘(Silicone)" 화합물을 나타내는 용어로도 쓰인다.

안심Touch

Module 024

강(Steel)

> **핵심이론**

[강의 분류]
- **아공석강** : 순철에 0.02~0.8[%]의 C가 합금된 강
- **공석강** : 순철에 0.8[%]의 C가 합금된 강, 공석강을 서랭(서서히 냉각)시키면 펄라이트 조직이 나온다.
- **과공석강** : 순철에 0.8~2[%]의 C가 합금된 강

> **용어 정의**

강(Steel)
순철에 탄소(C)가 0.02~2[%] 함유된 것으로 탄소함유량이 증가함에 따라 취성이 커지기 때문에 재료의 내충격성을 나타내는 값인 "충격치"는 감소한다.

Module 025

탄소강에 합금된 원소들의 영향

> **핵심이론**

원소의 종류	합금에 따른 영향
탄소(C)	• 경도를 증가시킨다. • 인성과 연성을 감소시킨다. • 일정 함유량까지 강도를 증가시킨다. • 함유량이 많아질수록 취성(메짐)이 강해진다.
규소(Si)	• 유동성을 증가시킨다. • 용접성과 가공성을 저하시킨다. • 인장강도, 탄성한계, 경도를 상승시킨다. • 결정립의 조대화로 충격값과 인성, 연신율을 저하시킨다.
망간(Mn)	• 주철의 흑연화를 방지한다. • 고온에서 결정립 성장을 억제한다. • 주조성과 담금질효과를 향상시킨다. • 탄소강에 함유된 S(황)을 MnS로 석출시켜 적열취성을 방지한다.
인(P)	• 상온취성의 원인이 된다. • 결정입자를 조대화시킨다. • 편석이나 균열의 원인이 된다.
황(S)	• 절삭성을 양호하게 한다. • 편석과 적열취성의 원인이 된다. • 철을 여리게 하며 알칼리성에 약하다.
수소(H_2)	백점, 헤어크랙의 원인이 된다.

원소의 종류	합금에 따른 영향
몰리브덴(Mo)	• 내식성을 증가시킨다. • 뜨임취성을 방지한다. • 담금질 깊이를 깊게 한다.
크로뮴(Cr)	• 강도와 경도를 증가시킨다. • 탄화물을 만들기 쉽게 한다. • 내식성, 내열성, 내마모성을 증가시킨다.
납(Pb)	절삭성을 크게 하여 쾌삭강의 재료가 된다.
코발트(Co)	고온에서 내식성, 내산화성, 내마모성, 기계적 성질이 뛰어나다.
Cu(구리)	• 고온 취성의 원인이 된다. • 압연 시 균열의 원인이 된다.
니켈(Ni)	내식성 및 내산성을 증가시킨다.
타이타늄(Ti)	• 부식에 대한 저항이 매우 크다. • 가볍고 강력해서 항공기용 재료로 사용된다.

▶용어 정의▶

편석 : 내부 조성이 균일하지 못하고 편중된 상태의 고체 덩어리

Module 026

마우러 조직도

▶핵심이론▶

[마우러 조직도]

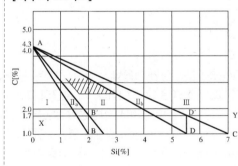

영 역	주철조직	경 도
Ⅰ	백주철	최 대
Ⅱ$_a$	반주철	↕
Ⅱ	펄라이트 주철	
Ⅱ$_b$	회주철	
Ⅲ	페라이트 주철	최 소

※ 빗금친 부분은 고급주철이다.

▶용어 정의▶

마우러 조직도
주철 조직을 지배하는 주요 요소인 C와 Si의 함유량에 따른 주철 조직의 변화
를 나타낸 그래프

Module 027

주철의 흑연화

핵심이론

[주철의 흑연화에 영향을 미치는 원소]

주철의 흑연화 촉진제	Al, Si, Ni, Ti
주철의 흑연화 방지제	Cr, V, Mn, S

용어 정의

흑연화

Fe_3C 의 합금 재료인 시멘타이트는 고온에서 불안정해서 열을 받으면 Fe과 C로 나뉘는데, C(탄소)의 동소체가 흑연이므로 이 현상을 흑연화라고도 한다.

Module 028

개량처리

핵심이론

- 개량처리로 유명한 알루미늄 합금 : 실용적인 개량처리 합금으로는 Al에 10~13[%]의 Si가 고용된 실루민(Silumin)이 유명하다.
- 개량처리에 주로 사용되는 합금 원소 : Na(나트륨)

용어 정의

개량처리

Al에 Si(규소, 실리콘)가 고용될 수 있는 한계는 공정 온도인 577[℃]에서 약 1.6[%]이고, 공정점은 12.6[%]이다. 이 부근의 주조 조직은 육각판의 모양으로, 크고 거칠며 취성이 있어서 실용성이 없는데, 이 합금에 나트륨이나 수산화나트륨, 플루오린화 알칼리, 알칼리 염류 등을 용탕 안에 넣으면 조직이 미세화되며, 공정점과 온도가 14[%], 556[℃]로 이동하는 이 처리를 개량처리라고 한다.

Module **029**

불변강
(Ni-Fe계
합금)

핵심**이론**

[Ni-Fe계 합금(불변강)의 종류]

종 류	용 도
인 바	• Fe에 35[%]의 Ni, 0.1~0.3[%]의 Co, 0.4[%]의 Mn이 합금된 불변강의 일종으로 상온 부근에서 열팽창계수가 매우 작아서 길이 변화가 거의 없다. • 줄자나 측정용 표준자, 바이메탈용 재료로 사용한다.
슈퍼인바	Fe에 30~32[%]의 Ni, 4~6[%]의 Co를 합금한 재료로 20[℃]에서 열팽창계수가 0에 가까워서 표준 척도용 재료로 사용한다.
엘린바	Fe에 36[%]의 Ni, 12[%]의 Cr이 합금된 재료로 온도변화에 따라 탄성률의 변화가 미세하여 시계태엽이나 계기의 스프링, 기압계용 다이어프램, 정밀 저울용 스프링 재료로 사용한다.
퍼멀로이	Fe에 35~80[%]의 Ni이 합금된 재료로 열팽창계수가 작아서 측정기나 고주파 철심, 코일, 릴레이용 재료로 사용된다.
플래티나이트	Fe에 46[%]의 Ni이 합금된 재료로 열팽창계수가 유리나 백금과 가까우며 전구 도입선이나 진공관의 도선용으로 사용한다.
코엘린바	Fe에 Cr 10~11[%], Co 26~58[%], Ni 10~16[%] 합금한 것으로 온도변화에 대한 탄성률의 변화가 작고 공기 중이나 수중에서 부식되지 않아서 스프링, 태엽, 기상관측용 기구의 부품에 사용한다.

용어 **정의**

불변강

일반적으로 Ni-Fe계 내식용 합금을 말하는데, 주변 온도가 변해도 재료가 가진 열팽창계수나 탄성계수가 변하지 않아서 불변강이라고도 한다.

Module **030**

형상기억합금

핵심**이론**

[형상기억합금의 특징]

• 어떤 모양을 기억할 수 있는 합금
• 형상기억 효과를 만들 때 온도는 마텐자이트 변태온도 이하에서 한다.
• Ni-Ti 합금의 대표적인 상품은 니티놀(Nitinol)이다.
  주성분은 Ni + Ti

형상기억합금

항복점을 넘어서 소성 변형된 재료는 외력을 제거해도 원래의 상태로 복원이 불가능하지만, 형상기억합금은 고온에서 일정 시간 유지함으로써 원하는 형상을 기억시키면 상온에서 외력에 의해 변형되어도 기억시킨 온도로 가열만 하면 변형 전 형상으로 되돌아오는 합금이다.

Module 031

충격시험

핵심이론

[충격시험의 종류]

• **샤르피(Charpy)식 충격 시험법**

시험편을 40[mm] 떨어진 2개의 지지대 위에 가로 방향으로 지지하고, 노치부를 지지대 사이의 중앙에 일치시킨 후 노치부 뒷면을 해머로 1회만 충격을 주어 시험편을 파단시킬 때 소비된 흡수 에너지(E)와 충격값(U)을 구하는 시험방법

• **아이조드(Izod)식 충격 시험법**

시험편을 세로방향으로 고정시키는 방법으로 한쪽 끝을 노치부에 고정하고 반대쪽 끝을 노치부에서 22[mm] 떨어뜨린 후 노치부와 같은 쪽 면을 해머로 1회 충격하여 시험편을 파단시킬 때 그 충격값을 구하는 시험법

[시험편 세팅 및 해머의 타격 위치]

샤르피 시험기	아이조드 시험기

충격시험 : 시험편에 충격이 가해질 때 그 재료의 저항력으로 대표되는 인성과 취성을 측정하기 위한 시험

Module 032

경도시험

핵심**이론**

[경도시험의 종류]

종 류	시험 원리	압입자
브리넬 경도 (H_B)	압입자인 강구에 일정량의 하중을 걸어 시험편의 표면에 압입한 후, 압입자국의 표면적 크기와 하중의 비로 경도 측정 $$H_B = \frac{P}{A} = \frac{P}{\pi Dh} = \frac{2P}{\pi D(D - \sqrt{D^2 - d^2})}$$ 여기서, D : 강구 지름 d : 압입 자국의 지름 h : 압입 자국의 깊이 A : 압입 자국의 표면적	강 구
비커스 경도 (H_V)	압입자에 1~120[kg]의 하중을 걸어 자국의 대각선 길이로 경도 측정을 한다. 하중을 가하는 시간은 캠의 회전 속도로 조절한다. $$H_V = \frac{P(하중)}{A(압입 자국의 표면적)}$$	136[°]인 다이아몬드 피라미드 압입자
로크웰 경도 (H_{RB}, H_{RC})	압입자에 하중을 걸어 압입 자국(홈)의 깊이를 측정하여 경도 측정 • 예비하중 : 10[kg] • 시험하중 : B스케일 : 100[kg], C스케일 : 150[kg] • $H_{RB} = 130 - 500h$ • $H_{RC} = 100 - 500h$, 여기서, h : 압입자국의 깊이	• B스케일 : 강구 • C스케일 : 120[°] 다이아몬드(콘)
쇼어 경도 (H_S)	추를 일정한 높이(h_0)에서 낙하시켜, 이 추의 반발높이(h)를 측정해서 경도 측정 $$H_S = \frac{10,000}{65} \times \frac{h(추의 반발 높이)}{h_0(추의 낙하 높이)}$$	다이아몬드 추

용어 **정의**

경도시험

재료의 표면 경도를 측정하기 위한 시험으로 강구나 다이아몬드와 같은 압입자에 일정한 하중을 가한 후 시험편에 나타난 자국을 측정하여 경도값을 구한다.

Module 033

비파괴 검사

핵심**이론**

- **방사선투과시험(RT ; Radiography Test)**
  용접부 뒷면에 필름을 놓고 용접물 표면에서 X선이나 γ선 등을 방사하여
  용접부를 통과시키면, 금속 내부에 구멍이 있을 경우 그 만큼 투과되는
  두께가 얇아져서 필름에 방사선의 투과량이 많아지게 되므로 다른 곳보다
  검은 정도를 확인함으로써 불량을 검출하는 방법
- **초음파탐상검사(UT ; Ultrasonic Test)**
  사람이 들을 수 없는 매우 높은 주파수의 초음파를 사용하여 검사 대상물
  의 형상과 물리적 특성을 검사하는 방법. 4~5[MHz] 정도의 초음파가
  경계면, 결함표면 등에서 반사하여 되돌아오는 성질을 이용하여 반사파
  의 시간과 크기를 스크린으로 관찰함으로써 결함의 유무, 크기, 종류
  등을 검사하는 방법
- **와전류탐상검사(ET ; Eddy Current Test)**
  도체에 전류가 흐르면 도체 주위에는 자기장이 형성되며, 반대로 변화하
  는 자기장 내에서는 도체에 전류가 유도된다. 표면에 흐르는 전류의
  형태를 파악하여 검사하는 방법
- **육안검사(VT ; Visual Test) = 외관검사**
  용접부의 표면이 좋고 나쁨을 육안으로 검사하는 것으로 가장 많이 사용
  하며 간편하고 경제적인 검사 방법
- **자분탐상검사(MT ; Magnetic Test)**
  철강 재료 등 강자성체를 자기장에 놓았을 때 시험편 표면이나 표면
  근처에 균열이나 비금속 개재물과 같은 결함이 있으면 결함 부분에는
  자속이 통하기 어려워 공간으로 누설되어 누설 자속이 생긴다. 이 누설
  자속을 자분(자성 분말)이나 검사 코일을 사용하여 결함의 존재를 검출하
  는 방법
- **침투탐상검사(PT ; Penetrant Test)**
  검사하려는 대상물의 표면에 침투력이 강한 형광성 침투액을 도포 또는
  분무하거나 표면 전체를 침투액 속에 침적시켜 표면의 흠집 속에 침투액
  이 스며들게 한 다음 이를 백색 분말의 현상액을 뿌려서 침투액을 표면으
  로부터 빨아내서 결함을 검출하는 방법
  ※ 침투액이 형광물질이면 형광침투 탐상시험이라고 한다.

• **누설검사(LT ; Leaking Test)**
탱크나 용기속에 유체를 넣고 압력을 가하여 새는 부분을 검출함으로써
구조물의 기밀성, 수밀성을 검사하는 방법

용어 정의

와전류(맴돌이 전류, Eddy Current) : 맴돌이 전류, 도체에 생기는 소용돌이
형태의 전류

Module **034**

크리프(Creep)

핵심이론

[크리프(Creep)시험의 목적]
이 시험을 통해서 보일러용 파이프나 증기 터빈의 날개와 같이 장시간
고온에서 하중을 받는 기계 구조물의 파괴를 방지하기 위해 실시한다.
단위로는 $[\text{kg/mm}^2]$을 사용한다.

용어 정의

크리프(Creep)
고온에서 재료에 일정 크기의 하중(정하중)을 작용시키면 시간이 경과함에 따
라 변형이 증가하는 현상이다. 이것은 변형량과 시간과의 관계를 나타낸다.

Module 035
열처리의 분류

핵심이론

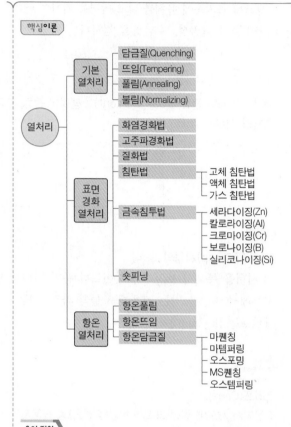

용어 정의

열처리의 목적

금속재료를 가열하거나 냉각하는 과정을 조절하거나, 표면에 금속을 침투시키거나 물리적 조작을 가함으로써 사용자가 원하는 금속재료의 강도나 기타 특성을 얻기 위하여 실시한다.

Module 036

강의 열처리 조직

핵심이론

[강의 열처리 조직의 경도가 작은 순서]
페라이트 < 오스테나이트 < 펄라이트 < 소르바이트 < 베이나이트
< 트루스타이트 < 마텐자이트 < 시멘타이트
※ Fe에 C(탄소)가 6.67[%] 함유된 시멘타이트 조직의 경도가 가장 높다.

용어 정의

시멘타이트(Cementite)
순철에 6.67[%]의 탄소(C)가 합금된 금속조직으로 경도가 매우 크며 취성도
크다. 재료 기호는 Fe_3C로 표시한다.

Module 037

기본 열처리
4단계

핵심이론

• **담금질(Quenching)** : 강을 Fe-C상태도의 A_3및 A_1변태선에서 약
30~50[℃] 더 높은 온도로 가열한 후 급랭시켜 오스테나이트 조직에서
마텐자이트 조직으로 만들어 강도를 크게 만드는 열처리작업
• **뜨임(Tempering)** : 담금질한 강을 A_1변태점 이하의 온도로 가열한 후
서랭하는 것으로 담금질되어 경화된 재료에 인성을 부여한다.
• **풀림(Annealing)** : 재질을 연하고 균일화시킬 목적으로 목적에 맞는 일정
온도 이상으로 가열한 후 서랭한다.
예 완전풀림-A_3변태점 이상, 연화풀림-650[℃] 정도
• **불림(Normalizing)** : 담금질이 심하거나 결정입자가 조대해진 강을 표준
화조직으로 만들어주기 위하여 A_3점이나 A_{cm}점 이상으로 가열 후 공랭
시킨다. Normal은 표준이라는 의미이다.

용어 정의

마텐자이트(Martensite)
강을 오스테나이트 영역의 온도까지 가열한 후 급랭시켜 얻는 금속조직으로
강도와 경도가 높다.

Module 038

담금질 액의 냉각속도

핵심이론

[담금질 액 중 냉각속도가 가장 빠른 순서]
소금물 > 물 > 기름 > 공기

용어 정의

담금질(Quenching)
강을 Fe–C상태도의 A_3 및 A_1변태선에서 약 30~50[℃] 더 높은 온도로 가열한 후 급랭시켜 오스테나이트 조직에서 마텐자이트 조직으로 만들어 강도를 크게 만드는 열처리작업이다. 상온에서 질기고 강한 오스테나이트 조직을 상온에서 사용하기 위해 반드시 필요한 작업이다.

Module 039

금속 냉각 방식에 따른 금속조직

핵심이론

[금속을 가열한 후 냉각하는 방법에 따른 금속조직]
• 노랭 : 펄라이트
• 공랭 : 소르바이트
• 유랭 : 트루스타이트
• 수랭 : 마텐자이트

용어 정의

• 노랭 : 재료에 온도를 가한 노(Furnace) 안에서 식을 때까지 놔두는 것
• 공랭 : 노(Furnace)에서 열을 가한 재료를 공기 중에 꺼내어 식을 때까지 놔두는 것
• 유랭 : 노(Furnace)에서 열을 가한 재료를 꺼내어 기름 속에 담가 식히는 것
• 수랭 : 노(Furnace)에서 열을 가한 재료를 꺼내어 물속에 담가 식히는 것

Module 040
심랭처리

핵심이론

담금질강의 경도를 증가시키고 시효변형을 방지하기 위한 열처리 조작으로 담금질강의 조직이 잔류 오스테나이트에서 전부 오스테나이트 조직으로 바꾸기 위해 재료를 오스테나이트 영역까지 가열한 후 0[℃] 이하로 급랭시킨다.

용어 정의

심랭처리 : 서브제로처리(Subzero Treatment, Subzero Cooling)라고도 함
시효변형 : 열처리 후 시간이 지남에 따라 변형이 증가하는 현상

Module 041
항온 열처리

핵심이론

[항온 열처리의 종류 및 특징]

종 류		특 징
항온풀림		재료의 내부응력을 제거하여 조직을 균일화하고 인성을 향상시키기 위한 열처리 조작으로 가열한 재료를 연속적으로 냉각하지 않고 약 500~600[℃]의 염욕 중에 일정 시간 동안 유지시킨 뒤 냉각시키는 방법
항온뜨임		약 250[℃]의 열욕에서 일정시간을 유지시킨 후 공랭하여 마텐자이트와 베이나이트의 혼합된 조직을 얻는 열처리법이다. 고속도강이나 다이스강을 뜨임처리하고자 할 때 사용한다.
항온 담금질	오스템퍼링	강을 오스테나이트 상태로 가열한 후 300~350[℃]의 온도에서 담금질을 하여 하부 베이나이트 조직으로 변태시킨 후 공랭하는 방법 강인한 베이나이트 조직을 얻고자 할 때 사용한다.
	마템퍼링	강을 Ms점과 Mf점 사이에서 항온 유지 후 꺼내어 공기 중에서 냉각하여 마텐자이트와 베이나이트의 혼합조직을 얻는 방법
	마퀜칭	강을 오스테나이트 상태로 가열한 후 Ms점 바로 위에서 기름이나 염욕에 담그는 열욕에서 담금질하여, 재료의 내부 및 외부가 같은 온도가 될 때까지 항온을 유지한 후 공랭하여 열처리하는 방법으로, 균열이 없는 마텐자이트 조직을 얻을 때 사용한다.
	오스포밍	가공과 열처리를 동시에 하는 방법으로 조밀하고 기계적 성질이 좋은 마텐자이트를 얻고자 할 때 사용된다.
	MS퀜칭	강을 Ms점보다 다소 낮은 온도에서 담금질하여 물이나 기름 중에서 급랭시키는 열처리 방법으로 잔류 오스테나이트의 양이 적다.

용어 정의

항온열처리

변태점의 온도 이상으로 가열한 재료를 연속 냉각하지 않고 500~600[℃]의
온도인 염욕 중에서 냉각하여 일정한 시간동안 유지한 뒤 냉각시켜 담금질과
뜨임처리를 동시에 하여 원하는 조직과 경도값을 얻는 열처리법이다. 그 종류
에는 항온풀림, 항온담금질, 항온뜨임이 있다.

Module 042

침탄법과 질화법

핵심이론

[침탄법과 질화법의 차이점]

특 성	침탄법	질화법
경 도	질화법보다 낮다.	침탄법보다 높다.
수정 여부	침탄 후 수정가능	불 가
처리시간	짧다.	길다.
열처리	침탄 후 열처리 필요	불필요
변 형	변형이 크다.	변형이 적다.
취 성	질화층보다 여리지 않음	질화층부가 여림
경화층	질화법에 비해 깊다.	침탄법에 비해 얇다.
가열온도	질화법보다 높다.	낮다.

용어 정의

- **침탄법** : 순철에 0.2[%] 이하의 C가 합금된 저탄소강을 목탄과 같은 침탄제
  속에 완전히 파묻은 상태로 약 900~950[℃]로 가열하여 재료의 표면에 C
  (탄소)를 침입시켜 고탄소강으로 만든 후 급랭시킴으로써 표면을 경화시키
  는 열처리법이다. 기어나 피스톤 핀을 표면 경화할 때 주로 사용된다. 액체
  침탄법은 재료 표면의 내마모성 향상을 위해 KCN(사이안화칼륨), NaCN(사
  이안화나트륨), 사이안화소다 등을 750~900[℃]에서 30분~1시간 침탄시
  키는 표면경화법이다.
- **질화법** : 암모니아(NH_3)가스 분위기(영역) 안에 재료를 넣고 500[℃]에서
  50~100시간을 가열하면 재료표면에 Al, Cr, Mo원소와 함께 질소가 확산되
  면서 강 재료의 표면이 단단해지는 표면경화법이다. 내연기관의 실린더 내벽
  이나 고압용 터빈날개를 표면경화할 때 주로 사용된다.

Module 043
화염경화법

핵심이론

[화염경화법의 특징]
- 설비비가 저렴하다.
- 가열온도의 조절이 어렵다.
- 부품의 크기와 형상은 무관하다.

용어 정의

화염경화법
산소-아세틸렌가스 불꽃으로 강의 표면을 급격히 가열한 후 물을 분사시켜 급랭시킴으로써 담금질성 있는 재료의 표면을 경화시키는 방법

Module 044
금속침투법

핵심이론

[금속침투법의 종류에 따른 침투 원소]

종 류	침투 원소
세라다이징	Zn
칼로라이징	Al
크로마이징	Cr
실리코나이징	Si
보로나이징	B

용어 정의

금속침투법
경화시키고자 하는 재료의 표면을 가열한 후 여기에 다른 종류의 금속을 확산작용으로 부착시켜 합금 피복층을 얻는 표면경화법이다.

Module 045

고주파경화법

핵심이론

[고주파경화법의 특징]

• 작업비가 싸다.

• 직접 가열하므로 열효율이 높다.

• 열처리 후 연삭과정을 생략할 수 있다.

• 조작이 간단하여 열처리 시간이 단축된다.

• 불량이 적어서 변형을 수정할 필요가 없다.

• 급열이나 급랭으로 인해 재료가 변형될 수 있다.

• 경화층이 이탈되거나 담금질 균열이 생기기 쉽다.

• 가열 시간이 짧아서 산화되거나 탈탄의 우려가 적다.

• 마텐자이트 생성으로 체적이 변화하여 내부응력이 발생한다.

• 부분 담금질이 가능하므로 필요한 깊이만큼 균일하게 경화시킬 수 있다.

용어 정의

고주파경화법

고주파 유도 전류로 강(Steel)의 표면층을 급속 가열한 후 급랭시키는 방법으로 가열 시간이 짧고, 피가열물에 대한 영향을 최소로 억제하며 표면을 경화시키는 표면경화법이다. 고주파는 소형 제품이나 깊이가 얕은 담금질 층을 얻고자 할 때, 저주파는 대형 제품이나 깊은 담금질 층을 얻고자 할 때 사용한다.

Module 046

피닝(Peening)

핵심이론

타격부분이 둥근 구면인 특수 해머를 모재의 표면에 지속적으로 충격을 가함으로써 재료 내부에 있는 잔류응력을 완화시키면서 표면층에 소성변형을 주는 방법

용어 정의

잔류응력

변형 후 외력을 제거해도 재료의 내부나 표면에 남아 있는 응력이다. 물체의 온도변화에 의해서 발생할 수 있는데 추가적으로 소성변형을 해 주거나 재결정 온도 전까지 온도를 올려 줌으로써 감소시킬 수 있다. 표면에 남아 있는 인장잔류응력은 피로수명과 파괴 강도를 저하시킨다.

Module 047

샌드 블라스트

핵심이론

압축 분사 가공의 일종이다. 재료 표면에 모래를 압축 공기로 분사시키거나, 중력으로 낙하시켜 표면을 연마하거나 녹 제거를 하는 가공법으로 가장 대표적으로는 주물제품의 표면을 깨끗이 하는 마무리 작업에 사용한다.

용어 정의

주물 : 주조로 만든 제품을 부르는 말

안심Touch

Module 048

베이나이트 조직

> **핵심이론**

[항온 열처리 온도에 따라 생성되는 베이나이트 분류]
- 250 ~ 350[℃] : 하부 베이나이트
- 350 ~ 550[℃] : 상부 베이나이트

> **용어 정의**

베이나이트(Bainite)
공석강을 오스테나이트 영역까지 가열한 후 250~550[℃]의 온도 범위에서 일정시간 동안 항온을 유지하는 "항온열처리" 조작을 통해서 얻을 수 있는 금속조직이다. 펄라이트와 마텐자이트의 중간 조직으로 냉각온도에 따라 분류된다.

Module 049

전 위

> **핵심이론**

[전위의 종류]
- **칼날전위** : 전위선과 버거스 벡터 – 수직
  잉여 반면 끝을 따라서 나타나는 선을 중심으로 윗부분은 압축응력이, 작용하고 아래로는 인장응력이 작용한다.
- **나사전위** : 전위선과 버거스 벡터 – 수평
  원자들의 이동이 나사의 회전 방향과 같이 뒤틀리며 움직이는 현상으로 전단응력에 의해 발생한다.
- **혼합전위** : 전위선과 버거스 벡터 – 수직이나 수평은 아니다.
  칼날전위와 나사전위가 혼합된 전위로 결정재료의 대부분은 이처럼 혼합 전위로 이루어져 있다.

> **용어 정의**

- **전위** : 안정된 상태의 금속결정은 원자가 규칙적으로 질서정연하게 배열되어 있는데, 이 상태에서 어긋나 있는 상태를 말하며, 이는 전자현미경으로 확인이 가능하다.
- **버거스 벡터** : 전위에 의한 격자의 뒤틀림의 크기와 방향을 나타낸 벡터

Module 050

구상흑연주철

> **핵심이론**

[흑연을 구상화하는 방법]
황(S)이 적은 선철을 용해한 후 Mg, Ce, C 등을 첨가하여 제조하는데, 흑연이 구상화되면 보통주철에 비해 강력하고 점성이 강한 성질을 갖게 한다.

> **용어 정의**

구상흑연주철
주철 속 흑연이 완전히 구상이고 그 주위가 페라이트조직으로 되어 있는데 이 형상이 황소의 눈과 닮았다고 해서 불스아이 주철이라고도 한다. 일반주철에 Ni(니켈), Cr(크로뮴), Mo(몰리브덴), Cu(구리)를 첨가하여 재질을 개선한 주철로 내마멸성, 내열성, 내식성이 대단히 우수하여 자동차용 주물이나 주조용 재료로 사용되며 다른 말로 노듈러주철, 덕타일주철로도 불린다.

Module 051

백주철

> **핵심이론**

회주철을 급랭시켜 얻는 주철로 파단면이 백색이다. 흑연을 거의 함유하고 있지 않으며 탄소가 시멘타이트로 존재하기 때문에 다른 주철에 비해 시멘타이트의 함유량이 많아서 단단하기는 하나 취성이 큰 단점이 있다. 마모량이 큰 제분용 볼(Mill Ball)과 같은 기계요소의 재료로 사용된다.

> **용어 정의**

회주철(Gray Cast iron)
"GC200"으로 표시되는 주조용 철로써 200은 최저 인장강도를 나타낸다. 탄소가 흑연 박편의 형태로 석출되며 내마모성과 진동흡수 능력이 우수하고 압축강도가 좋아서 엔진 블록이나 브레이크 드럼용 재료, 공작기계의 베드용 재료로 사용된다.

Module 052

황동의 자연균열

> **핵심이론**

- **황동의 자연균열** : 냉간 가공한 황동재질의 파이프나 봉재 제품이 보관 중에 내부 잔류응력에 의해 자연적으로 균열이 생기는 현상이다.
- **황동의 자연균열의 원인** : 암모니아에 의한 내부응력 발생
- **황동의 자연균열의 방지법** : 수분에 노출되지 않도록 한다.

> **용어 정의**

황동 : 놋쇠라고도 하며, Cu(구리)+Zn(아연)의 합금이다. 가장 많이 사용되는 합금의 비율은 30~40[%]의 Zn이 합금된 것으로 Zn의 함량이 높으면 판이나 봉, 선재나 주물로 사용되며, 낮은 것은 장식품이나 공예품으로 사용된다. Cu에 비해 주조성과 가공성, 내식성이 우수하며 색상이 아름답다.

Module 053

알루미늄 합금 (시험에 자주 등장하는 합금)

> **핵심이론**

- **Y합금** : Al + Cu + Mg + Ni　　→ 알구마니
- **두랄루민** : Al + Cu + Mg + Mn　→ 알구마망

> **용어 정의**

알루미늄(Al)의 성질
- 비중은 2.7
- 용융점 : 660[℃]
- 면심입방격자이다.
- 비강도가 우수하다.
- 주조성이 우수하다.
- 열과 전기전도성이 좋다.
- 가볍고 전연성이 우수하다.
- 내식성 및 가공성이 양호하다.
- 담금질 효과는 시효경화로 얻는다.
- 염산이나 황산 등의 무기산에 잘 부식된다.
- 보크사이트 광석에서 추출하는 경금속이다.
- ※ 시효경화 : 열처리 후 시간이 지남에 따라 강도와 경도가 증가하는 현상

Module 054

양극산화법 (Anodizing)

핵심**이론**

[양극산화법의 특징]

피막에 다공질 층을 형성하여 매우 단단하게 변하기 때문에 방식성, 전기 절연성, 열방사성을 지닌다. 염료나 안료로 착색하거나 전해 착색을 하면 다공질 층의 섬유 모양으로 착색 물질이 달라붙어서 안정된 착색이 가능하다.

용어 정의

양극산화법(Anodizing)

전기 도금과 달리 표면처리하려는 금속을 양극으로 하여 산화 반응에 의한 표면처리를 하는 것으로 취사도구나 건축자재, 장식품 등 다양하게 이용된다. 알루미늄에 많이 적용되며 다양한 색상의 유기 염료를 사용하여 소재표면에 안정되고 오래가는 착색피막을 형성하는 표면처리법이다.

Module 055

에릭슨 시험

핵심**이론**

• **에릭슨 시험의 목적** : 재료의 연성을 알기 위한 시험법으로 "커핑시험"이라고도 한다.
• **에릭슨 시험방법** : 구리관이나 알루미늄관, 기타 연성의 판재를 가압하고 성형하여 변형 능력을 시험한다.

용어 정의

연성 : 탄성한도 이상의 외력이 가해졌을 때 파괴되지 않고 잘 늘어나는 성질

안심Touch

Module 056

금속 재결정의
성장과정

핵심이론

[금속 재결정의 성장과정]

| 회 복 | → | 재결정 | → | 결정립 성장 |

용어 정의

재결정 : 금속원소가 특정 온도 영역에서 새로운 결정 입자가 생성되는 현상

Module 057

재결정 온도

핵심이론

[재결정의 일반적인 특징]
• 가공도가 클수록 재결정 온도는 낮아진다.
• 재결정 온도는 가열시간이 길수록 낮아진다.
• 재결정은 강도를 저하시키나 연성은 증가시킨다.
• 냉간 가공도가 커질수록 재결정 온도는 낮아진다.
• 결정입자의 크기가 작을수록 재결정 온도는 낮아진다.
• 재결정 온도는 일반적으로 1시간 안에 95[%] 이상의 재결정이 이루어지는 온도로 정의한다.
• 금속의 용융 온도를 절대온도 T_m이라 할 때 재결정 온도는 대략 0.3~0.5 T_m 범위에 있다.

용어 정의

재결정 온도 : 냉간가공과 열간가공을 구분하는 온도다.
1시간 안에 95[%] 이상 새로운 재결정이 만들어지는 온도이다. 금속이 재결정되면 불순물이 제거되어 더 순수한 결정을 얻어낼 수 있는데, 재결정은 금속의 순도나 조성, 소성변형의 정도, 가열 시간에 큰 영향을 받는다. 보통 Fe(철)의 재결정 온도는 350~450[℃]이다.

Module 058

문쯔메탈

> **핵심이론**

60[%]의 Cu(구리)와 40[%]의 Zn(아연)이 합금된 것으로 인장강도가 최대이며, 강도가 필요한 단조제품이나 볼트, 리벳용 재료로 사용된다.

> **용어 정의**

구리(Cu)의 성질
• 비중은 8.96
• 비자성체이다.
• 내식성이 좋다.
• 용융점 1,083[℃]
• 끓는점 2,560[℃]
• 전기전도율이 우수하다.
• 전기와 열의 양도체이다.
• 전연성과 가공성이 우수하다.
• Ni, Sn, Zn 등과 합금이 잘된다.
• 건조한 공기 중에서 산화하지 않는다.
• 방전용 전극 재료로 가장 많이 사용된다.
• 아름다운 광택과 귀금속적 성질이 우수하다.
• 결정격자는 면심입방격자이며 변태점이 없다.
• 황산, 염산에 용해되며 습기, 탄소가스, 해수에 녹이 생긴다.

Module 059

파괴시험법의 종류

> **핵심이론**

파괴시험 (기계적 시험)	인장시험	인장강도, 항복점, 연신율 계산
	굽힘시험	연성의 정도 측정
	충격시험	인성과 취성의 정도 측정
	경도시험	외력에 대한 저항의 크기 측정
	매크로시험	현미경 조직검사
	피로시험	반복적인 외력에 대한 저항력 측정

> **용어 정의**

파괴시험 : 재료를 파손시키면서 재료의 성질을 측정하는 시험법

안심Touch

Module 060

파인세라믹스

핵심이론

[대표적인 파인세라믹스의 종류]
- 탄화규소
- 산화타이타늄
- 질화규소
- 타이타늄산바륨

[파인세라믹스의 특징]
- 무게가 가볍다.
- 원료가 풍부하다.
- 금속보다는 단단하다.
- 강도가 약해서 부서지기 쉽다.
- 1,000[℃] 이상의 고온에서도 잘 견딘다.
- 내마모성, 내열성, 내화학성이 우수하다.
- 금속에 비해 온도변화에 따른 신축성이 작다.

용어 정의

파인세라믹스(Fine Ceramics)
세라믹(Ceramics)의 중요 특성인 내식성과 내열성, 전기 절연성 등을 더욱 향상시키기 위해 만들어진 차세대 세라믹으로 흙이나 모래 등의 무기질 재료를 높은 온도로 가열하여 만든다.
가볍고 금속보다 훨씬 단단한 특성을 지닌 신소재로 1,000[℃] 이상의 고온에서도 잘 견디며 강도가 잘 변하지 않으면서 내마멸성이 커서 특수 타일이나 인공 뼈, 자동차 엔진용 재료로 사용되나 부서지기 쉬워서 가공이 어렵다는 단점이 있다.

Module 061

광탄성 시험

핵심이론

측정 재료에 하중을 가해서 재료의 내부와 표면의 응력을 측정하여 재료의 응력 분포 상태를 파악하는 파괴시험법이다.

용어 정의

응력(Stress, σ)
재료나 구조물에 외력이 작용했을 때 그 외력에 대한 재료 내부의 저항력이다. 일반적으로 응력이라고 하면 공칭응력을 말한다. 힘의 작용 방향에 대한 명칭은 다르나 일반적으로 다음 식을 적용한다.

$$\sigma = \frac{F}{A}$$

Module 062

TTT곡선

핵심이론

항온 변태 곡선으로, 급랭으로 인하여 과랭된 오스테나이트의 온도에 따라 변하는 조직변화를 상세히 나타낸 곡선으로 그 모양이 S자형이라서 S곡선 이라고도 한다.

용어 정의

TTT곡선 : Time Temperature Transformation Diagram, 항온 변태 곡선

Module 063

CCT곡선

핵심이론

연속 냉각 변태 곡선으로, 오스테나이트를 일정한 냉각속도로 연속 냉각하여 변태 개시점과 종료점을 측정하여 그린 곡선이다.

용어 정의

CCT곡선 : Continuous Cooling Transformation Diagram, 연속 냉각 곡선

Module 064

자성체의 종류

핵심이론

종 류	특 성	원 소
강자성체	자기장이 사라져도 자화가 남아 있는 물질	Fe(철), Co(코발트), Ni(니켈), 페라이트
상자성체	자기장이 제거되면 자화하지 않는 물질	Al(알루미늄), Sn(주석), Pt(백금), Ir(이리듐), Cr(크로뮴), Mo(몰리브덴)
반자성체	자기장에 의해 자계와 반대 방향으로 자화되는 물질	금(Au), 은(Ag), 구리(Cu), 아연(Zn), 유리, Bi(비스무트), 안티몬(Sb)

용어 정의

자화(Magnetization, 磁化) : 자석 자, 될 화
물체가 자성을 띠는 현상으로 그 크기는 단위 부피에 대한 자기모멘트로 측정한다.

Module 065

쾌삭강

핵심이론

강을 절삭할 때 칩(Chip)을 작게 하고 피삭성을 좋게 하기 위해 황이나 납 등의 특수 원소를 첨가한 강으로 일반 탄소강보다 인(P), 황(S)의 함유량을 많게 하거나 납(Pb), 셀레늄(Se), 지르코늄(Zr) 등을 첨가하여 제조한 강이다.

용어 정의

피삭성 : 절삭기계로 재료를 가공할 때, 그 가공의 난이도를 나타내는 용어다. 재료가 잘 깎이는 정도를 나타내는 것으로 이해하면 쉽다.

Module 066

표면처리

핵심이론

부식 방지나 장식, 표면 경화를 목적으로 금속이나 비금속의 표면에 화학적, 물리학적 처리를 실시하는 작업

용어 정의

부식(腐植) : 썩을 부, 심을 식
금속재료가 화학작용에 의해 소모되어 가는 현상

Module 067

숏피닝

핵심이론

강이나 주철제의 작은 강구(볼)를 금속표면에 고속으로 분사하여 표면층을 냉간가공에 의한 가공경화 효과로 경화시키면서 압축 잔류응력을 부여하여 금속부품의 피로수명을 향상시키는 표면경화법

용어 정의

피로수명(Fatigue Life Time)
반복 하중을 받는 재료가 파괴될 때까지의 하중을 반복적으로 가한 수치나 시간

Module 068

청화법

> **핵심이론**

청화법(사이안화법(Cyanide Process))은 침탄법보다 더 얇은 경화층을 얻고자 할 때 사용하는 방법으로 사이안화칼륨(청화칼리)이나 사이안화나트륨(청산소다)과 같은 화학물질이 사용되며, 그 처리 방법에는 "간편뿌리기법"과 "침적법"이 있으며, 침탄과 질화가 동시에 발생하는 특징이 있다.

> **용어 정의**

• **청화법(사이안화법(Cyanide Process))** : 금이나 은 등을 추출하는 습식 제련법
• **침탄법** : 순철에 0.2[%] 이하의 C가 합금된 저탄소강을 목탄과 같은 침탄제 속에 완전히 파묻은 상태로 약 900~950[℃]로 가열하여 재료의 표면에 C(탄소)를 침입시켜 고탄소강으로 만든 후 급랭시킴으로써 표면을 경화시키는 열처리법이다.

Module 069

응력제거 풀림

> **핵심이론**

주조나 단조, 기계가공, 용접으로 금속재료에 생긴 잔류응력을 제거하기 위한 열처리의 일종으로, 구조용 강의 경우 약 550~650[℃]의 온도 범위에서 일정한 시간을 유지하였다가 노속에서 냉각시킨다. 충격에 대한 저항력과 응력 부식에 대한 저항력을 증가시키고 크리프 강도도 향상시킨다. 그리고 용착금속 중 수소 제거에 의한 연성을 증대시킨다.

> **용어 정의**

• **잔류응력** : 변형 후 외력을 제거한 상태에서 소재에 남아 있는 응력이다. 물체 내의 온도변화에 의해서 발생할 수 있으며, 추가적인 소성변형이나 재결정 온도 전까지 온도를 올려 주는 작업을 통해서 감소시킬 수 있다.
• **크리프(Creep)강도** : 고온에서 재료에 일정 크기의 하중(정하중)을 작용시킬 때 시간이 경과함에 따라 변형이 발생하는 것에 대한 저항력을 힘으로 나타낸 것

Module **070**

S-N곡선

핵심이론

[S-N(Stress-Number)곡선]

피로시험을 통해 도출되는 S-N(응력-횟수)곡선은 재료의 강도시험으로 재료에 인장-압축응력을 반복해서 가했을 때 재료가 파괴되는 시점의 응력(S)과 반복횟수(N)와의 상관관계를 나타내어 피로한도를 측정하는 시험

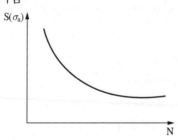

용어 정의

피로한도(피로강도) : 재료에 하중을 반복적으로 가했을 때 파괴되지 않는 응력변동의 최대 범위로 S-N곡선으로 확인할 수 있다. 재질이나 반복하중의 종류, 표면 상태나 형상에 큰 영향을 받는다.

Module **071**

스테인리스강

핵심이론

[스테인리스강의 분류]

구 분	종 류	주요성분	자 성
Cr계	페라이트계 스테인리스강	Fe + Cr 12[%] 이상	자성체
	마텐자이트계 스테인리스강	Fe + Cr 13[%]	자성체
Cr + Ni계	오스테나이트계 스테인리스강	Fe + Cr 18[%] + Ni 8[%]	비자성체
	석출경화계 스테인리스강	Fe + Cr + Ni	비자성체

용어 정의 〉

스테인리스강

일반강 재료에 Cr(크로뮴)을 12[%] 이상 합금하여 만든 내식용 강으로 부식이 잘 일어나지 않아서 최근 조리용 재료로 많이 사용되는 금속재료이다. 스테인리스강에는 Cr(크로뮴)이 가장 많이 함유된다.

─Module **072**

비정질합금

핵심이론 〉

일정한 결정구조를 갖지 않는 비결정성, 즉 '무조직', '결정이 아닌' 구조를 아모르포스(Amorphous) 구조라고 하며, 재료를 고속으로 급랭시키면 제조할 수 있다. 강도와 경도가 높으면서도 자기적 특성이 우수하여 변압기용 철심 재료로 사용된다.

용어 정의 〉

결정(Crystal, 結晶) : 맺을 결, 밝을 정, 공간상 원자가 규칙적인 패턴의 형태를 갖는 상태

─Module **073**

방전가공
전극재료

핵심이론 〉

[방전가공용 전극재료의 조건]
• 공작물보다 경도가 낮을 것
• 방전이 안전하고 가공속도가 클 것
• 기계가공이 쉽고 가공정밀도가 높을 것
• 가공에 따른 가공전극의 소모가 적을 것
• 가공을 쉽게 하게 위해서 재질이 연할 것
• 재료의 수급이 원활하고 가격이 저렴할 것

용어 정의 〉

• **경도** : 재료 표면의 단단한 정도
• **방전** : 완충된 배터리로부터 전류가 방출되어 배터리의 용량이 줄어드는 현상

Module 074

결정립의 크기와 금속의 성질

핵심**이론**

[결정립의 크기 변화에 따른 금속의 성질변화]

• 결정립이 작아지면 강도와 경도는 커진다.
• 용융 금속이 급랭되면 결정립의 크기가 작아진다.
• 금속이 응고되면 일반적으로 다결정체를 형성한다.
• 용융 금속에 함유된 불순물은 주로 결정립 경계에 축적된다.
• 결정립이 커질수록 외력에 대한 보호막의 역할을 하는 결정립계의 길이가 줄어들기 때문에 강도와 경도는 감소한다.

용어 정의

• **다결정** : 여러 개의 결정이 모여 있는 상태
• **결정립** : 결정입자의 줄임말
• **결정립계** : 결정립과 결정립 사이의 경계를 말하는 용어

Module 075

응력-변형률 곡선 ($\sigma-\varepsilon$ 선도)

핵심**이론**

[응력-변형률 곡선($\sigma-\varepsilon$ 선도)]

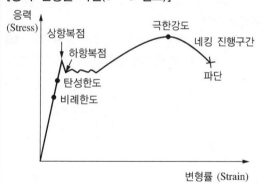

용어 정의

• **비례한도(Proportional Limit)** : 응력과 변형률 사이에 정비례 관계가 성립하는 구간 중 응력이 최대인 점으로 훅의 법칙이 적용된다.
• **탄성한도(Elastic Limit)** : 하중을 제거하면 시험편의 원래 치수로 돌아가는 구간

• 항복점(Yield Point) : 인장 시험에서 하중이 증가하여 어느 한도에 도달
하면, 하중을 제거해도 원위치로 돌아가지 않고 변형이 남게 되는 그 순간의
하중
• 극한강도(Ultimate Strength) : 재료가 파단되기 전에 외력에 버틸 수 있
는 최대의 응력
• 네킹구간(Necking) : 극한 강도를 지나면서 재료의 단면이 줄어들면서 길게
늘어나는 구간
• 파단점 : 재료가 파괴되는 점

Module 076

주철의 성장

핵심이론

[주철 성장의 원인]
• 흡수된 가스에 의한 팽창
• A_1 변태에서 부피 변화로 인한 팽창
• 시멘타이트(Fe_3C)의 흑연화에 의한 팽창
• 페라이트 중 고용된 Si(규소)의 산화에 의한 팽창
• 불균일한 가열에 의해 생기는 파열, 균열에 의한 팽창

용어 정의

주철의 성장
주철을 600[℃] 이상의 온도에서 가열과 냉각을 반복하면 부피의 증가로 재료
가 파열되는데, 이 현상을 주철의 성장이라고 한다.

Module 077

화이트 메탈
(=배빗메탈)

핵심이론

• 화이트 메탈 구성 성분
 Sn + Sb + Zn + Cu

용어 정의 ▶

배빗메탈(=화이트메탈)

Sn(주석), Sb(안티몬) 및 Cu(구리)가 주성분인 합금으로 Sn이 89[%], Sb가 7[%], Cu가 4[%] 섞여 있다. 발명자 Issac Babbit의 이름을 따서 배빗메탈이라 하며, 화이트메탈이라고도 불린다. 내열성이 우수하여 내연기관용 베어링 재료로 사용된다.

Module 078

마그네슘

핵심이론 ▶

[마그네슘(Mg)의 성질]

- 절삭성이 우수하다.
- 용융점은 650[℃]이다.
- 조밀육방격자 구조이다.
- 고온에서 발화하기 쉽다.
- Al에 비해 약 35[%] 가볍다.
- 알칼리성에는 거의 부식되지 않는다.
- 구상흑연주철 제조 시 첨가제로 사용된다.
- 비중이 1.74로 실용금속 중 가장 가볍다.
- 열전도율과 전기전도율은 Cu, Al보다 낮다.
- 비강도가 우수하여 항공기나 자동차 부품으로 사용된다.
- 대기 중에는 내식성이 양호하나 산이나 염류(바닷물)에는 침식되기 쉽다.

용어 정의 ▶

비강도 : 재료의 극한 강도(강도)를 밀도로 나눈 값

재 질	인장강도	비 중	비강도
Mg AZ91D	230[MPa]	1.81	127.1
Zn ZMAK3	285[MPa]	6.6	43.2
Al ADC12	331[MPa]	2.82	117.4
Al 6061	124[MPa]	2.7	45.9

Module 079

질량효과

핵심이론

탄소강을 담금질하였을 때 강의 질량(크기)에 따라 내부와 외부의 냉각속도 차이로 인해 경화되는 깊이가 달라져서 조직이나 경도와 같은 기계적 성질이 변하는 현상이다. 담금질 시 질량이 큰 제품일수록 내부에 존재하는 열이 많기 때문에 천천히 냉각된다.

용어 정의

경화(硬化) : 굳을 경, 될 화, 재료가 굳게 되는 현상

Module 080

철을 만드는 과정

핵심이론

- **철강을 만드는 주요 과정** : "제선공정 → 제강공정 → 반제품 제작단계"로 이루어진다.
- **제선공정** : 용광로에 석회석과 철광석, 코크스를 장입한 후 약 1,200[℃]의 열풍을 불어넣어 주어 용융된 쇳물인 용선을 만드는 공정이다. 이때 용선의 평균 탄소 함유량은 약 4.5[%]이다.
- **제강공정** : 약 4.5[%]의 탄소함유량을 강의 탄소함유량 범위인 0.02~2[%] 사이로 만들기 위해 고압의 산소를 용선에 집어넣어 주고, 용선 안의 불순물을 제거하는 공정이다.

용어 정의

- 제선공정 : 선철을 만드는 공정
- 선철 : 철이 1,538[℃] 이상의 온도에서 녹아서 만들어진 액체 상태의 철
- 제강공정 : 강(Steel)을 만드는 공정으로 선철의 용탕 안으로 고압의 산소를 투입하여 이산화탄소가스의 형태로 탄소를 제거함으로써 내부 탄소함유량을 0.02~2[%] 이하로 감소시킨다.

제 **4** 과목

기계공작법

Module 80제

공사공단 공기업 전공 [필기]

기계직 600제
필수 이론
(한국사 포함)

(주)시대고시기획
(주)시대교육
www.**sidaegosi**.com

시험정보 · 자료실 · 이벤트
합격을 위한 최고의 선택

시대에듀
www.**sdedu**.co.kr

자격증 · 공무원 · 취업까지
BEST 온라인 강의 제공

기계공작법

Module **001**

구성인선

핵심**이론**

[구성인선의 방지대책]

• 절삭 깊이를 작게 한다.
• 세라믹 공구를 사용한다.
• 절삭 속도를 빠르게 한다.
• 바이트의 날 끝을 예리하게 한다.
• 윤활성이 좋은 절삭유를 사용한다.
• 바이트의 윗면 경사각을 크게 한다.
• 마찰계수가 작은 절삭공구를 사용한다.
• 피가공물과 친화력이 작은 공구 재료를 사용한다.
• 공구면의 마찰계수를 감소시켜 칩의 흐름을 원활하게 한다.

[구성인선의 발생 과정]

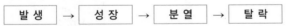

| 발 생 | → | 성 장 | → | 분 열 | → | 탈 락 |

용어 **정의**

구성인선(Built Up Edge)
연강이나 스테인리스강, 알루미늄과 같이 재질이 연하고 공구 재료와 친화력이 큰 재료를 절삭가공할 때, 칩과 공구의 윗면 사이의 경사면에 발생되는 높은 압력과 마찰열로 인해 칩의 일부가 공구의 날 끝에 달라붙어 마치 절삭날과 같이 공작물을 절삭하는 현상이다. 이것은 공작물의 치수 정밀도를 떨어뜨리고 탈락될 때 절삭공구도 같이 파손시킨다.

Module 002

테일러의 공구 수명식

핵심이론

[테일러(Taylor)의 공구 수명식]

$$VT^n = C$$

여기서, V : 절삭속도, T : 공구수명, C : 절삭깊이, 공구재질 등에 따른 상수값
n : 공구와 공작물에 따른 지수

용어 정의

절삭깊이

바이트로 공작물을 절삭할 때 바이트가 들어간 깊이로써 깎여 나오는 절삭칩의 두께로 이해하면 쉽다. 절삭깊이가 깊을수록 요구되는 절삭동력도 더 커진다.

Module 003

선반가공

핵심이론

[선반가공의 종류]

외경가공	내경(보링)가공	단면가공
홈가공	테이퍼가공	나사가공(수나사, 암나사)
널링가공	총형가공	절단가공
곡면깎기	구멍가공	드릴가공

[선반의 구성]
주축대, 심압대, 왕복대, 베드, 공구대

[선반의 부속장치]
척, 방진구, 센터, 맨드릴, 면판

용어 정의

선반(Lathe)
주축대에 장착된 척(Chuck)에 공작물을 고정시킨 후 적당한 회전수[rpm]로
회전시키면서 절삭공구인 바이트를 직선 이송시켜 절삭하는 공작기계

Module 004

밀링가공

핵심이론

[밀링가공의 종류]

정면가공	평면가공	각도가공(더브테일)	홈가공
T홈가공	기어가공	키홈가공	비틀림홈가공
측면가공(곡면가공)	총형가공	윤곽가공	절단가공

[밀링의 구성]
주축, 칼럼, 테이블, 새들, 니, 베이스

안심Touch

[밀링의 부속장치]

- **밀링바이스** : 공작물을 고정시키는데 사용한다.
- **오버암** : 수평밀링머신의 상단에 장착되는 부분으로 아버가 굽는 것을 방지한다.
- **아버** : 수평이나 만능 밀링머신에서 구멍이 있는 밀링 커터의 고정에 사용한다.
- **슬로팅장치** : 주축의 회전운동을 공구대의 직선 왕복운동으로 변환시키는 부속장치
- **분할판** : 축과 같은 원형의 공작물을 $\frac{1}{n}$로 등간격의 분할을 위해 사용하는 부속장치

> **용어 정의**

밀링(Milling)
여러 개의 절삭 날을 가진 밀링커터를 공작물 위에서 회전시키고 공작물을 고정한 테이블을 전후, 좌우, 상하 방향으로 이송하여 절삭하는 공작기계이다. 평면 가공을 주로 하며 다양한 공구를 사용하여 불규칙한 면의 가공이나 각도 가공, 드릴의 홈 가공, 기어의 치형가공, 나선가공 등에 사용한다.

Module 005

칩 브레이커

> **핵심 이론**

선반 가공 시 연속적으로 발생되는 유동형 칩으로 인해 작업자가 다치는 것을 막기 위하여 칩을 짧게 절단시켜 주는 안전장치로, 바이트의 경사면에 돌출부를 만들어 두면 이 부분을 지나는 칩이 절단됨으로써 작업자를 보호 한다. 따라서 칩 브레이커란 바이트에 만들어놓은 돌기 부분으로 이해하면 된다.

칩 브레이커

> **용어 정의**

유동형 칩 : 칩이 공구의 윗면 경사면 위를 연속적으로 흘러 나가는 칩의 형태

Module 006

선반 작업 시
발생하는 3분력

핵심**이론**

[선반 작업 시 발생하는 3분력의 크기 순서]

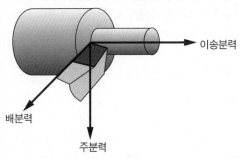

주분력 > 배분력 > 이송분력

용어 정의

선반 가공 3분력 : 주분력, 배분력, 이송분력

Module 007

선반 작업 시
발생하는
절삭 칩(Chip)

핵심**이론**

[선반 절삭 시 발생 칩의 종류]

종 류	특 징	발생원인
유동형 칩	칩이 공구의 윗면 경사면 위를 연속적으로 흘러 나가는 형태의 칩으로 절삭 저항이 작아서 가공 표면이 가장 깨끗하며 공구의 수명도 길다.	• 절삭 깊이가 작을 때 • 공구의 윗면 경사각이 클 때 • 절삭 공구의 날끝 온도가 낮을 때 • 윤활성 좋은 절삭유를 사용할 때 • 재질이 연하고 인성이 큰 재료를 큰 경사각으로 고속 절삭할 때
전단형 칩	공구의 윗면 경사면과 마찰하는 재료의 표면은 편평하나 반대쪽 표면은 톱니 모양으로 유동형 칩에 비해 가공면이 거칠고 공구 손상도 일어나기 쉽다.	• 공구의 윗면 경사각이 작을 때 • 비교적 연한 재료를 느린 절삭속도로 가공할 때
균열형 칩	가공 면에 깊은 홈을 만들기 때문에 재료의 표면이 매우 울퉁불퉁하게 된다.	주철과 같이 취성(메짐)이 있는 재료를 저속으로 절삭할 때
열단형 칩	칩이 날 끝에 달라붙어 경사면을 따라 원활히 흘러나가지 못해 공구에 균열이 생기고 가공 표면이 뜯겨진 것처럼 보인다.	절삭 깊이가 크고 윗면 경사각이 작은 절삭 공구를 사용할 때

안심Touch

바이트의 윗면 경사각
바이트 절삭날의 윗면과 수평면이 이루는 각도
로 절삭력에 가장 큰 영향을 주는 요인이다. 윗
면 경사각이 크면 절삭성과 표면정밀도가 좋아
지나 날끝이 약하게 되어 바이트가 빨리 손상
된다.

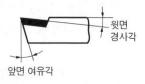

윗면
경사각

앞면 여유각

Module **008**

선반으로 테이퍼
절삭하는 방법

핵심이론

• 심압대 편위

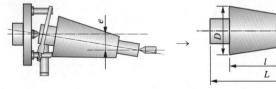

심압대 편위량$(e) = \dfrac{L(D-d)}{2l}$

• 복식공구대 회전

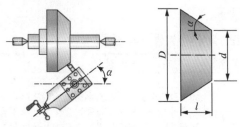

공구대 회전각$(\tan\alpha) = \dfrac{D-d}{2l}$

• 총형바이트 사용
• 테이퍼 절삭장치 사용

용어 정의

테이퍼(Taper) : 중심축을 기준으로 원뿔과 같이 양측면의 경사진 형상을 말
하는 용어

Module 009

절삭속도(v)와 회전수(n)

핵심이론

- **절삭속도(v)**, $v = \dfrac{\pi dn}{1,000}$ [m/min]

  여기서 v : 절삭속도[m/min]

         d : 공작물의 지름[mm]

         n : 주축 회전수[rpm] 구하는 식

- **회전수(n)**, $n = \dfrac{1,000v}{\pi d}$ [rpm]

용어 정의

- **절삭속도(v)** : 공구가 공작물을 절삭하면서 절삭 칩이 나오는 속도
- **회전수(n)** : 주축의 회전수[rpm]

Module 010

밀링 분할법

핵심이론

[밀링 분할법의 종류]

종 류	특 징	분할가능 등분수
직접 분할법	• 큰 정밀도를 필요로 하지 않는 키 홈과 같이 단순한 제품의 분할가공에 사용되는 분할법 • 스핀들의 앞면에 있는 24개의 구멍에 직접 분할핀을 꽂고 분할탱크를 회전시켜 분할한다. • $n = \dfrac{24}{N}$ 여기서, n : 분할 크랭크의 회전수 N : 공작물의 분할 수	24의 약수인 2, 3, 4, 6, 8, 12, 24등분
단식 분할법	• 직접 분할법으로 분할할 수 없는 수나 정확한 분할이 필요한 경우에 사용하는 분할법 • $n = \dfrac{40}{N} = \dfrac{R}{N'}$ 여기서, R : 크랭크를 돌리는 분할수 N' : 분할판에 있는 구멍수 ※ 분할 크랭크 1회전당 스핀들은 9[°] 회전한다.	• 2~60의 등분 • 60~120 중 2와 5의 배수 • 120 이상의 등분수 중에서 $\dfrac{40}{N}$에서 분모가 분할판의 구멍수가 될 수 있는 등분수를 분할할 때 사용
차동 분할법	직접 분할법이나 단식 분할법으로 분할할 수 없는 특정수(67, 97, 121)의 분할에 사용	

> **용어 정의**
>
> **분할판(분할장치, 분할대)**
> 밀링 머신에서 둥근 단면의 공작물을 사각이나
> 육각 등으로 가공하고자 할 때 사용하는 부속
> 장치로 기어의 치형과 같은 일정한 각으로 나
> 누어 분할할 수 있는데, 그 방법에는 직접 분할
> 법, 단식 분할법, 차동 분할법이 있다.

Module 011

밀링가공
상향절삭과
하향절삭

핵심이론

[상향절삭과 하향절삭의 작업형상]

상향절삭	하향절삭
밀링커터 회전방향 공작물 이송방향 절삭방향 테이블 이송방향	밀링커터 회전방향 공작물 이송방향 절삭방향 테이블 이송방향

[상향절삭과 하향절삭의 특징]

상향절삭	하향절삭
• 마찰열이 크다. • 동력 소비가 크다. • 표면 거칠기가 좋지 않다. • 공구 날의 마모가 빨라서 공구 수명이 짧다. • 칩이 가공할 면 위에 쌓이므로 작업 시야가 좋지 않다. • 백래시(뒤틈)의 영향이 적어 백래시 제거장치가 필요 없다. • 날 끝이 일감을 치켜 올리므로 일감을 단단히 고정해야 한다. • 하향절삭에 비해 가공 면이 깨끗하지 않고 표면 거칠기가 나쁘다. • 기계에 무리를 주지 않으므로 강성은 하향절삭에 비해 낮아도 된다.	• 고정밀 절삭이 가능하다. • 커터의 날 자리 간격이 짧다. • 백래시 제거장치가 반드시 필요하다. • 날의 마멸이 작아 공구의 수명이 길다. • 가공 면이 깨끗하여 표면거칠기가 좋다. • 절삭 가공 시 마찰력은 작으나 충격량이 크기 때문에 높은 강성이 필요하다. • 절삭된 칩이 이미 가공된 면 위에 쌓이므로 작업 시야가 좋아 가공하기 편하다. • 커터 날과 일감의 이송방향이 같아서 날이 가공물을 누르는 형태이므로 가공물 고정이 간편하다.

용어 정의 ▶

- **상향절삭(Up Milling)** : 밀링 커터날의 절삭방향과 공작물 이송방향이 서로 반대인 가공방법
- **하향절삭(Down Milling)** : 커터날의 절삭방향과 공작물 이송방향이 같다.

Module **012**

열영향부(HAZ)

 핵심이론

[열영향부의 구조]

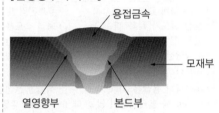

용접금속

모재부

열영향부   본드부

[열영향부의 발생 원인]

- 용접은 아크열이나 가스의 연소열, 전기저항과 같은 열원으로 모재에 열을 가한다.
- 열을 받은 금속 조직은 열이 가해진 정도에 따라 그 내부 조직이 변하는데 용융된 부분은 용융 금속(용접 금속)이 되며, 용융되지 않은 부분과의 사이인 경계 영역이 존재하게 된다.
- 이 경계영역인 HAZ(Heat Affected Zone)이 된다.

용어 정의 ▶

열영향부(HAZ : Heat Affected Zone)
열영향부는 용접할 때의 열에 영향을 받아 금속의 성질이 본래 상태와 달라진 부분이다. 용융된 금속의 경계면 주변의 수 [mm] 구역은 마이크로부식으로 관찰할 경우 모재의 원질부와 명확하게 구분되는 부분이 존재하는 영역이다.

안심Touch

Module 013

용접결함

핵심이론

[용접부 결함과 방지 대책]

결 함	원 인	방지대책
언더컷	• 전류가 높을 때 • 아크 길이가 길 때 • 용접 속도 부적당 시 • 부적당한 용접봉 사용 시	• 전류를 낮춘다. • 아크 길이를 짧게 한다. • 용접 속도를 알맞게 한다. • 적절한 용접봉 사용
오버랩	• 전류가 낮을 때 • 운봉, 작업각과 진행각 불량 시 • 부적당한 용접봉 사용 시	• 전류를 높인다. • 작업각과 진행각 조정 • 적절한 용접봉 사용
용입불량	• 이음 설계 결함 • 용접 속도가 빠를 때 • 용접 전류가 낮을 때 • 부적당한 용접봉 사용 시	• 루트간격 및 치수를 크게 한다. • 용접 속도를 적당히 조절한다. • 전류를 높인다. • 적절한 용접봉 사용
균 열	• 이음부의 강성이 클 때 • 부적당한 용접봉 사용 시 • C, Mn 등 합금성분이 많을 때 • 과대 전류, 속도가 빠를 때 • 모재에 유황 성분이 많을 때	• 예열. 피닝 등 열처리 • 적절한 용접봉 사용 • 예열 및 후열한다. • 전류 및 속도를 적절하게 • 저수소계 용접봉 사용
기 공	• 수소나 일산화탄소의 과잉 • 용접부의 급속한 응고 시 • 용접 속도가 빠를 때 • 아크길이 부적절	• 건조된 저수소계 용접봉 사용 • 적당한 전류 및 용접속도 • 이음 표면을 깨끗이 하고 예열을 한다.
슬래그 혼입	• 용접 이음의 부적당 • 슬래그 제거 불완전 • 전류 과소, 부적절한 운봉 조작	• 슬래그를 깨끗이 제거 • 루트 간격을 넓게 한다. • 전류를 크게 하고 적절한 운봉조작

용어 정의

• 언더컷(Undercut) : 용접부의 끝 부분에서 모재가 파여지고 용착금속이 채
  워지지 않고 홈으로 남아 있는 부분
• 오버랩(Overlap) : 용융된 금속이 용입이 되지 않은 상태에서 표면을 덮어
  버린 불량
• 슬래그 섞임(Slag Inclusion) : 용착금속 안이나 모재와의 융합부에 슬래그
  가 남아 있는 불량
• 은점(Fish Eye) : 수소(H_2)가스에 의해 발생하는 불량으로 용착금속의 파단
  면에 은백색을 띤 물고기 눈 모양의 결함이다.
• 기공(Porosity) : 용접부가 급랭될 때 미처 빠져나오지 못한 가스에 의해
  발생하는 빈 공간

- 용락(Burn Through) : 용융 금속이 녹아서 떨어져 내리는 불량
- 피트(Pit) : 작은 구멍이 용접부 표면에 생기는 표면 결함으로 주로 C(탄소)에 의해 발생된다.
- 아크 스트라이크(Arc Strike) : 아크용접 시 아크를 발생시킬 때 모재표면에 생기는 결함

Module 014

버니어 캘리퍼스

핵심이론

[버니어 캘리퍼스의 구조]

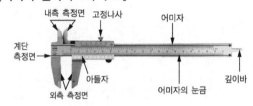

[버니어 캘리퍼스 측정값 계산]

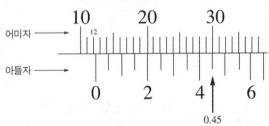

- 아들자의 0을 바로 지난 어미자의 왼쪽 수치를 읽는다(12[mm]).
- 어미자와 아들자의 눈금이 일치하는 곳을 찾아서 소수점으로 읽는다 (0.45[mm]).
- 이들을 합치면 측정값은 12.45[mm]다.

용어 정의

버니어 캘리퍼스

버니어 캘리퍼스의 크기를 나타내는 기준은 측정 가능한 치수의 최대 크기이다. 일반적으로 사용되는 표준형 버니어 캘리퍼스는 $\frac{1}{20}$[mm](0.05[mm])이나 $\frac{1}{50}$[mm](0.02[mm])의 치수까지 읽을 수 있다.

Module 015

마이크로미터

[마이크로미터의 구조]

앤빌   스핀들   슬리브   심블

클램프   래칫 스톱

프레임

[마이크로미터 측정값 계산]

예

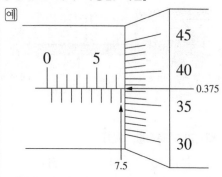

마이크로미터 측정값 읽기

7.5 + 0.375 = 7.875[mm]

[마이크로미터의 최소 측정값을 구하는 식]

$$마이크로미터의\ 최소\ 측정값 = \frac{나사의\ 피치}{심블의\ 등분수}\ [mm]$$

마이크로미터

나사를 이용한 길이측정기로 정밀한 측정을 할 때 사용한다. 측정 영역에 따라서 내경 측정용인 내측 마이크로미터와 외경 측정용인 외측 마이크로미터는 나사의 유효지름을 측정하기 위해 사용한다.

Module 016

선반용 바이트의 마멸형태 및 이상현상

핵심이론

종 류	특 징	형 상
경사면 마멸 (크레이터 마모)	• 공구 날의 윗면이 유동형 칩과의 마찰로 오목하게 파이는 현상으로 공구와 칩의 경계에서 원자들의 상호 이동 역시 마멸의 원인이 된다. • 공구 경사각을 크게 하면 칩이 공구 윗면을 누르는 압력이 작아지므로 경사면 마멸의 발생과 성장을 줄일 수 있다.	경사면 마멸 여유면 마멸
여유면 마멸 (플랭크 마모)	절삭공구의 측면(여유면)과 가공면과의 마찰에 의하여 발생되는 마모현상으로 주철과 같이 취성이 있는 재료를 절삭할 때 발생하여 절삭 날(공구인선)을 파손시킨다.	
치 핑	경도가 매우 크고 인성이 작은 절삭공구로 공작물을 가공할 때 발생되는 충격으로 공구 날이 모서리를 따라 작은 조각으로 떨어져 나가는 현상이다.	Chipping
채터링	절삭 가공 중 공구가 떨리는 현상이다.	

용어 정의

바이트의 구조

바이트의 평면(윗면)	
앞면 여유각 측면 절삭날각 (옆날각) 옆면 노즈 반경	
바이트의 정면	바이트의 측면
윗면 경사각 앞면 여유각	측면 경사각 측면 여유각

Module 017

오차의 종류

핵심이론

[오차의 종류]

종 류	특 징
시 차	• 측정자 눈의 위치에 따라 측정기 눈금을 잘못 읽어서 오차가 발생한다. • 측정기가 치수를 정확하게 지시하더라도 측정자의 부주의로 발생한다.
계기 오차	• 측정기 오차라고도 불린다. • 측정기 자체가 가지고 있는 오차다.
개인 오차	측정자의 숙련도에서 발생하는 오차다.
우연 오차	• 외부적 환경 요인에 따라서 오차가 발생한다. • 측정기나 피측정물, 자연 환경 등 측정자가 파악할 수 없는 것들에 의해 우연히 발생하는 오차로 측정치의 분산을 가져온다.
후퇴 오차	측정물의 형상이 올라가거나 내려가는 형상일 때, 길이측정기로 측정함에 있어서 올라가거나 내려가게 이동시키면서 측정할 때 발생하는 오차다.
샘플링 오차	전수검사를 하지 않고 샘플링 검사를 할 때 시험편을 잘못 선택해서 발생하는 오차다.
계통 오차	측정기구나 측정방법이 처음부터 잘못되어서 생기는 오차다.

[테일러(Taylor)의 공구 수명식]

$$vT^n = C$$

여기서, v : 절삭속도, T : 공구수명, C : 절삭깊이, 공구재질 등에 따른 상수값
n : 공구와 공작물에 따른 지수

용어 정의

오차(誤差) : 그릇할 오, 어긋날 차
측정기로 측정해서 얻어진 측정값에서 참값을 뺀 차이를 수치로 나타낸 것

Module 018

용접의 종류

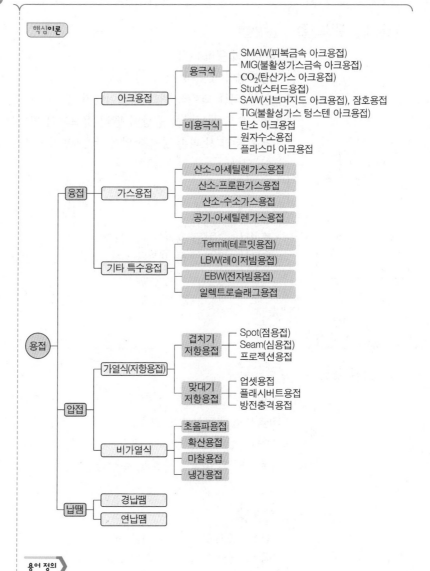

핵심이론

아크용접
- 용극식
  - SMAW(피복금속 아크용접)
  - MIG(불활성가스금속 아크용접)
  - CO$_2$(탄산가스 아크용접)
  - Stud(스터드용접)
  - SAW(서브머지드 아크용접), 잠호용접
- 비용극식
  - TIG(불활성가스 텅스텐 아크용접)
  - 탄소 아크용접
  - 원자수소용접
  - 플라스마 아크용접

가스용접
- 산소-아세틸렌가스용접
- 산소-프로판가스용접
- 산소-수소가스용접
- 공기-아세틸렌가스용접

기타 특수용접
- Termit(테르밋용접)
- LBW(레이저빔용접)
- EBW(전자빔용접)
- 일렉트로슬래그용접

가열식(저항용접)
- 겹치기 저항용접
  - Spot(점용접)
  - Seam(심용접)
  - 프로젝션용접
- 맞대기 저항용접
  - 업셋용접
  - 플래시버트용접
  - 방전충격용접

비가열식
- 초음파용접
- 확산용접
- 마찰용접
- 냉간용접

납땜
- 경납땜
- 연납땜

용어 정의

- **용접** : 2개의 서로 다른 물체를 접합하고자 할 때 사용하는 기술
- **융접** : 접합 부위를 용융시켜 여기에 용가재인 용접봉을 넣어 접합하는 기술
- **압접** : 접합 부위를 녹기 직전까지 가열한 후 압력을 가해 접합하는 기술
- **납땜** : 모재를 녹이지 않고 모재보다 용융점이 낮은 금속(납)을 녹여 접합부에 넣어 표면장력(원자 간 확산침투)으로 접합시키는 기술

안심Touch

Module 019

주물사의 구비조건

핵심이론

[주물사의 구비조건]
• 통기성이 좋아야 한다.
• 열에 의한 화학적 변화가 일어나지 않아야 한다.
• 열전도도가 낮아서 용탕이 빨리 응고되지 않아야 한다.
• 제품 분리 시 파손 방지를 위해 주물표면과의 접착력(접합력)이 좋으면
  안 된다.

용어 정의

• 통기성 : 기체를 통과시키는 정도
• 주물사 : 주조 물품 제작을 위해 그 원형 틀을 만들 때 사용하는 모래

Module 020

원심주조법

핵심이론

사형이나 금형주형에 용탕(쇳물)을 주입한 후 대략 300~3,000[rpm]으로
고속으로 회전시키면, 용탕에 원심력이 작용해서 주형의 내벽에 용탕이
압착된 상태에서 응고가 되면서 주물을 얻는 주조법이다.
주로 중공의 주물인 주철관, 주강관, 라이너, 포신을 제작할 때 사용한다.

용어 정의

• 사형 : 모래로 된 제작 형상 틀
• 금형 : 금속으로 된 제작 형상 틀

Module 021

셸몰드법

핵심이론

금속 모형을 약 250~300[℃]로 가열한 후, 모형 위에 박리제인 규소수지를 바르고 150~200[mesh] 정도의 SiO_2와 열경화성 합성수지를 배합한 주형재 속에 잠기게 하여 주형을 제작하는 주조법

용어 정의

열경화성 수지 : 한 번 열을 가해 성형을 하면 다시 열을 가해도 형태가 변하지 않는 수지

Module 022

다이캐스팅 주조법

핵심이론

[다이캐스팅 주조법의 특징]
• 비철금속의 주조에 적용한다.
• 주형의 영구적 사용이 가능하다.
• 고온 체임버식과 저온 체임버식으로 나뉜다.
• 냉각속도가 빨라서 생산속도가 빠르다.
• 용융금속이 응고될 때까지 압력을 가한다.
• 기계용량의 표시는 가압유지 체결력과 관련이 있다.
• 고속으로 충진할 수 있으며 충진 시간이 매우 짧다.
• 제품의 형상에 따라 금형의 크기와 구조에 한계가 있다.
• 일반 주물에 비해 치수가 정밀하지만 장치비용이 비싸다.
• 가압되므로 기공이 적고 주물조직이 치밀하며 강도가 크다.
• 정밀도가 높은 표면을 얻을 수 있어서 후가공 작업이 줄어든다.

용어 정의

다이캐스트 주조법
용융금속을 금형 다이에 고속으로 충진, 압입하는 주조법으로 충진 시간이 매우 짧아서 생산 속도가 빠르므로 대량 생산에 적합하다. 용융금속을 강한 압력으로 금형에 주입하고 가압하여 주물을 얻기 때문에 주물조직이 치밀하며 강도가 큰 특징이 있다. 치수 정밀도가 높아서 마무리 공정수를 줄일 수 있어서 주로 비철금속의 주조에 사용된다.

Module 023
인베스트먼트 주조법

[인베스트먼트 주조법의 특징]
• 패턴을 내열재로 코팅한다.
• 생산성이 낮고 제조 원가가 비싸다.
• 사형주조법에 비해 인건비가 많이 든다.
• 복잡하고 세밀한 제품을 주조할 수 있다.
• 제작공정이 복잡하며 고비용의 주조법이다.
• 주물의 표면이 깨끗하고 치수 정밀도가 높다.
• 패턴(주형)은 왁스, 파라핀과 같이 열을 가하면 녹는 재료로 만든다.

용어 정의

인베스트먼트 주조법
제품과 동일한 모형을 왁스(양초)나 파라핀(합성수지)으로 만든 후, 그 주변을 슬러리 상태의 내화 재료로 도포한 다음 가열하여 주형을 경화시키면서 내부의 모형을 용융시켜 빼냄으로써 주형을 완성하는 주조법이다. 로스트 왁스법, 주물의 치수 정밀도가 좋아서 정밀 주조법으로도 불린다.

Module 024

백래시(뒤틈)

핵심이론

[백래시]

- **백래시의 영향** : 공작물과 커터에 손상을 입히고 정밀절삭을 어렵게 한다.
- **백래시 제거방법** : 백래시(Backlash) 제거장치를 사용하는데 고정 암나사 외에 또 다른 백래시 제거용 조절나사를 회전시키면, 나사기어에 의해 암나사가 회전하여 백래시를 제거한다.

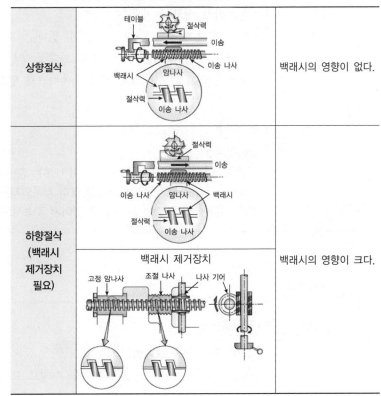

상향절삭		백래시의 영향이 없다.
하향절삭 (백래시 제거장치 필요)		백래시의 영향이 크다.

용어 정의

상향절삭과 하향절삭 시 백래시 현상
상향절삭은 테이블의 이송방향과 절삭방향이 반대가 되어 백래시의 영향이 없고, 하향절삭은 테이블의 이송방향과 절삭방향이 같아서 테이블 이송나사의 백래시의 양만큼 가공 중에 떨림이 발생한다. 따라서 하향절삭 시에는 반드시 백래시 제거장치를 장착해야 한다.

Module 025

큐폴라

핵심이론

[큐폴라의 용해 능력]
1시간당 용해할 수 있는 양을 ton으로 표시한다[ton/hr].

[큐폴라의 특징]
• 노의 구조가 간단하다.
• 설치비가 적고 유지보수가 쉽다.
• 짧은 시간에 많은 양을 용해할 수 있다.
• 장시간의 연속 조업이 가능하므로 대량 생산에 적합하다.
• 재료가 연료인 코크스와 직접 접촉하므로 열효율이 높다.

용어 정의

큐폴라(=용선로)
주철을 용해하는 대표적인 용해로이며 내부는 강판 위에 내열벽돌로 채워진 형태이다. 최근 전기로의 보급으로 많이 사용되지는 않으나, 설치비가 적고 짧은 시간에 많은 양을 용해할 수 있어서 지속적으로 사용되고 있다.

Module 026

도가니로

핵심이론

[도가니로의 용량 표시법]
1회당 용해할 수 있는 구리의 양을 수치로 표시

[도가니로의 특징]
• 열효율이 나쁘다.
• 용탕이 산화되지 않는다.
• 설비는 비교적 간단하나 도가니 값이 비싸다.
• 고온에서는 도가니의 강도가 크지 않으므로 용해량에 제한이 있다.
• 용해 금속이 연료가스와 접촉하지 않으므로 용탕에 불순물이 섞이지 않는다.

도가니로(Crucible Furnace)

도가니에 용해시킬 재료를 넣고 열원을 가해 용해시키는 설비로써 옛부터 제
철 및 제강, 비철합금의 용해에 사용되어 왔다.

Module **027**

연삭숫돌의 3요소

핵심**이론**

[연삭숫돌의 3요소]

• 기 공
• 결합재
• 숫돌입자

용어 정의

연삭숫돌

연삭가공을 위해 연삭기에 설치하는 작업공구로 재료를 갈
아내는데 사용한다.

안심Touch

Module 028

연삭숫돌의 이상 현상과 교정 방법

핵심이론

[연삭숫돌의 이상 현상]

• 글레이징(Glazing) : 눈무딤 현상

연삭숫돌의 자생작용이 잘되지 않음으로 인해 숫돌 표면의 절삭 입자가
납작해져 날이 무뎌지는데, 이 현상으로 인해 연삭성이 나빠지는 현상이
다. 발생원인은 연삭숫돌의 결합도가 클 때, 원주 속도가 빠를 때, 공작물
과 숫돌의 재질이 맞지 않을 때 발생하는데 연삭숫돌에는 열과 균열이
발생하고 재질이 변색된다.

• 로딩(Loading) : 눈메움 현상

숫돌 표면의 기공 안으로 칩이 메워져서 연삭성이 나빠지는 현상이다.

[연삭숫돌의 교정 방법]

• 드레싱(Dressing)

절삭성 향상을 위해 눈메움이나 눈무딤이 발생한 연삭숫돌 표면의 입자를
제거하고, 새로운 절삭 날을 숫돌 표면에 생성시켜 절삭성을 회복시키는
작업이다. 이때 사용하는 공구를 "드레서"라고 한다.

• 트루잉(Truing)

연삭숫돌은 작업 중 입자가 닳거나 떨어져 나가면서 원래의 모양에서
점차 변형이 되는데, 이때 숫돌을 원래의 모양으로 수정하는 작업이다.
공구는 "드레서"를 주로 사용해서 트루잉과 드레싱 작업이 동시에 된다는
장점이 있다.

용어 정의

연삭(研削) : 갈 연, 깎을 삭
연삭기를 사용하여 절삭입자들로 결합된 연삭숫돌을 고속으로 회전시켜 재료
의 표면을 매끄럽게 만드는 정밀입자가공법

Module 029
급속 귀환 장치

핵심이론

[급속 귀환 장치가 있는 절삭기계]

- **셰이퍼**

  램에 설치된 절삭공구인 바이트를 전진시키면서 공작물을 절삭하고 공구를 뒤로 후퇴시킨 후 다시 전진시키면서 가공하는 공작기계이다. 구조가 간단하고 다루기가 쉬워서 주로 소형 공작물의 평면을 가공에 널리 사용된다.

- **슬로터**

  상하로 왕복 운동하는 램의 절삭운동으로 테이블에 수평으로 설치된 일감을 절삭하는 공작기계이다. 셰이퍼를 직립으로 세운 형태로 셰이퍼와 램의 운동방향만 다를 뿐 절삭 방법은 같으므로 수직 셰이퍼라고도 한다.

- **플레이너**

  바이트가 고정되어 있는 상태에서, 크고 튼튼한 테이블 위에 공작물을 설치한 후 테이블을 앞뒤로 이송하면서 가공한다.

- **브로칭 머신**

  가공물에 홈이나 내부 구멍을 만들 때 가늘고 길며 길이 방향으로 많은 날을 가진 총형 공구인 브로치를 작업 공구로 해서 일감에 대고 누르면서 관통시켜 단 1회의 절삭 공정만으로 제품을 완성시키는 절삭기계이다.

용어 정의

급속 귀환 장치
절삭 작업 시 작업 진행 방향의 속도는 느리지만 복귀하는 속도를 빠르게 하는 기구

Module 030

래핑(Lapping)

핵심이론

주철이나 구리, 가죽, 천 등으로 만들어진 랩(Lap)과 공작물의 다듬질을 실시할 면 사이에 랩제를 넣고 적당한 압력으로 누르면서 상대 운동을 하면, 절삭입자가 공작물 표면에서 극히 소량의 칩(Chip)을 깎아내면서 표면을 다듬는 가공법이다. 주로 게이지 블록의 측정 면을 가공할 때 사용한다.

용어 정의

게이지 블록
길이 측정의 표준이 되는 게이지로 공장용 게이지들 중에서 가장 정확하다. 개개의 블록 게이지를 밀착시킴으로써 그들 호칭치수의 합이 되는 새로운 치수를 얻을 수 있다. 블록게이지 조합의 종류 : 9개조, 32개조, 76개조, 103개조가 있다.

Module 031

호닝(Horning)

핵심이론

드릴링이나 보링, 리밍 등으로 1차 가공한 재료를 더욱 정밀하게 연삭하는 가공법으로 각봉 형상의 세립자로 만든 공구를 스프링이나 유압으로 연결한 후, 원통형의 공작물 내경 표면에 접촉시키면서 회전운동과 왕복운동을 동시에 주어 매끈하고 정밀한 제품을 만드는 가공법이다. 주로 내연기관의 실린더와 같이 구멍의 진원도와 진직도, 표면거칠기 등의 향상을 위해 사용한다.

용어 정의

리밍 : 드릴로 뚫은 구멍의 정밀도 향상을 위하여 리머 공구로 구멍의 내면을 다듬는 작업

Module 032
배럴가공

핵심이론

배럴가공(Barrel Finishing)은 회전하는 통속에 가공물과 숫돌입자, 가공액, 컴파운드 등을 모두 넣고 회전시킴으로써 가공물이 입자와 충돌하는 동안에 공작물 표면의 요철(凹凸)을 제거하여 매끈한 가공면을 얻는 가공법이다.

용어 정의

컴파운드 : 연마용 배합연마제의 일종이다.

Module 033
표면의 가공정밀도

핵심이론

[표면의 가공정밀도가 높은 순서]

래핑가공 ← 슈퍼피니싱 ← 호닝가공 ← 일반 연삭가공

용어 정의

- 정(精) : 빈틈없고 치밀할 정
- 밀(密) : 촘촘할 밀
- 가(加) : 더할 가
- 공(工) : 장인 공

Module 034
방전가공(EDM)

핵심이론

[방전가공의 특징]
- 전극이 소모된다.
- 가공 속도가 느리다.
- 열에 의한 변형이 작아 가공 정밀도가 우수하다.
- 간단한 전극만으로도 복잡한 가공을 할 수 있다.
- 담금질한 재료처럼 강한 재료도 가공할 수 있다.

- 전극으로 구리나 황동, 흑연을 사용하므로 성형성이 용이하다.
- 아크릴과 같이 전기가 잘 통하지 않는 재료는 가공할 수 없다.
- 미세한 구멍이나 얇은 두께의 재질을 가공해도 변형되지 않는다.
- 콘덴서의 용량을 크게 하면 가공 시간은 빨라지나 가공 면과 치수 정밀도가 좋지 않다.

[방전가공이 불가능한 재료]
아크릴

> **용어 정의**
>
> 방전가공(EDM ; Electric Discharge Machining)
> 절연성의 가공액 내에서 전극과 공작물 사이에서 일어나는 불꽃 방전에 의하여 재료를 조금씩 용해시켜 원하는 형상의 제품을 얻는 가공법으로 가공 속도가 느린 것이 특징이다. 주로 높은 경도의 금형가공에 사용하는데 콘덴서의 용량을 크게 하면 가공 시간은 빨라지나 가공 면과 치수 정밀도가 좋지 않다.

Module 035

초음파가공

> **핵심이론**

[초음파 가공의 특징]
- 가공 속도가 느리다
- 공구의 마모가 크다.
- 구멍을 가공하기 쉽다.
- 복잡한 형상도 쉽게 가공할 수 있다.
- 가공 면적이나 가공 깊이에 제한을 받는다.
- 소성 변형이 없는 공작물을 가공하는 경우 가장 효과적이다.
- 납이나 구리, 연강 등 연성이 큰 재료는 가공 성능이 떨어진다.
- 금속이나 비금속 재료의 종류에 관계없이 광범위하게 이용된다.
- 연삭 입자에 의한 미세한 절삭으로 도체는 물론 부도체도 가공할 수 있다.

> **용어 정의**
>
> 초음파가공(Ultrasonic Machining)
> 공구와 공작물 사이에 연삭 입자가 섞인 혼합액을 넣고 초음파 진동을 주면 공구가 반복적으로 연삭 입자에 충격을 가하면서 공작물의 표면을 미세하게 다듬질하는 가공법

Module 036

전해연마

핵심이론

[전해연마의 특징]

• 가공 변질층이 없다.
• 가공면에 방향성이 없다.
• 내마모성과 내부식성이 좋다.
• 표면이 깨끗해서 도금이 잘된다.
• 복잡한 형상의 공작물도 연마가 가능하다.
• 공작물의 형상을 바꾸거나 치수 변경에는 부적당하다.
• 알루미늄이나 구리합금과 같은 연질 재료의 연마도 가능하다.
• 치수의 정밀도 보다는 광택의 거울면을 얻고자 할 때 사용한다.
• 철강 재료와 같이 탄소를 많이 함유한 금속은 전해연마가 어렵다.
• 연마량이 적어 깊은 홈은 제거되지 않으며 모서리가 둥글게(라운딩) 된다.
• 가공층이나 녹, 공구 절삭 자리의 제거, 공구 날 끝의 연마, 표면처리에 적합하다.

용어 정의

전해연마(Electrolytic Polishing)
공작물을 양극(+)으로 연결하고 불용해성인 Cu, Zn을 음극(−)으로 연결한 후, 전해액 속에 담그면 공작물의 표면이 전기 분해되면서 매끈한 가공면을 얻는 전기화학적 연삭 가공법이다.
광택이 있는 가공면을 쉽게 만들 수 있어서 거울이나 드릴의 홈, 주사침, 반사경의 다듬질에 주로 사용된다.

Module 037

기어 절삭법의 종류

핵심이론

[총형 커터에 의한 방법]

기어의 치형과 같은 형상을 가진 래크나 커터공구를 회전시키면서 공작물을 1피치씩 회전시켜 가면서 1개의 치형을 만드는 가공법이다.

인벌류트 치형을 정확히 가공할 수 있다는 장점이 있으나 피치의 정밀도, 생산성이 낮아서 소량의 기어 제작에 사용한다.

[형판에 의한 방법]

셰이퍼의 테이블에 공작물을 고정하고 치형과 같은 형상(곡선)으로 만들어진 형판 위를 따라 움직이면서 바이트를 움직여서 기어를 모방 절삭하는 방법이다.

매끈한 다듬질 면을 얻기 힘들고 가공 능률이 낮아서 대형 스퍼 기어나 직선 베벨 기어 가공에 사용된다.

[창성법(創成法)]

기어의 치형과 동일한 윤곽을 가진 커터를 피절삭 기어와 맞물리게 하면서 상대운동을 시켜서 절삭하는 가공법으로, 종류에는 래크 커터, 피니언 커터, 호브에 의한 방법이 있다.

[호빙머신에 의한 절삭]

절삭공구인 "호브"를 사용하는 절삭기계를 사용해서 기어의 치면을 절삭한다.

용어 정의

창성법(創成法, 만들 창, 이룰 성, 법칙 법)
• 기어 : 치차(齒車, 이 치, 수레바퀴 차)
• 치형 : 기어의 "이" 형상

Module 038

핸드탭

> 핵심이론

핸드탭은 일반적으로 3개가 1조이다.

탭 번호	가공량 및 정밀도
1번 탭	55[%]으로 황삭
2번 탭	25[%] 중삭
3번 탭	20[%] 가공 정삭

> 용어 정의

• **정삭** : 정밀 절삭
• **황삭** : 거친 절삭

Module 039

탭과 다이스

> 핵심이론

[나사 가공용 공구]
• 암나사 가공 – 탭
• 수나사 가공 – 다이스

[다이스]

> 용어 정의

수나사(Male Screw)와 암나사(Female Screw)

수나사	암나사
수나사부	암나사부

안심Touch

Module 040

전해가공(ECM)

핵심이론

[전해가공(ECM ; Electro Chemical Machining)]

절삭가공 후 다듬질 가공용으로 사용하는데, 공작물은 양극에 연결하고 공구는 음극에 연결하면, 전해질 가공액에 의한 전기화학적 작용에 의해 공작물이 전기분해되어 원하는 부분을 제거하는 가공법으로, 양도체의 가공액을 사용한다. 전기분해를 응용한 가공법이다.

[방전가공과 전해가공의 차이점]

방전가공은 절연성인 부도체의 가공액을 사용하나, 전해가공은 전기가 통하는 양도체의 가공액을 사용하여 절삭가공을 한다.

용어 정의

- 도체 : 전기나 열이 잘 통하는 물질
- 부도체 : 不(아닐 부), 導(이끌 도), 體(몸 체), 전기나 열을 잘 통하지 않는 물질

Module 041

냉간가공과 열간가공

핵심**이론**

[냉간가공과 열간가공의 차이점]

	냉간가공	열간가공
가공 온도	재결정 온도 이하	재결정 온도 이상
표면거칠기 정도	우수하다.	냉간가공에 비해 거칠다.
가공동력	많이 든다.	적게 든다.
가공경화	가공경화로 강도 증가	가공경화가 발생하지 않는다.

용어 **정의**

• **냉간가공** : 재결정 온도 이하의 온도에서 가공하는 방법으로 강의 조직은 치밀해지나 가공이 진행될수록 내부에 변형이 일어나서 점성이 감소하는 단점이 있다. 약 200~30이[℃] 부근에서는 청열 취성이 발생하므로 이 온도구간에서는 가공을 피해야 한다. 경량의 형강 제조에 주로 사용된다.
• **열간가공** : 재결정 온도 이상의 온도에서 가공하는 방법으로 강재를 최종 치수로 마무리 작업을 하는 경우에 사용된다.
• **재결정 온도** : 냉간가공과 열간가공을 구분하는 온도

Module 042

공작기계의 점검주기

핵심**이론**

[점검주기의 종류 및 내용]

점검주기	점검내용
일상점검	외관점검, 유량점검, 작동점검, 압력점검
월간점검	이송부의 백래시 정도, 오일류 점검, 필터류 점검
연간점검	전기적 회로점검, 기계정도(일종의 정밀도) 점검, 수평도 점검
특별점검	점검주기에 의한 것이 아닌 수시 또는 부정기적인 점검

용어 **정의**

공작기계 : 工(장인 공), 作(지을 작)
선반이나 밀링, 프레스 기계와 같이 작업에 사용하는 기계들을 통틀어 부르는 용어

Module **043**

볼 나사
(Ball Screw)

핵심**이론**

나사 축과 너트 사이에서 볼(Ball)이 구름 운동을
하면서 물체를 이송시키는 고효율의 나사로 백
래시가 거의 없고 전달효율이 높아서 최근에는
CNC 공작기계의 이송용 나사로 사용된다.

용어 **정의**

백래시(Backlash)
나사 이송 기구에서는 테이블 이송용 암나사와 이송 나사의 플랭크면 사이에
빈 공간(틈새)이 발생하는데 이 공간을 백래시라 한다. 백래시가 너무 작으면
치면의 마찰이 커져서 정밀 절삭을 어렵게 하고, 너무 크면 치면의 맞물림이
나빠지므로, 이송 나사의 가공을 완전 정밀하게 가공하기 위해서는 적절한 백
래시는 필요하다. 최근에는 백래시가 필요 없는 볼 나사가 이송 기구에 많이
사용되고 있다.

Module **044**

비교측정기의
장단점

핵심**이론**

[비교측정기의 장점]
• 다품종 대량 생산에 적합하다.
• 직접측정에 비해 오차 발생률이 적다.
• 고정밀도 측정을 비교적 쉽게 할 수 있다.

[비교측정기의 단점]
• 측정범위가 한정되어 있다.
• 기준치수를 정할 표준게이지가 필요하다.
• 제품을 기준과 비교만 가능하므로 제품의 치수를 읽을 수는 없다.

[비교측정기의 종류]
블록게이지, 다이얼게이지, 다이얼 인디케이터, 핀게이지

용어 **정의**

• **게이지 블록** : 길이 측정의 표준이 되는 게이지로 공장용 게이지들 중에서
　가장 정확하다. 개개의 블록 게이지를 밀착시킴으로써 이들 호칭치수의 합이
　되는 새로운 치수를 얻을 수 있다.

• 블록게이지 조합의 종류 : 9개조, 32개조, 76개조, 103개조가 있다.

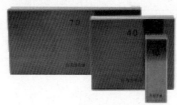

Module 045

바우싱거 효과

핵심이론 ▶

[바우싱거 효과]
재료를 탄성한도 이상으로 인장응력을 가한 후 다시 압축응력을 가하면, 처음 인장 응력을 가했을 때의 항복강도보다 낮은 항복강도 값을 나타내는 데 이러한 현상을 바우싱거 효과라고 한다.

[바우싱거 곡선]
이 현상을 나타낸 곡선은 다음과 같다.

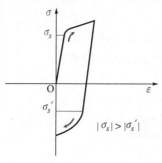

위 그림에서 보듯이 어떤 변형되는 힘을 가한 뒤 반대 쪽 힘을 가하면 처음 항복응력보다 현저히 저하되는 현상이 나타난다.

용어 정의 ▶

항복강도
인장 시험에서 하중이 증가하여 어느 한도에 도달하면, 하중을 제거해도 원위치로 돌아가지 않고 변형이 남게 되는 그 순간의 점으로, 이 점을 항복점이라고 하며 이때의 힘을 항복강도라 한다.

Module **046**

프레스 가공

> 핵심**이론**

프레스 용량 : 프레스 기계가 재료에 가할 수 있는 힘을 ton으로 표시한다.

> 용어 정의

프레스 가공
프레스 기계를 이용하여 펀치나 다이(금형)로 판재에 인장이나 압축, 전단, 굽힘 응력을 가해서 소성 변형시켜 원하는 형상의 제품을 만드는 가공법이다. 기계화된 판금 가공으로 치수가 정밀하고 제품의 대량 생산에 적합하나 다이 제작비가 비싼 단점이 있다.

Module **047**

밀링머신의 테이블 이송속도(f)

> 핵심**이론**

[테이블의 이송속도, f]

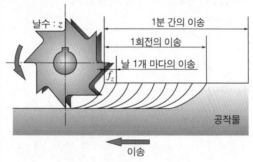

$$f = f_z \times z \times n$$

여기서, f : 테이블의 이송 속도[mm/min]
$\quad\quad\quad f_z$: 밀링 커터날 1개의 이송[mm]
$\quad\quad\quad z$: 밀링 커터날의 수
$\quad\quad\quad n$: 밀링 커터의 회전수[rpm]

> 용어 정의

회전수(n) : 주축이 회전하는 속도
$$n = \frac{1,000v}{\pi d} \, [\text{rpm}]$$

Module 048
입 도

핵심이론

[연삭숫돌의 입도번호]

구 분	거친 연마용	일반 연마용	정밀 연마용
입도번호	4~220	230~1200	240~8000

용어 정의

입도(粒度) : 알 입, 법도 도
숫돌 입자의 크기를 숫자로 나타낸 것으로 연삭 가공면의 표면 정밀도를 결정하는 주요 요소이다. 입도번호가 클수록 더 고운 입자임을 나타내는 수치이므로 우수한 표면을 가진 제품을 얻을 수 있다.

Module 049
피복제의 역할

핵심이론

[피복제의 역할]
• 아크를 안정시킨다.
• 전기 절연 작용을 한다.
• 보호가스를 발생시킨다.
• 스패터의 발생을 줄인다.
• 아크의 집중성을 좋게 한다.
• 용착금속의 급랭을 방지한다.
• 용착금속의 탈산정련 작용을 한다.
• 용융금속과 슬래그의 유동성을 좋게 한다.
• 용적(쇳물)을 미세화하여 용착효율을 높인다.
• 용융점이 낮고 적당한 점성의 슬래그를 생성한다.
• 슬래그 제거를 쉽게 하여 비드의 외관을 좋게 한다.
• 적당량의 합금 원소를 첨가하여 금속에 특수성을 부여한다.
• 중성 또는 환원성 분위기를 만들어 질화나 산화를 방지하고 용융금속을 보호한다.
• 쇳물이 쉽게 달라붙도록 힘을 주어 수직자세, 위보기 자세 등 어려운 자세를 쉽게 할 수 있다.

피복제(Flux)

용재나 용가재라고도 하며, 용접봉의 심선을 둘러싸고 있는 성분이다. 용착
금속에 특정 성질을 부여하거나 슬래그 제거를 위해 사용된다.

Module 050

가스용접 시 불꽃의 이상현상

핵심이론

[역 류]

토치 내부의 청소가 불량할 때 내부 기관에 막힘이 생겨서 고압 산소가
밖으로 배출되지 못하고 압력이 낮은 아세틸렌 쪽으로 흐르는 현상

[역 화]

토치의 팁 끝이 모재에 닿아 순간적으로 막히거나 팁의 과열 또는 사용가스
의 압력이 부적당할 때, 팁 속에서 폭발음을 내면서 불꽃이 꺼졌다가
다시 나타나는 현상
불꽃이 꺼지면 산소 밸브를 차단하고, 이어 아세틸렌 밸브를 닫는다. 팁이
가열되었을 때는 물속에 담가 산소를 약간 누출시키면서 냉각한다.

[인 화]

팁 끝이 순간적으로 막히면 가스의 분출이 나빠지고 가스 혼합실까지
불꽃이 도달하면서 토치를 빨갛게 달구는 현상

용어 정의

가스용접

주로 산소-아세틸렌가스 불꽃을 열원으로 하여 용접부를 용융하면서 용가재
를 공급하여 접합시키는 용접법이다. 그 종류에는 연료가스에 따라 산소-아세
틸렌 용접, 산소-수소용접, 산소-프로판 용접, 공기-아세틸렌 용접 등이 있
다. 산소-아세틸렌가스의 불꽃 온도는 약 3,430[℃]이다.

Module 051

용접 자세

핵심**이론**

자 세	KS규격	모재와 용접봉 위치	ISO	AWS
아래보기	F (Flat Position)		PA	1G
수 평	H (Horizontal Position)		PC	2G
수 직	V (Vertical Position)		PF	3G
위보기	OH (Overhead Position)		PE	4G

용어 정의

용접 자세(Welding Position) : 용접 기술자가 용접홀더를 들고 작업할 때 용접봉이 향하는 방향에 따라 자세명칭이 부여된다.

Module 052

야금적 접합법과 기계적 접합법

핵심**이론**

[용접과 기계적 접합법과의 차이점]

구 분	종 류	장점 및 단점
야금적 접합법	용접이음 (융접, 압접, 납땜)	• 금속을 맞대어 용접 • 결합부에 틈새가 발생하지 않아서 이음효율이 좋다. • 영구적인 결합법으로 한 번 결합 시 분리가 불가능하다.
기계적 접합법	리벳이음, 볼트이음, 나사이음, 핀, 키, 접 어잇기 등	• 두 금속을 맞대어 구멍을 뚫어 볼트, 리벳으로 고정 • 결합부에 틈새가 발생하여 이음효율이 좋지 않다. • 일시적인 결합법으로 잘못 결합 시 수정이 가능하다.

※ 용접 : 금속의 원형을 물리적으로 녹여 결합

야 금

광석에서 금속을 추출하고 용융한 뒤 정련하여 사용 목적에 알맞은 형상으로
제조하는 기술

Module 053

가스용접의 장단점

핵심이론

[가스용접의 장단점]

장 점	단 점
• 운반이 편리하고 설비비가 싸다. • 전원이 없는 곳에 쉽게 설치할 수 있다. • 아크용접에 비해 유해 광선의 피해가 적다. • 가열할 때 열량 조절이 비교적 자유로워서 박판 용접에 적당하다. • 용제가 기화해서 만든 가스 상태의 보호막은 용접 시 산화 작용을 방지한다. • 산화불꽃, 환원불꽃, 중성불꽃, 탄화불꽃 등 불꽃의 종류를 다양하게 만들 수 있다.	• 폭발의 위험이 있다. • 아크용접에 비해 불꽃의 온도가 낮다. 아크(3,000~5,000[℃]), 산소-아세틸렌불꽃(약 3,430[℃]) • 열 집중성이 나빠서 효율적인 용접이 어려우며 가열 범위가 커서 용접 변형이 크고 일반적으로 용접부의 신뢰성이 작다.

용어 정의

아크(Arc)

이온화된 기체들이 불꽃 방전에 의해 청백색의 강렬한 빛과 열을 내는 현상으
로 아크 중심의 온도는 약 6,000[℃]이며, 보통 3,000~5,000[℃] 정도이다.

Module 054

펀칭 소요 동력

핵심이론

펀칭 소요 동력, $L = \dfrac{Pv_m}{75\eta_m}[\mathrm{PS}]$

여기서, η_m : 프레스의 기계효율(기계효율)

$\quad\quad\quad P$: $\tau\pi dt$ (작동력)

$\quad\quad\quad v_m$: 프레스 슬라이드의 평균속도[m/s]

용어 정의

기계효율, $\eta = \dfrac{\text{제동마력}}{\text{지시마력}} \times 100[\%]$

Module 055

와이어 컷 방전가공

핵심이론

[와이어 컷 방전가공용 전극 재료]
열전도가 좋은 구리나 황동, 흑연을 사용하므로 성형성이 용이하나 스파크 방전에 의해 전극이 소모되므로 재사용은 불가능하다.

용어 정의

와이어 컷 방전가공
기계가공이 어려운 합금재료나 담금질한 강을 가공할 때 널리 사용되는 가공법으로 공작물을 (+)극으로, 가는 와이어 전극을 (−)극으로 하고 가공액 속에서 이 와이어와 공작물 사이에서 스파크 방전을 일으키면서 공작물을 절단하는 가공법

안심Touch

Module 056

저항용접의 3요소

핵심이론

[저항용접의 3요소]
- 가압력
- 용접전류
- 통전시간

[저항용접의 특징]
- 작업 속도가 빠르고 대량 생산에 적합하다.
- 산화 및 변질 부분이 적고, 접합 강도가 비교적 크다.
- 용접공의 기능에 대한 영향이 적다(숙련을 요하지 않는다).
- 가압 효과로 조직이 치밀하며, 용접봉, 용제 등이 불필요하다.
- 용융점이 다른 금속 간의 접합은 다소 어렵다.
- 대전류를 필요로 하며 설비가 복잡하고 값이 비싸다.
- 서로 다른 금속과의 접합이 곤란하며, 비파괴 검사에 제한이 있다.
- 열손실이 적고, 용접부에 집중열을 가할 수 있어서 용접 변형 및 잔류응력이 적다.
- 급랭 경화로 용접 후 열처리가 필요하며, 용접부의 위치, 형상 등의 영향을 받는다.

용어 정의

저항용접
용접하고자 하는 2개의 금속면을 서로 맞대어 놓고 적당한 기계적 압력을 주며 전류를 흐르게 하면 접촉면에 저항열이 발생하여 금속이 용융되고, 이때 가해진 압력 때문에 접촉면은 완전히 밀착하게 된다.

Module 057

페룰(Ferrule)

핵심이론

모재와 스터드가 통전할 수 있도록 연결해 주는 요소로 아크 공간을 대기와 차단하여 아크분위기를 보호한다. 아크열을 집중시켜 주며 용착금속의 누출을 방지하고 작업자의 눈도 보호해 준다.

용어 정의

스터드용접(Stud Welding)

아크용접의 일부로서 봉재나 볼트 등의 스터드를 판 또는 프레임과 같은 구조재에 직접 부착시키는 능률적인 용접 방법이다.

※ 여기서 스터드란 판재에 덧대는 물체인 봉이나 볼트 같이 긴 물체를 일컫는 용어이다.

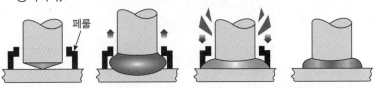

페룰

Module **058**

서브머지드 아크 용접(SAW)

핵심이론

용접 부위에 용제 호퍼를 통해 미세한 입상의 플럭스를 다량으로 공급하면서 도포하고 용접선과 나란히 설치된 레일 위를 주행대차가 지나가면서 와이어 릴에 감겨 있는 와이어를 이송 롤러를 통해 용접부로 공급시키면 플럭스 내부에서 아크가 발생하는 자동 용접법이다.

용접봉인 와이어의 공급과 이송이 자동이며 용접부를 플럭스가 덮고 있으므로 복사열과 연기가 많이 발생하지 않는다.

용어 정의

서브머지드 아크용접(SAW ; Submerged Arc Welding)을 달리 부르는 용어
- 잠호용접
- 불가시용접
- 케네디용접
- 유니언 멜트용접

Module **059**

탭 구멍 지름

핵심이론

탭 구멍 지름, $d = D - p$

여기서, D : 호칭지름, p : 피치

용어 정의

탭 구멍 : 나사산이 있는 구멍

Module 060

선삭 가공시간(분)

> **핵심이론**

선삭 가공시간, $T = \dfrac{l(\text{가공길이})}{N(\text{회전수}) \times f(\text{이송속도})}$ [min]

> **용어 정의**

선삭 : 선반으로 절삭

Module 061

슈퍼피니싱

> **핵심이론**

슈퍼피니싱(Super Finishing)은 초정밀 다듬질이라고도 하며, 입도와 결합도가 작은 숫돌을 공작물에 대고 누르면서 분당 수백 ~ 수천의 미세 진동과 수 [mm]의 진폭을 주면서 동시에 왕복운동 및 공작물을 회전시켜 가공면을 단시간에 매우 평활한 면(곱게)으로 다듬는 가공방법

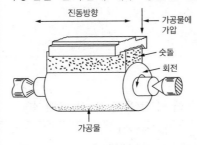

> **용어 정의**

결합도
연삭숫돌을 구성하는 숫돌입자가 결합제로 결합되어 있는 정도이며, 강한 결합과 약한 결합의 상태를 알파벳으로 표시한다.

Module 062

드릴링 가공의
종류

핵심이론

[드릴가공의 종류]

드릴링	드릴로 구멍을 뚫는 작업
리 밍	드릴로 뚫은 구멍의 정밀도 향상을 위하여 리머 공구로 구멍의 내면을 다듬는 작업
보 링	보링바이트로 이미 뚫린 구멍을 필요한 치수로 정밀하게 넓히는 작업
태 핑	탭 공구로 구멍에 암나사를 만드는 작업
카운터 싱킹	접시머리나사의 머리가 완전히 묻힐 수 있도록 원뿔 자리를 만드는 작업
스폿 페이싱	볼트나 너트의 머리가 체결되는 바닥 표면을 편평하게 만드는 작업
카운터 보링	고정 볼트의 머리 부분이 완전히 묻히도록 원형으로 구멍을 뚫는 작업

용어 정의

접시머리나사 : 나사의 머리 모양이 역삼각형의 형상을 띈 나사

Module 063

면판
(Face Plate)

핵심이론

[선반에서 면판에 공작물을 장착하기 전과 후]

면판 – 공작물 장착 전	면판 – 공작물 장착 후

용어 정의

면판(Face Plate)
척으로 고정하기 힘든 큰 크기의 공작물이나 불규칙하고 복잡한 형상의 공작
물을 고정할 때 사용한다.

Module 064

방진구

핵심이론

선반 작업에서 공작물의 지름보다 20배 이상의 가늘고 긴 공작물(환봉)을 가공할 때 공작물이 휘거나 떨리는 현상인 진동을 방지하기 위해 베드 위에 설치하여 공작물을 받쳐 주는 부속장치이다. 단, 이동식 방진구는 왕복대(새들) 위에 설치한다.

용어 정의

베드(Bed)
선반의 몸체로서 주축대와 심압대, 왕복대를 장착하고 있다. 강력 절삭에도 쉽게 변형되거나 마멸되지 않는 강성을 필요로 한다.

Module 065

선반가공 시 재료 제거율

핵심이론

[선반가공 시 재료 제거율]
재료 제거율= 제거면적 × 회전수 × 이송속도$[cm^3/min]$

용어 정의

선반가공
주축대에 장착된 척(Chuck)에 공작물을 고정시킨 후 적당한 회전수[rpm]로 회전시키면서 절삭공구인 바이트를 직선 이송시켜 절삭하는 가공법

안심Touch

Module **066**

피복 아크 용접봉

핵심이론

[용접봉의 표시기호 및 종류]

기 호	종 류
E4301	일미나이트계
E4303	라임타이타늄계
E4311	고셀룰로스계
E4313	고산화타이타늄계
E4316	저수소계
E4324	철분 산화타이타늄계
E4326	철분 저수소계
E4327	철분 산화철계

용어 정의

피복 아크 용접봉(Electrode)
용접할 재료와 같은 소재로 만들어진 심선과, 심선을 피복제로 도포하여 둘러
싼 구조로 이루어졌다. 심선은 아크열에 의해 용융되어 용접할 재료들 사이의
빈 공간을 채워 준다. 피복제는 아크 분위기를 형성하여 산화를 방지하고 불순
물을 응집시켜 슬래그로 만드는 등 품질 향상에 도움을 준다.

Module **067**

브로칭 가공

핵심이론

• 브로칭 가공에 의한 제품형상

• 브로칭 공구

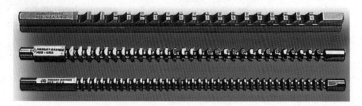

브로칭(Broaching) 가공
가공물에 홈이나 내부 구멍을 만들 때, 가늘고 길며 길이 방향으로 많은 날을 가진 총형 공구인 브로치를 일감에 대고 누르면서 관통시켜 단 1회의 절삭 공정만으로 제품을 완성시키는 가공법이며, 공작물이나 공구가 회전하지 않는다.

Module 068

드릴 구멍 가공시간 (T)

[드릴 구멍 가공시간]

$$T = \frac{l \times i}{n \times s} = \frac{\text{구멍 가공 길이} \times \text{구멍 수}}{\text{주축 회전속도} \times \text{1회전당 이송량}} \, [\text{min}]$$

여기서, l : 구멍 가공 길이[mm]
　　　　i : 구멍 수
　　　　n : 주축 회전속도[rpm]
　　　　s : 1회전당 이송량[mm]

드릴링 가공
드릴링 머신의 테이블 위에 고정된 바이스에 공작물을 고정시킨 후 척에 드릴을 장착한 다음 회전시키면서 이송 레버로 드릴을 상·하로 이송하며 공작물에 구멍을 가공하는 방법
드릴링 머신에 장착하는 공구를 드릴 대신 리머나 보링 바, 탭 등을 장착하면 리밍이나 보링, 태핑 등 구멍을 응용한 다양한 가공이 가능해서 활용도가 높다.

Module **069**

널링 가공

핵심**이론**

[널링 가공부의 작업형상]

용어 정의

널링 가공
기계의 손잡이 부분에 올록볼록한 돌기부를 만들어 손으로 잡고 돌리기 쉽도
록 만드는 가공방법

Module **070**

아베의 원리

핵심**이론**

아베의 원리(Abbe's Principle)는 측정오차를 줄이기 위해서는 측정하는
방향을 피측정물과 표준자와 일직선 위에 놓아야 한다는 원리이다. 만일
표준자와 피측정물이 동일 축 선상에 없을 경우 측정오차가 발생한다.

용어 정의

오차(誤差) : 그릇할 오, 어긋날 차
측정값과 참값의 차이

Module 071

용접 예열

[용접 전과 후 모재에 예열을 가하는 목적]
- 수축변형 및 균열을 감소시킨다.
- 열영향부(HAZ)의 균열을 방지한다.
- 용접 금속에 연성이나 인성을 부여한다.
- 열영향부와 용착금속의 경화를 방지한다.
- 급열 및 급랭 방지로 잔류응력을 줄인다.
- 용접 금속의 팽창이나 수축의 정도를 줄여 준다.
- 수소 방출을 용이하게 하여 저온 균열을 방지한다.
- 금속 내부의 가스를 방출시켜 기공이나 균열을 방지한다.

용접 예열
용접하기 전이나 후에 용접할 재료의 급격한 열변화로 인하여 급열과 급랭 방지를 위하여 용접할 재료에 열을 가해 주는 작업

Module 072

버핑 가공

[버핑 가공의 목적]
- 공작물의 표면을 매끈하고 광택이 나도록 하기 위하여
- 정밀도를 요하는 가공보다 외관을 더 좋게 하기 위하여
- 폴리싱 작업이 끝난 재료의 표면을 더 다듬질하기 위하여

버핑 가공
모, 면직물, 펠트 등을 여러 장 겹쳐서 적당한 두께의 원판을 만든 다음 이것을 회전시키면서 이 사이에 미세한 연삭입자가 혼합된 윤활제를 공급하여 공작물의 표면을 매끈하고 광택이 나게 만드는 가공방법

Module 073

CNC 프로그램의 5대 코드 및 기능

핵심이론

[CNC 프로그램의 코드]

종 류	코 드	기 능
준비기능	G코드	G코드는 CNC 공작기계의 준비기능으로, 공구의 이동, 실제 가공, 주축의 회전, 기계의 동작, 공구의 보정 번호 등의 제어 기능을 준비시키는 중요 기능이다. 어드레스로 G를 쓰기 때문에 "G코드"이다. 예 G00 : 급속이송, G01 : 직선보간, G02 : 시계 방향 공구 회전
보조기능	M코드	CNC 공작기계에 장착된 공구 이외의 부수 장치의 동작을 실행하기 위한 보조기능 코드이며, 주로 ON/OFF 기능을 한다. 예 M02 : 주축 정지, M08 : 절삭유 ON, M09 : 절삭유 OFF
이송기능	F코드	절삭을 위한 공구의 이송속도를 지령한다. 예 F0.02 : 0.02[mm/rev]
주축기능	S코드	주축의 회전수 및 절삭속도를 지령한다. 예 S1800 : 1,800[rpm]으로 주축 회전
공구기능	T코드	공구 준비 및 공구 교체, 보정 및 오프셋 양을 지령한다. 예 T0100 : 1번 공구로 교체한 후, 공구에 00번으로 설정한 보정값 적용

용어 정의

CNC 가공

범용선반을 자동화시킨 선반을 이용한 가공으로 수치제어 가공(Computer Numerical Control)이라고도 한다. 수치제어선반에 장착된 컴퓨터를 이용하여 가공부인 절삭공구와 이송장치를 정밀제어하기 때문에 범용선반보다 정밀도가 높은 가공품의 제작이 가능하다.

Module 074

폴리싱 (Polishing)

핵심이론

목재나 피혁, 직물, 알루미나 등의 연마 입자가 부착된 연마 벨트로 제품 표면의 이물질을 제거하여 제품의 표면을 매끈하고 광택나게 만드는 정밀 입자가공법으로 버핑가공의 전 단계에서 실시한다.

용어 정의

피혁 : 가축의 피부를 벗겨내고 털을 제거한 가죽 상태

Module 075

스크레이퍼
(Scraper)

핵심이론

공작기계로 가공된 평탄한 면을 더욱 정밀하게 다듬질하는
공구로 공작기계의 베드, 미끄럼면, 측정용 정밀선반 등 최종
마무리 가공에 사용되는 수공구이다.

용어 정의

선반의 베드
선반의 몸체로서 주축대와 심압대, 왕복대를 장착하고 있다. 강력 절삭에
도 쉽게 변형되지 않고 마멸되지 않는 강성을 필요로 한다.

Module 076

다이얼게이지

핵심이론

[다이얼게이지의 특징]
• 측정범위가 넓다.
• 연속된 변위량의 측정이 가능하다.
• 다원측정의 검출기로서 이용할 수 있다.
• 눈금과 지침에 의해서 읽기 때문에 오차가 작다.
• 비교측정기에 속하므로 직접치수를 읽을 수는 없다.

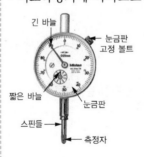

용어 정의

다이얼게이지
측정자의 직선이나 원호 운동을 기계적으로 확대하여 그 움직임을 지침의 회
전운동으로 변환시켜 눈금을 읽을 수 있는 측정기이다.

Module **077**

오토콜리메이터

핵심**이론**

아주 정밀한 대물렌즈로 평행 광선을 만드는 장치인 시준기와 망원경을 조합하여 미소 각도와 평면을 측정할 수 있는 광학적 각도 측정기이다.
이 망원경에는 계측기와 십자선, 조명이 장착되어 있다.

용어 정의 ▶

시준기 : 평행광선을 만드는 광학장치의 일종

Module **078**

수준기

핵심**이론**

액체와 기포가 들어 있는 유리관 속에 있는 기포의 위치를 판단함으로써 수평면을 기준으로 기울기를 측정하는 각도 측정기이다.
기계 조립이나 설치할 때 수평 정도를 확인하는데 주로 사용한다.

용어 정의 ▶

수준기(水準器) : 물 수, 평평할 준, 그릇 기

Module 079

사인바

[사인바의 특징]

• 사인바는 롤러의 중심거리가 보통 100[mm] 또는 200[mm]로 제작한다.

• 정밀한 각도측정을 위해서는 평면도가 높은 평면을 사용해야 한다.

• 사인바는 측정하려는 각도가 45[°] 이내여야 한다. 측정각이 더 커지면 오차가 발생한다.

• 게이지 블록 등을 병용하고 3각 함수인 사인(sin)을 이용하여 각도를 측정하는 기구이다.

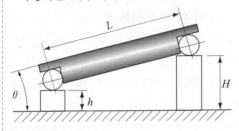

사인바(Sign Bar)

삼각함수를 이용하여 각도를 측정하거나 임의의 각을 만드는 대표적인 각도측정기로 정반 위에서 블록 게이지와 조합하여 사용한다. 이 사인바는 측정하려는 각도가 45[°] 이내여야 하며 측정각이 더 커지면 오차가 발생한다.

Module 080

신속조형기술
(RP기술)

[신속조형기술의 종류]

• **광조형법(SLA ; Stereolithography)**

액체 상태의 광경화성 수지에 레이저 광선을 부분적으로 쏘아서 적층해 나가는 방법으로 큰 부품의 처리가 가능하며 정밀도가 높은 장점으로 현재 널리 사용되고 있으나, 액체 재료이므로 후처리가 필요하다는 것이 단점이다.

- **용융수지압출법(FDM ; Fused Deposition Molding)**

  열가소성인 3[μm] 직경의 필라멘트 선으로 된 열가소성 소재를 노즐 안에서 가열하여 용해한 후 이를 짜내어 조형 면에 쌓아 올려 제품을 만드는 방법으로 광조형법 다음으로 가장 널리 사용된다.

- **박판적층법(LOM ; Laminated Object Manufacturing)**

  원하는 단면에 레이저 광선을 부분적으로 쏘아서 절단한 후 종이의 뒷면에 부착된 접착제를 사용해서 아래층과 압착시켜 한 층씩 쌓아가며 형상을 만드는 방법으로 사무실에서 사용할 만큼 크기와 가격이 적당하나 재료에 제한이 있고 정밀도가 떨어진다는 단점이 있다.

- **선택적 레이저 소결법(SLS ; Selective Laser Sintering)**

  레이저는 에너지의 미세한 조정으로 재료의 가공이 가능한 장점이 있는데, 먼저 고분자 재료나 금속 분말 가루를 한 층씩 도포한 후 여기에 레이저 광선을 쏘아서 소결시킨 후 다시 한 층씩 쌓아 올려서 형상을 만드는 방법으로 분말로 만들어지거나 용융되어 분말로 소결되는 모든 재료의 사용이 가능하다.

- **3차원 인쇄(3DP ; Three-Dimensional Printing)**

  분말 가루와 접착제를 뿌려가며 형상을 만드는 방법으로 최근 3D 프린터기의 개발로 많이 사용되는 방법이다. 속도가 빠르고 크기와 가격이 적당해서 사무실에서도 사용이 가능하고 컬러 재료의 사용이 가능하다는 것은 장점이며, 재료에 제한이 있고 강도가 약하며 표면처리가 필요하다는 단점이 있다.

> **용어 정의**
>
> **신속조형기술(RP ; Rapid Prototyping, 쾌속조형법)**
> 3차원 형상 모델링으로 그린 제품의 설계 데이터를 사용하여 제품 제작 전에 실물 크기 모양(목업, Mock-up)의 입체 형상을 신속하고 경제적인 방법으로 제작하는 기술

[목업(Mock-up)]

제 **5** 과목

공유압

Module 30제

공사공단
공기업 전공 [필기]

기계직
필수 이론 600제
(한국사 포함)

(주)시대고시기획
(주)시대교육

www.sidaegosi.com

시험정보 · 자료실 · 이벤트
합격을 위한 최고의 선택

시대에듀

www.sdedu.co.kr

자격증 · 공무원 · 취업까지
BEST 온라인 강의 제공

제 5 과목 공유압

Module 001

공압의 장단점

핵심이론

[공압의 장점]
- 배관이 간단하다.
- 인화의 위험이 없다.
- 무단변속이 가능하다.
- 공기의 무한 공급이 가능한 에너지원이다.
- 저장탱크에 공기를 압축해서 저장할 수 있다.
- 작업속도가 빠르다(단, 응답속도는 유압에 비해 느림).

[공압의 단점]
- 소음이 크다.
- 구동에 비용이 많이 든다.
- 응답속도가 유압에 비해 느리다.
- 유압보다 큰 힘의 전달이 어렵다.
- 공기는 압축성 유체이므로 효율이 유압에 비해 떨어진다.
- 저속에서 스틱 슬립(Stick Slip)이 발생하여 일정한 속도를 얻기가 힘들다.

용어 정의

공압(空壓) : 빌 공, 누를 압, 공기를 작동유체로 사용해서 만든 힘

Module **002**

유압의 장단점

핵심이론

[유압의 장점]
• 응답성이 우수하다.
• 균일한 힘과 토크를 낼 수 있다.
• 소형장치로 큰 힘을 발생시킨다.
• 무단변속이 가능하며 원격제어가 가능하다.

[유압의 단점]
• 고압이므로 위험하다.
• 기름이 누설될 우려가 있다.
• 작은 이물질에도 영향을 크게 받는다.
• 유체의 온도에 따라 속도나 성능이 변한다.

용어 정의

유압(油壓) : 기름 유, 누를 압, 액체를 작동유체로 사용해서 만든 힘

Module **003**

유량측정기기

핵심이론

[유량측정기기]
• 노즐(Nozzle)
• 오리피스(Orifice)
• 벤투리미터(Venturi-meter)
• 위어(Weir, 개수로의 유량측정)

용어 정의

유량 : 1초 동안 관로를 따라 흐른 유체의 총량으로 단위는 $[m^3/s]$를 사용한다.

Module 004

유속측정기기

> **핵심이론**

[유속측정기기]
- 피토관
- 피토 정압관
- 시차액주계
- 열선속도계
- 초음파 유속계
- 입자영상 유속계
- 레이저 도플러 유속계

> **용어 정의**

피토 정압관 : 유체가 흐를 때 발생하는 압력인 "동압"의 차를 이용한 유속 측정기기

Module 005

비중량 측정법

> **핵심이론**

[비중량 측정법]
- **비중병을 이용한 측정**

$$\gamma = \frac{\text{액체와 비중병 무게 } - \text{ 비중병 무게}}{\text{액체의 부피}}$$

- **비중계를 이용한 측정**

  수은을 가는 유리관의 하단부에 채운 후 물속에 뒤집어서 수면과 만나는 높이의 눈금을 측정
- **U자관을 이용한 측정**

  U자 형태의 튜브 내부에 채워진 유체의 높이를 통해 측정
- **아르키메데스 이론을 이용한 비중량 측정**

$$\gamma = \frac{\text{대기 중 무게 } - \text{ 액체 속에서의 무게}}{\text{물체의 체적}}$$

비중량(γ) : 단위체적당 무게

$$\gamma = \frac{W(중량)}{V(부피)} = \frac{mg}{V} = \rho g$$

Module **006**

점성계수

핵심이론

[점성계수 유도하기]

유체의 유동에 많은 영향을 미치는 뉴턴의 점성법칙, $\tau = \mu \dfrac{du}{dy}$ 에서 유도를 시작한다.

$$\tau = \mu \frac{du(속도)}{dy(거리)}$$

점성계수, $\mu = \dfrac{\tau \times dy}{du} = \dfrac{\tau \times h(깊이)}{v(속도)}$

[점성의 단위]
[poise](푸아즈), [cPs](센터푸아즈)
1[poise] = 0.1[Pa · s] − 100[cPs]

용어 정의

- **점성(黏性)** : 찰질(끈기가 있을) 점, 성질 성
  액체가 끈적한 성질을 수치로 나타낸 것
- **점성계수**(μ) : 유체 유동에 대한 저항력의 척도
  흐르는 유체 내부를 어떤 물체가 유동한다고 했을 때, 유동 물체의 주변에는 유동을 방해하는 유체의 마찰력인 점성이 존재하는데, 이 마찰 점성이 곧 점성계수(μ)이다.

Module 007

맥동현상

> 핵심이론

[맥동현상의 발생원인]
- 토출 관로가 길 때
- 배관이나 유체 내부에 기포가 존재할 때

[맥동현상의 방지대책]
- 배관의 중간에 기체 부분이 존재하지 않도록 설계한다.
- 회전차나 안내깃의 형상 치수를 바꾸어 유동 특성을 변화시킨다.
- 유량조절밸브를 펌프의 토출구 직후에 위치시켜 유량을 조절한다.
- 불필요한 공기탱크나 잔류공기를 제어하고, 관로의 단면적이나 유속, 저항을 바꾼다.

> 용어 정의

맥동현상(=서징현상, Surging)
펌프가 운전할 때 압력계의 눈금이 요동치면서 토출량이 변하여 흡입과 토출 배관에서 진동과 소음이 주기적으로 발생하는 현상

Module 008

캐비테이션
(공동현상)

> 핵심이론

[캐비테이션(Cavitation)에 따른 영향]
- 심한 충격이 발생한다.
- 소음 및 진동을 일으킨다.
- 가동 날개의 부식을 일으킨다.
- 펌프의 유량, 양정, 효율이 저하된다.
- 수명이 단축되고 고장의 원인이 된다.

[캐비테이션 방지 대책]
· 양흡입 펌프를 사용한다.
· 펌프의 회전수를 낮춘다.
· 두 대 이상의 펌프 사용한다.
· 펌프 흡입관의 직경을 크게 한다.
· 스트레이너의 면적이 큰 것을 사용한다.
· 회전차를 수중에 완전히 잠기도록 한다.
· 펌프의 설치 높이를 낮추어 흡입 양정을 짧게 한다.

용어 정의 ▷

캐비테이션
유체가 관 속을 유동할 때 유체의 압력이 포화 증기압(기포가 발생하는 압력)
이하로 내려가면 유체에 녹아 있던 기체가 기포로 빠져나오면서 유체 내부에
공동(액체 중 존재하는 기체 공간)이 생기는 현상으로 유체의 증기압보다 낮은
압력이 발생하는 펌프 주위에서 주로 발생한다.
이때 발생한 기포가 관 벽을 때리면서 소음이나 진동, 깃의 손상 등이 발생하
고 펌프의 성능과 효율을 저하시킨다.

Module 009

수격현상

핵심이론

[수격현상의 발생원인]
· 밸브를 급하게 개폐할 경우
· 정전 등으로 갑자기 펌프가 정지할 경우
· 펌프의 정상 운전 시 유체의 압력변동이 있는 경우

[수격현상의 방지대책]
· 관의 직경을 크게 하여 유속을 낮춘다.
· 펌프 토출구에 서지탱크나 수격방지기를 설치한다.
· 유량조절밸브를 펌프의 토출구 직후에 설치하여 유량을 적당히 제어
  한다.
· 펌프의 회전축에 플라이휠을 설치하여 펌프의 급격한 속도 변화를 방지
  한다.

용어 정의 ▷

수격현상

관내를 흐르는 유체의 유속이 급격하게 바뀌면, 유체의 운동에너지가 압력에
너지로 변하면서 관내 압력이 비정상적으로 상승하여 배관이나 펌프에 손상을
주는 현상

---Module 010

축압기

핵심이론

[축압기의 특징]

• 충격 흡수

• 압력의 보상

• 유압 회로 내 맥동의 제거 및 완화

• 유압 에너지의 축적으로 보조 에너지원으로 사용

  ※ 단, 축압기는 유속을 증가시키지는 않는다. 유속은 관의 직경을 변화시
    킴으로써 변경시킬 수 있다.

[축압기의 기호(Symbol)]

용어 정의 ▷

축압기(Accumulator)

관로 내에서 유체를 저장해서 충격흡수와 에너지의 축적, 맥동완화 등의 역할
을 하는 유압장치의 구성요소이다.

Module 011

유압 작동유

핵심이론

[유압 작동유의 점도가 높을 때 발생하는 현상]
- 효율이 저하된다.
- 캐비테이션(공동현상)이 발생한다.
- 유압기기의 작동이 불안정하게 움직인다.
- 유압유의 내부 마찰이 커지고 온도가 상승한다.
- 유동저항이 커져서 에너지(압력) 손실이 커진다.

[유압 작동유의 점도가 낮을 때 발생하는 현상]
압력유지가 잘되지 않는다.

용어 정의

점도(Viscosity)
유체의 흐름에 대한 저항력의 척도로써 유체의 끈끈한 정도로 이해하면
쉽다. 점도지수가 높으면 그 만큼 분자 간 결합력이 큰 것이므로 온도
변화에 대한 점도변화는 낮을 때보다 더 작다. 그리고 점도가 높아지면
마찰계수도 증가한다.

Module 012

카운터밸런스밸브

핵심이론

유압회로에서 한쪽 흐름에는 배압을 만들고, 다른 방향은
자유 흐름이 되도록 만들어 주는 밸브다. 또한 이 밸브의
내부에는 체크밸브가 필수로 설치된다.

[주요 사용처]
- 수직형 실린더의 자중낙하를 방지할 때
- 부하가 급격히 제거되어 관성 제어가 불가능할 때

용어 정의

배압 : 유체 배출 시 유체가 갖는 압력

Module 013

감압밸브

핵심이론

유체의 압력을 감소시켜 동력을 절감시키기 위해 사용하는 밸브다.

[주요 사용처]
- 압력을 감소시키고자 할 때
- 급속귀환장치가 부착된 공작기계에서 고압펌프와 귀환 시 사용하는 저압의 대용량 펌프를 동시에 사용하고자 할 때

용어 정의

급속귀환장치
절삭 작업 시 작업 진행 방향의 속도는 느리지만 복귀 속도를 빠르게 하는 장치

Module 014

릴리프밸브

핵심이론

유압회로에서 회로 내의 압력이 설정값 이상이 되면 그 압력에 의해 밸브가 열리면서 압력을 일정하게 유지시켜 주는 밸브로써 안전밸브의 일종이다.

용어 정의

안전밸브 : 탱크 내부의 압력이 설정된 공기압 이상으로 높아지면 자동으로 기체를 배출하여 탱크의 폭발을 막는 밸브

Module **015**

체크밸브

핵심이론

[체크밸브 기호]

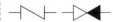

용어 정의

체크밸브

유체가 한쪽 방향으로만 흐르고 반대쪽으로는 흐르지 못하도록 할 때 사용하는 밸브이며, 기호는 위의 그림처럼 2가지로 표시한다.

Module **016**

유량제어밸브에
적용되는 회로

핵심이론

[미터인 회로]

액추에이터(실린더)의 공급 측 관로에 유량제어밸브를 설치하여 릴리프밸브의 설정 압력으로 유량을 제어함으로써 속도를 제어하는 회로. 유량제어밸브를 통해 제어되는 압력은 7~10[Pa] 정도이다.

[미터아웃 회로]

액추에이터(실린더)의 출구 측 관로에 유량제어밸브를 설치하여 릴리프밸브의 설정 압력으로 유량을 제어함으로써 속도를 제어하는 회로. 회로 내부의 전체 압력이 높은 편이어서 효율은 낮은 편이다.

[블리드오프 회로]

액추에이터(실린더)의 공급 측 관로에 설치된 바이패스 관로의 흐름을 제어함으로써 속도를 제어하는 회로. 효율이 좋고 열손실이 작지만 정밀 제어가 잘 안 되는 단점이 있다.

용어 정의

유량제어밸브

유압 회로 내에서 단면적의 변화를 통해서 유체가 흐르는 양을 제어하는 밸브

Module 017

교축밸브

> **핵심이론**

[교축밸브의 특징]
- 조정범위가 크다.
- 미세량의 유량 조정이 가능하다.
- 작동유의 점성과 상관없이 유량 조절이 가능하다.
- 교축과정 동안에 엔탈피, $h = \mathrm{const}$(일정)이므로 이상기체의 온도(T)는 일정하다.

> **용어 정의**

교축밸브(Throttling Valve)
유체를 좁은 통로를 지나게 함으로써 속도를 빠르게 만들어서 압력이 떨어지는 현상을 이용하여 유량을 조절하는 밸브다. 이 밸브의 주요 특징은 감압이며, 등엔탈피 장치라고도 한다.

[가변 교축밸브]

Module 018

펌프의 동력(L)

> **핵심이론**

[펌프의 이론동력(L)]
$$L = pQ, \ p = rH \ \text{대입}$$
$$= rHQ, \ r = \rho g \ \text{대입}$$
$$= \rho g HQ$$
여기서, p : 유체의 압력, Q : 유량

[일반 펌프동력]
$$L_P = \frac{pQ}{102\eta} \ [\mathrm{kW}] \qquad L_P = \frac{pQ}{75\eta} \ [\mathrm{PS}]$$
여기서, Q : 토출량

> **용어 정의**

미터단위의 마력, $\mathrm{PS} = 75[\mathrm{kg \cdot m/s}] = 0.735[\mathrm{kW}]$

안심Touch

Module 019
기어펌프

> **핵심이론**

[기어펌프의 특징]
- 흡입 능력이 크다.
- 역회전이 불가능하다.
- 유체의 오염에도 강하다.
- 송출량을 변화시킬 수 없다.
- 맥동이 적고, 소음과 진동도 작다.
- 구조가 간단하며 가격이 저렴하다.
- 1회 토출량이 일정한 정용량형 펌프에 속한다.
- 신뢰도가 높으며 보수작업이 비교적 용이하다.

[기어펌프의 배제유량]
기어가 회전하면서 유체를 이동시킬 때 기어의 이골 사이에 유체가 들어갔다가 다시 입구로 되돌아나가는 현상으로, 기어펌프 1회전 시 유체가 전달되지 않는 유체의 양이다.

> **용어 정의**

기어펌프
두 개의 맞물리는 기어를 케이싱 안에서 회전시켜 유압을 발생시키는 기어로써 구조가 간단하여 산업현장에서 많이 사용된다.

Module 020
원심펌프

> **핵심이론**

[원심펌프의 특징]
- 가격이 저렴하다.
- 맥동이 없으며 효율이 좋다.
- 평형공으로 축추력을 방지한다.
- 작고 가벼우며 구조가 간단하다.
- 고장률이 작아서 취급이 용이하다.
- 용량이 작고 양정이 높은 곳에 적합하다.

- 고속 회전이 가능해서 최근 많이 사용한다.
- 비속도를 통해 성능이나 적정 회전수를 결정한다.

[원심펌프의 주요 구성요소]
- 본체(케이싱) : 펌프의 외관으로 유체가 흐르는 통로이다. 임펠러가 내부에 장착되어 있다.
- 임펠러(Impeller) : 케이싱 내부에 장착되며 회전을 통해 유체에 에너지를 준다.
- 실링장치(밀봉장치) : 축과 케이싱의 연결 부위에 유체가 흐르지 않도록 밀봉시킨다.
- 축(Shaft) : 베어링이 끼워져서 임펠러가 케이싱 안에서 잘 회전하도록 만든다.

[원심펌프의 분해순서]

펌프 연결 부위 커플링 분해 → 베어링 분해 → 실링장치 분해 → 케이싱 분해 → 임펠러 탈거

용어 정의 ▶

- **원심펌프**(Centrifugal Pump)
  날개(임펠러)를 회전시켜 유체에 원심력을 줌으로써 유체를 낮은 곳에서 높은 곳으로 끌어올릴 수 있도록 한 펌프이다. 원통을 중심으로 축을 회전시킬 때, 유체가 원심력을 받아서 중심 부분의 압력이 낮아지고 중심에서 먼 곳의 압력은 높아지는 원리를 이용하여 유체를 송출한다. 종류에는 속도에너지를 압력에너지로 변환시키는 방식에 따라 벌류트 펌프와 터빈 펌프가 있다.
- **평형공** : 날개의 회전력을 균형 있게 만들기 위해 날개 차에 여러 개의 구멍을 뚫은 것으로 입구 측과 날개 뒷면 간의 이동 통로 구멍

Module 021

베인펌프

핵심이론

[베인펌프의 특징]
- 소음이 적다.
- 보수가 용이하다.
- 기동토크가 작다.
- 호환성이 우수하다.
- 압력저하량이 적다.

안심Touch

• 베인(깃)의 수명이 짧다.
• 토출 압력의 맥동이 작다.
• 단위 무게당 용량이 커서 형상치수가 작다.

[베인펌프의 기본구조]
• 깃
• 로 터
• 캠 링
• 케이싱

> **용어 정의**
>
> **베인펌프**
>
> 회전자인 로터(Rotor)에 방사형으로 설치된 베인(Vane, 깃)이 캠링의 내부를
> 회전하면서 베인과 캠링 사이에 폐입된 유체를 흡입구에서 출구로 송출하는
> 펌프이다. 유량이 일정하므로 용적형 펌프에 속한다.

Module 022

밸브의 작동방식

> **핵심이론**

[밸브의 작동방식 기호]

방향전환밸브를 작동시키는 방식에 따라 사용하는 기호는 다음과 같다.

수동 작동	누름버튼	레 버	페 달
스프링	롤러레버	플런저	솔레노이드 (전기적 작동)

> **용어 정의**
>
> **방향전환밸브**
>
> 밸브의 스위치를 수동이나 자동으로 작동시켜 유체의 흐름을 차단하거나 방향
> 을 전환시켜 모터나 실린더의 작동을 제어하는 밸브

Module 023

유압펌프

핵심이론

[유압펌프의 종류]

종 류	분 류	
용적형 펌프	회전펌프	기어펌프
		나사펌프
		베인펌프
	피스톤펌프	회전피스톤펌프
		왕복동펌프
비용적형 펌프 (터보형 펌프)	원심펌프	벌류트펌프
		터빈펌프
	축류펌프	
	혼유형 펌프	

[유압펌프의 전효율]

$$\eta = \eta_v(\text{체적효율}) \times \eta_m(\text{기계효율})$$

용어 정의

- **유압펌프** : 작동유체인 기름에 힘을 주어 유체를 이송시키는 기계 장치
- **용적형 펌프** : 토출량이 일정한 펌프로 중·고압용으로 사용한다.
- **비용적형 펌프** : 토출량이 가변적인 펌프로 저압에서 대량의 유체를 유동시킬 때 주로 사용한다.

안심Touch

---Module 024

점도지수(VI)

핵심이론

점도지수, $VI = \dfrac{L-U}{L-H} \times 100\%$

여기서, L : $VI = 0$인 오일의 100[°F]에서 SUS 점도

U : VI를 측정하려는 오일의 100[°F]에서 SUS 점도

H : $VI = 100$인 오일의 100[°F]에서 SUS 점도

용어 정의

- **점도지수(VI ; Viscosity Index)** : 온도변화에 따라 변하는 점도변화
- **SUS 점도** : Saybolt Universal Seconds, 세이볼트 점도계의 점도
  예 맑은 액체의 SUS 수치는 높다.
- **점도** : 작동온도에서 "유동성"을 나타내는 척도로써 수치로 유체마찰의 정도를 결정한다.

---Module 025

스트레이너와 버플

핵심이론

[스트레이너]

탱크 내 펌프의 흡입구 부분에 설치하는 것으로 펌프나 회로 내부로 불순물이 들어오는 것을 막기 위한 장치이다.

[버 플]

탱크 내에서 오일탱크로 되돌아오는 오일과 펌프로 가는 오일을 분리시키는 장치

용어 정의

펌프 : 동력을 이용해서 유체를 원하는 장소로 이동시키거나 압축하여 힘을 주는 장치

Module 026

유압모터

핵심이론

[유압모터의 특징]

- 토크 관성비가 커서 응답성이 좋다.
- 소형 경량이지만 큰 토크와 동력을 발생시킨다.
- 공급유량을 제어하여 회전속도를 제어할 수 있다.
- 유압펌프의 흡입구에 유체를 공급하면 유압모터가 된다.
- 공급유체의 압력을 제어함으로써 출력토크의 조절이 가능하다.
- 공급유체의 입구 및 출력 포트 외에 드레인 포트가 존재하여 배출된 작동유체가 다시 탱크로 되돌아간다.

[유압모터의 토크]

$$T_{\mathrm{kw}} = 974 \times \frac{H_{\mathrm{kw}}}{N} \, [\mathrm{kgf \cdot m}]$$

용어 정의

유압모터

유압 에너지를 기계적 에너지로 변화시켜서 회전 운동을 발생시키는 유압기기로 구동방식에 따라 기어모터, 베인모터, 피스톤모터로 분류한다.

Module 027

폐입현상

핵심이론

기어의 두 치형 사이에 있는 틈새에 가둬진 상태로 크기는 유동적이며 유압유의 팽창과 압축이 반복된다. 이 현상 때문에 거품의 발생량이 많아지고 진동과 소음의 원인이 된다.

용어 정의

기어(Gear)

두 개의 축 간 동력 전달을 목적으로 원판의 끝
부분에 돌기부인 이(齒,이 치)를 만들어 서로 맞
물려 돌아가게 한 기계요소로 미끄럼이나 에너지
의 손실 없이 동력을 전달할 수 있다. 치차(齒車,
이 치, 수레바퀴 차)라고도 한다.

Module 028

플래싱

핵심이론

유압관로 내에 있는 오염물을 전량 회로 밖으로 배출시켜 이물질을 제거함
으로써 관로 내부를 깨끗하게 만드는 작업이다. 이 작업은 오래된 오일과
슬러지를 용해시킨다.

용어 정의

슬러지(Sludge) : 유체가 유동하고 난 후 생긴 침전물

Module 029

채터링과 압력 오버라이드

핵심이론

[채터링]

밸브가 진동을 일으켜서 밸브 자리인 시트면을 심하게 두드리며 소음을
내는 현상

[압력 오버라이드]

스프링의 휨량은 밸브가 전개하여 최대로 흐를 때의 압력인 전량압력일
때 최대가 된다. 따라서 스프링의 휨량이 최대일 때 스프링의 가압력은
크랭킹압력보다 높아지는데, 이 두 압력차를 압력 오버라이드라고 한다.
압력 오버라이드가 크면 릴리프밸브의 성능이 저하되고 밸브에 진동이
발생한다.

용어 정의

크랭킹압력
체크밸브나 릴리프밸브가 관로 내에서 압력이 상승하여 밸브를 밀어 올려 작동유체가 흐르기 시작할 때의 압력

Module **030**

소포제

핵심**이론**

유체 내부에 존재하는 기포를 유면으로 빠르게 부상시켜서 제거할 수 있도록 하는 물질이다. 소포제로는 주로 휘발성이 작고 확산력이 다소 큰 성분들이 사용된다.

[주요 소포제]
• 실리콘
• 파라핀
• 유기화합물
• 계면활성제

용어 정의

소포제(消泡劑) : 사라질 소, 거품 포, 조절할 제

MEMO

제 **6** 과목

재료역학

Module 20제

공사공단 · 공기업 전공 [필기]

기계직
필수 이론 600제
(한국사 포함)

600제

(주)시대고시기획
(주)시대교육

www. **sidaegosi**.com

시험정보 · 자료실 · 이벤트
합격을 위한 최고의 선택

시대에듀

www. **sdedu**.co.kr

자격증 · 공무원 · 취업까지
BEST 온라인 강의 제공

제 **6** 과목

재료역학

Module **001**

라미의 정리

핵심**이론**

라미의 정리, $\dfrac{F_1}{\sin\alpha} = \dfrac{F_2}{\sin\beta} = \dfrac{F_3}{\sin\gamma}$

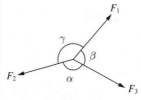

용어 정의

라미의 정리(Lami's Theory ; 세 힘의 합성)
세 방향의 힘이 평형을 이루는 경우 두 벡터가 이루는 각도와 나머지 한 벡터의
크기와 관련된 식이다.

Module **002**

훅의 법칙

핵심**이론**

훅의 법칙, $\sigma = E \times \varepsilon$
여기서, E : 세로탄성계수(종탄성계수, 영계수), ε : 변형률

용어 정의

훅의 법칙(Hooke's Law)
탄성한도 내에서 외력이 가해졌을 때 응력과 변형률은 비례한다.

Module 003

도심, 단면계수, 관성모멘트

핵심이론

[물체의 형상에 따른 도심과 관성모멘트]

구 분	원 형		삼각형	사각형
	중실축	중공축		
도 심	$\bar{y} = \dfrac{d}{2} = r$		$\bar{x} = \dfrac{b}{3}$ $\bar{y} = \dfrac{h}{3}$	$\bar{x} = \dfrac{b}{2}$ $\bar{y} = \dfrac{h}{2}$
단면계수 $\left(Z = \dfrac{I}{e}\right)$	$Z = \dfrac{\pi d^3}{32}$	$Z = \dfrac{\pi d_2^3}{32}(1 - x^4)$ 여기서, $x = \dfrac{d_1}{d_2}$	$Z = \dfrac{bh^3}{36}$	$Z = \dfrac{bh^2}{6}$
극단면계수 $\left(Z_P = \dfrac{I_P}{e}\right)$	$Z_P = \dfrac{\pi d^3}{16}$	$Z_P = \dfrac{\pi d_2^3}{16}(1 - x^4)$		
단면 1차 모멘트 (G=면적× 거리)	$G_x = \displaystyle\int_A y\, dA$ $= \bar{y}A$ $= \dfrac{d}{2} \times \dfrac{\pi d^2}{4}$ $= \dfrac{\pi d^3}{8}$	$G_y = \displaystyle\int_A x\, dA$ $= \bar{x}A$ $= \dfrac{d}{2} \times \dfrac{\pi d^2}{4}$ $= \dfrac{\pi d^3}{8}$	$G_x = \bar{y}A$ $= \dfrac{1}{3}h \times \dfrac{bh}{2}$ $= \dfrac{bh^2}{6}$	$G_x = \bar{y}A$ $= bh \times \dfrac{h}{2}$ $= \dfrac{bh^2}{2}$
단면 2차 모멘트(I) (관성모멘트)	$I = \dfrac{\pi d^4}{64}$	$I = \dfrac{\pi(d_2^4 - d_1^4)}{64}$	$I_x = \dfrac{bh^3}{36}$ $I_y = \dfrac{hb^3}{36}$	$I_x = \dfrac{bh^3}{12}$ $I_y = \dfrac{hb^3}{12}$
극관성 모멘트 (I_P)	$I_P = I_x + I_y = \dfrac{\pi d^4}{32}$	$I_P = \dfrac{\pi(d_2^4 - d_1^4)}{32}$		

여기서, b : 너비, h : 높이

용어 정의 ▸

• 도심 : 단면 1차 모멘트가 0인 도형 단면의 중심
• $\bar{x}$: y축에서 도심점까지의 거리
• $\bar{y}$: x축에서 도심점까지의 거리

Module 004

응력(Stress)

[응력의 종류]

- 진응력 $= \dfrac{\text{외력}}{\text{외력에 따라 감소되는 수직 단면적}} = \dfrac{F}{A}$

- 공칭응력 $= \dfrac{\text{외력}}{\text{최초의 단면적}} = \dfrac{F}{A}$

- 열응력 : 철과 같은 금속으로 만들어진 관의 신축량은 열팽창계수나 길이, 온도변화에 비례한다.

$$\sigma = E\alpha(T_2 - T_1) = E\alpha \triangle T$$

여기서, E : 세로탄성계수, α : 선팽창계수, T_2 : 나중온도, T_1 : 처음온도

[하중 방향에 따른 응력의 분류]

인장응력	압축응력	전단응력
굽힘응력		비틀림응력

용어 정의

- 응력(Stress) : 재료나 구조물에 외력이 작용했을 때 그 외력에 대한 재료 내부의 저항력이다. 일반적으로 응력이라고 하면 공칭응력을 말한다.
- 열응력(Thermal Stress) : 열에 의해 팽창하거나 수축하면서 발생하는 응력

Module **005**

전단탄성계수(G)

핵심이론

전단탄성계수, $G = \dfrac{\tau(\text{전단응력})}{\gamma(\text{전단변형률(각)})}$

[전단탄성계수(G), 종탄성계수(E), 체적탄성계수(K), 푸아송 수(m) 사이의 관계]

$mE = 2G(m+1) = 3K(m-2)$

$G = \dfrac{mE}{2(m+1)} = \dfrac{E}{2(1+\nu)}$

용어 정의

전단탄성계수(=가로탄성계수, 횡탄성계수, 강성계수)
탄성한도 내에서 전단응력과 전단변형률 사이의 관계를 수치로 나타낸 것

Module **006**

푸아송 비

핵심이론

• 푸아송의 비, $\nu = \dfrac{1}{m(\text{푸아송 수})} = \dfrac{\varepsilon'(\text{가로(횡) 변형률})}{\varepsilon(\text{세로(종) 변형률})} = \dfrac{\frac{\delta}{d}}{\frac{\lambda}{l}}$

$= \dfrac{\delta l}{d\lambda}$

• 고무의 푸아송 비 : $\dfrac{1}{2}$

용어 정의

푸아송 비(Poisson's Ratio, ν)
봉 재료가 축 방향의 인장하중을 받으면 길이가 늘어나지만 직경은 줄어들게 되는데, 이처럼 축방향의 변형률에 대한 직경방향 변형률의 비로 나타낸 것

Module 007

축의 비틀림각 (θ)

> **핵심이론**

축의 비틀림각, $\theta = \dfrac{T \times L}{G \times I_P}$ (원형 축의 극관성 모멘트, $I_P = \dfrac{\pi d^4}{32}$)

$$= \dfrac{T \times L}{G \times \dfrac{\pi d^4}{32}} = \dfrac{32\,T \times L}{G \times \pi d^4}$$

여기서, I_P : 원형 축의 극관성 모멘트, T : 토크, L : 축의 길이, G : 전단탄성계수

> **용어 정의**

극관성 모멘트(I_P) : 물체의 원점에 대한 단면 2차 모멘트를 말한다.

$I_P = I_x + I_y$

여기서, I : 단면 2차 모멘트(관성모멘트)

Module 008

모멘트 (Moment)

> **핵심이론**

[모멘트 관련식]

- **최대 굽힘 모멘트**, $M_{\max} = \sigma_{\max} \times Z$

  여기서, $\sigma_{\max}$: 최대 굽힘응력, Z : 단면계수

- **비틀림 모멘트(T, Torque)** : 토크, $T = \tau \times Z_P$

  $$\tau = \dfrac{T}{Z_P} = \dfrac{T}{\dfrac{\pi d^3}{16}} = \dfrac{16\,T}{\pi d^3}$$

  여기서, τ : 전단응력, Z_P : 극단면계수

- **상당굽힘 모멘트와 상당비틀림 모멘트**

상당굽힘 모멘트(M_e)	상당비틀림 모멘트(T_e)
$M_e = \dfrac{1}{2}\left(M + \sqrt{M^2 + T^2}\right)$	$T_e = \sqrt{M^2 + T^2}$

- **모멘트**(M) = 작용 힘(F) × 작용점과의 직선거리(L)
- **비틀림 모멘트**(T, Torque) : 회전을 일으키려는 힘으로 토크(Torque)라고
 도 한다.

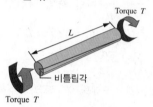

Module 009
바흐(Bach)의 축 공식

[바흐의 축 공식을 활용하여 축 지름을 구하는 식]

중실 축일 경우	중공 축일 경우
• $d = 120\sqrt[4]{\dfrac{H_{\mathrm{PS}}}{N}}$ [mm] • $d = 130\sqrt[4]{\dfrac{H_{\mathrm{kW}}}{N}}$ [mm]	• $d = 120\sqrt[4]{\dfrac{H_{\mathrm{PS}}}{N(1-x^4)}}$ [mm] • $d = 130\sqrt[4]{\dfrac{H_{\mathrm{kW}}}{N(1-x^4)}}$ [mm]

$x =$ 내외경비, $\left(\dfrac{d_1}{d_2}\right)$

바흐(Bach)의 축 공식
축을 설계할 때 연강 축의 길이 1[m]당 비틀림각(θ)이 0.25[°] 이내가 되도록
설계하는 조건에서 축 지름을 구하는 공식으로 마력[PS]과 동력[kW] 단위로
구분한다. 이때 축의 재질은 연강이어야 한다.

Module 010

주요 응력설

핵심**이론**

[최대 주응력설]

최대 인장응력이나 최대 압축응력의 크기가 항복강도보다 클 경우, 재료의 파손이 일어난다는 이론으로 취성 재료의 분리파손과 가장 일치한다.

$$\sigma_{\max} = \frac{1}{2}(\sigma_x + \sigma_y) + \frac{1}{2}\sqrt{(\sigma_x + \sigma_y)^2 + 4\tau_{xy}^2}$$

[최대 전단응력설]

최대 전단응력이 그 재료의 항복전단응력에 도달하면 재료의 파손이 일어난다는 이론. 연성재료의 미끄럼 파손과 일치한다.

$$\tau_{\max} = \frac{1}{2}\sigma_Y = \frac{1}{2}\sqrt{\sigma_x^2 + 4\tau^2}$$

여기서, σ_Y : 항복응력

[전단변형 에너지설]

변형에너지는 전단변형에너지와 체적변형에너지로 구분되는데, 전단변형에너지가 인장 시 항복점에서의 변형에너지에 도달하였을 때 파손된다는 이론. 연성 재료의 파손 예측에 사용한다.

$$\tau_{\max} = \frac{1}{\sqrt{3}}\sigma_Y = 0.577\sigma_Y$$

Module 011

응력집중계수(σ_k)

핵심**이론**

응력집중계수, $\sigma_k = \dfrac{\sigma_{\max}}{\sigma_n}$

여기서, σ_n : 평균응력

[단면의 형상별 응력분포상태]

정상단면	구멍 있는 단면	노치 있는 단면

안심Touch

응력집중계수(σ_k)

균일한 단면에 축 하중이 작용하면 응력의 분포상태는 모든 단면에서 일정하다. 그러나 노치부나 구멍이 있으면 응력의 분포상태는 불균일하게 되며 국부적으로 집중될 수 있는데, 이렇게 집중되는 것을 수치로 나타낸 것으로 최대응력과 평균응력 사이의 비로써 형상계수라고도 한다.

Module 012

세장비

[세장비(λ)]

기둥의 길이 L과 최소 회전 반지름 R과의 비로써 좌굴을 알아보기 위해 사용되며 세장비가 크면 좌굴이 잘 일어난다. 세장비의 크기에 따라 단주와 장주로 구분된다.

$$\lambda = \frac{l(\text{기둥길이})}{k(\text{최소 회전반경})} = \frac{l}{\sqrt{\dfrac{I}{A}}}$$

여기서, A : 기둥의 단면적, I : 관성모멘트(단면 2차 모멘트)

• **단주** : 세장비가 30 이하인 경우
• **장주** : 세장비가 100 이상인 경우
• **좌굴(挫屈, Buckling)** : 꺾일 좌, 굽을 굴, 기둥이 휘는 현상

Module 013

보(Beam)

핵심이론

[보의 종류]

단순보(단순지지보)	내닫이보	연속보(다중지지보)
외팔보	고정보(양단고정보)	고정지지보

[보의 최대 처짐량(δ) 및 최대 처짐각(θ) x값]

보에 작용하는 힘의 종류			
	외팔보 집중하중	외팔보 분포하중	단순보 집중하중
$M_{\max} = x$	Pl	$\dfrac{wl^2}{2}$	$\dfrac{Pl}{4}$
$\delta_{\max} = \dfrac{(P \text{ or } w)\, l^3}{xEI}$	3	$\dfrac{8}{l}$	48
$\theta_{\max} = \dfrac{(P \text{ or } w)\, l^2}{xEI}$	2	$\dfrac{6}{l}$	16
보에 작용하는 힘의 종류			
	단순보 분포하중	고정보 집중하중	고정보 분포하중
$M_{\max} = x$	$\dfrac{wl^2}{8}$	$\dfrac{Pl}{8}$	$\dfrac{wl^2}{12}$
$\delta_{\max} = \dfrac{(P \text{ or } w)\, l^3}{xEI}$	$\dfrac{384}{5l}$	192	$\dfrac{384}{l}$
$\theta_{\max} = \dfrac{(P \text{ or } w)\, l^2}{xEI}$	$\dfrac{24}{l}$	64	$\dfrac{125}{l}$

용어 정의

보(Beam) : 축에 직각 방향의 힘을 받아 주로 휨에 의하여 하중을 지탱하는 구조물

Module 014

좌굴(Buckling)

핵심이론

- 좌굴의 유효길이, $l_e = \dfrac{l}{\sqrt{n}}$

- 좌굴하중, $P_B = n\pi\dfrac{EI}{l}$

  여기서, n : 단말계수, l : 기둥길이, E : 종탄성계수, I : 단면 2차 모멘트

- 단말계수(기둥의 지지방법에 따른 상수값), n

기둥 지지방법	1단 고정, 타단 자유 (고정-자유)	양단 회전 (핀-핀)	1단 고정, 타단 회전 (고정-핀)	양단 고정 (고정-고정)
상수값(n)	$\dfrac{1}{4}$	1	2	4

용어 정의

좌굴(挫屈, Buckling) : 꺾일 좌, 굽을 굴
단면적에 비해 길이가 긴 물체가 축 방향으로 압축력을 받을 때 이 압축력에
의해 가로 방향으로 처짐이 발생하는 현상

Module 015

양단 고정보에 작용하는 응력과 모멘트

핵심이론

- 사각형 단면의 양단 고정보에 힘이 중앙점에 작용할 경우

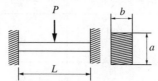

- 최대 굽힘 응력 $\sigma_{\max} = \dfrac{PL}{8} \times \dfrac{6}{bh^2} = \dfrac{6PL}{8bh^2}$

- 최대 굽힘 모멘트 $M_{\max} = \dfrac{PL}{8}$

Module 016

보에 작용하는
반력

핵심이론

[보에 작용하는 반력(R_A, R_B)]

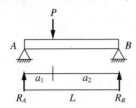

$P - R_A - R_B = 0$

B점을 모멘트(회전력)의 기준점으로 하면,

$R_A \cdot L - P \cdot a_2 + R_B \cdot 0 = 0$

$R_A = \dfrac{P \times a_2}{L}$, $R_B = \dfrac{P \times a_1}{L}$

용어 정의

반력 : 뉴턴의 작용-반작용법칙에 따라 주어진 힘의 반대 방향에서 작용하는 힘

Module 017

생베낭의 원리

핵심이론

막대의 한쪽 끝이 고정되고 다른 끝에 집중하중이 작용할 때, 막대의 양단에서 국부변형이 발생하고 양단에서 멀어질수록 그 효과가 감소된다는 원리(Saint-Venant's Principle)

용어 정의

국부변형
국부(局部)는 전체에서 어느 한 부분을 뜻하며 국부변형은 전체의 일부분만 변형된다는 의미이다.

Module 018

변형량(δ)

> 핵심**이론**

변형량, $\delta = \dfrac{PL}{AE}$

여기서, P : 작용한 하중[N]

　　　　L : 재료의 길이[mm]

　　　　A : 단면적[mm^2]

　　　　E : 세로탄성계수[N/mm^2]

Module 019

변형률

> 핵심**이론**

- **변형률(=인장변형률, 연신율)**

$$\varepsilon = \frac{\text{변형된 길이}}{\text{처음 길이}} = \frac{\triangle l}{l} \times 100\%$$

- **전단변형률(γ)**

$$\gamma = \frac{\triangle \lambda}{l} = \tan\theta$$

여기서, θ = 전단변형각

- **가로변형률(ε') = 단면수축률**

$$\varepsilon' = \frac{\triangle A}{A} = \frac{A_1 - A_2}{A_1} = \frac{\dfrac{\pi d_1^2}{4} - \dfrac{\pi d_2^2}{4}}{\dfrac{\pi d_1^2}{4}} = \frac{d_1^2 - d_2^2}{d_1^2}$$

> 용어 **정의**

- **변형률(=인장변형률, 연신율)**

　재료가 축 방향의 인장하중을 받으면 길이가 늘어나는데 처음 길이에 비해 늘어난 길이의 비율이다.

- **전단변형률(γ)**

　미소의 직사각형 단면이 전단응력을 받아 변형된 각도를 라디안[rad]으로 나타낸 것

Module 020

스프링에 저장된 탄성변형에너지 (U)

핵심이론

• 탄성변형에너지, $U = \dfrac{1}{2}P\delta = \dfrac{1}{2}k\delta^2\,[\mathrm{N \cdot m}]$

$\qquad = \dfrac{1}{2}P\dfrac{PL}{AE}$ 분자와 분모에 A를 곱해 주면,

$\qquad = \dfrac{P^2AL}{2A^2E}$

$\qquad = \dfrac{\sigma^2AL}{2E}$

여기서, P : 작용하중, δ : 변형량, k : 스프링상수, E : 세로탄성계수

• 탄성에너지의 레질리언스 계수, $u = \dfrac{\sigma^2}{2E}$

용어 정의

• 탄성변형에너지(탄성에너지) : 탄성한도 내에서 균일한 봉에 하중이 작용하면 변형되는데, 변형된 상태에서 갖고 있는 에너지이다. 이러한 이유로 변형에너지라고도 한다.
• 레질리언스 계수 : 탄성한도 내에서 에너지의 흡수 능력을 수치로 표현한 것

안심Touch

MEMO

제 **7** 과목

기계설계

Module 40제

공사공단 공기업 전공 [필기]

기계직
필수 이론 600제
(한국사 포함)

600제

(주)시대고시기획
(주)시대교육

www.**sidaegosi**.com

시험정보 · 자료실 · 이벤트
합격을 위한 최고의 선택

시대에듀

www.**sdedu**.co.kr

자격증 · 공무원 · 취업까지
BEST 온라인 강의 제공

제 **7** 과목 기계설계

Module 001

나사의 리드(L)와 피치(p)

- $L = n \times p$

예 1줄 나사와 3줄 나사의 리드(L)

1줄 나사	3줄 나사
$L = np = 1 \times 1 = 1[\text{mm}]$	$L = np = 3 \times 1 = 3[\text{mm}]$

특별한 언급이 없는 한 피치(p)는 1을 적용하면 된다.

용어 정의

- 리드(L) : 나사를 1회전시켰을 때 축 방향으로 이동한 거리
- 피치(p) : 나사산과 바로 인접한 나사산 사이의 거리

Module 002

나사의 풀림방지법

핵심**이론**

[나사의 풀림방지법]
- 철사를 사용하는 방법
- 와셔를 사용하는 방법
- 분할 핀을 사용하는 방법
- 로크너트를 사용하는 방법
- 멈춤나사를 사용하는 방법
- 자동 죔 너트를 사용하는 방법
- 플라스틱 플러그를 사용하는 방법

안심Touch

용어 정의

분할핀 : 핀 전체가 두 갈래로 되어 있어 너트의 풀림방지나 핀이 빠져나오지 않게 하는데 사용된다.

Module **003**

나사의 효율(η)

핵심**이론**

- **사각나사의 효율**

$$\eta = \frac{\text{마찰이 없는 경우의 회전력}}{\text{마찰이 있는 경우의 회전력}} = \frac{pQ}{2\pi T} = \frac{\tan\lambda}{\tan(\lambda + \rho)}$$

- **삼각나사의 효율**

$$\eta = \frac{\text{마찰이 없는 경우의 회전력}}{\text{마찰이 있는 경우의 회전력}} = \frac{pQ}{2\pi T} = \frac{\tan\lambda}{\tan(\lambda + \rho')}$$

여기서, Q= 축방향 하중, λ : 나사의 리드각
p = 나사의 피치, ρ : 나사의 마찰각
T= 토크

용어 정의

삼각나사와 사각나사 : 나사부의 단면 형상이 삼각형 또는 사각형일 경우 그 형상에 따라 명칭이 정해진다.

Module 004

나사를 죄는
힘(P)과 푸는
힘(P')

• 나사를 죄는 힘, $P = Q\tan(\lambda + \rho)$

[나사산을 확대한 형상]

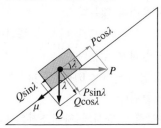

여기서, P : 접선방향으로 가하는 회전력, λ : 나사의 리드각
Q : 축방향으로 작용하는 하중, ρ : 나사의 마찰각
$\tan\rho$: 마찰계수(μ)

[나사를 죌 경우]

• 나사면에 수직한 힘 $= P\sin\lambda + Q\cos\lambda$
• 나사면에 수평한 힘 $= P\cos\lambda + Q\sin\lambda$
• 마찰력(F) $= \mu P$, 마찰계수 $\mu = \tan\rho$
• 수평방향의 힘 $=$ 마찰력 $\times$ 수직방향의 힘
$P\cos\lambda + Q\sin\lambda = \mu(P\sin\lambda + Q\cos\lambda)$
• 위 식을 회전력(P)으로 정리하면

$$P = Q\frac{\mu + \tan\lambda}{1 - \mu\tan\lambda}$$

$$= Q\tan(\lambda + \rho) \text{ 여기에 } \tan\lambda = \frac{p}{\pi d_e}\text{를 적용하면}$$

$$= Q\frac{\mu\pi d_e + p}{\pi d_e - \mu p}$$

• 나사를 푸는 힘, $P' = Q\tan(\rho - \lambda)$

• 죄는 힘 : 고정시키기 위해 공구를 시계방향으로 조이는 힘
• 푸는 힘 : 고정부를 풀기 위해 공구를 반시계 방향으로 돌리는 힘

안심Touch

Module 005

사각나사의 자립조건

[핵심이론]

- 나사가 자립할 조건은 나사를 푸는 힘(P')을 기준으로 구할 수 있다.
[나사를 푸는 힘 $P' = Q\tan(\rho - \lambda)$ 에서]
- P'가 0보다 크면, $\rho - \lambda > 0$이므로 나사를 풀 때 힘이 든다.
　따라서, 나사는 풀리지 않는다.
- P'가 0이면, $\rho - \lambda = 0$이므로 나사가 풀리다가 정지한다.
　따라서, 나사는 풀리지 않는다.
- P'가 0보다 작으면, $\rho - \lambda < 0$이므로 나사를 풀 때 힘이 들지 않는다.
　따라서, 나사는 풀린다.
- 위의 내용을 종합하면 나사의 자립조건은 다음과 같다.

> 나사의 마찰각(ρ) ≧ 나사의 리드각(λ)

[용어 정의]

사각나사의 자립조건(Self Locking Condition): 나사를 죄는 힘을 제거해도 체결된 나사가 스스로 풀리지 않을 조건이다.

Module 006

축 하중 작용 시 볼트 지름(d)

[핵심이론]

[축 하중이 작용할 때 볼트의 지름(d)]

골지름(안지름)	바깥지름(호칭지름)
$d_1 = \sqrt{\dfrac{4Q}{\pi\sigma_a}}$	$d = \sqrt{\dfrac{2Q}{\sigma_a}}$

여기서, Q : 축 하중, σ_a : 허용 인장응력

※ 안전율(S)을 고려하려면 S를 분자에 곱해주면 된다.

$$d_1 = \sqrt{\frac{4QS}{\pi\sigma_a}} \text{ 이다.}$$

[용어 정의]

안전율, $S = \dfrac{\text{극한강도}(\sigma_u)}{\text{허용응력}(\sigma_a)} = \dfrac{\text{인장강도}}{\text{허용응력}}$

Module 007

기어의 지름

핵심**이론**

• 기어의 지름(피치원 지름, $P.C.D = D$)

$$D = m(모듈) \times Z(잇수)$$

• 기어의 바깥지름(이끝원 지름) = P.C.D + 2[m]

• 기어 각부의 명칭

a(어덴덤)	d(디덴덤)	H(이 높이)
$a = m$	$d = 1.25m$	$H = a+d$ $= m+1.25m$ $= 2.25m$

용어 **정의**

• **피치원 지름** : 기어의 지름은 피치원의 지름을 대표 지름으로 사용한다.

• **모듈**(m) : 이의 크기를 나타내는 기준

$$m = \frac{PCD(=D)}{Z}$$

Module 008

원주피치와 지름피치

핵심**이론**

• **원주피치,** $p = \dfrac{\pi D}{Z} = \pi m$

여기서, m : 모듈

• **지름피치,** $p_d = \dfrac{1}{m}[inch]$

$$= \frac{Z}{D[inch]} \times 25.4 \, [mm]$$

용어 **정의**

• **원주피치** : 피치원(P.C.D)의 둘레를 잇수(Z)로 나눈 것

• **지름피치** : 인치(inch) 단위인 피치원(P.C.D) 지름을 잇수(Z)로 나눈 것

Module 009

기어열

핵심이론

[기어열의 속도비(i)]

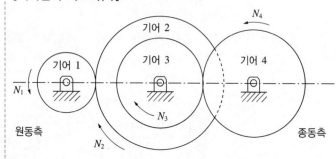

기어열의 속도비, $i = \dfrac{w_{출력}}{w_{입력}} = \dfrac{z_{입력, 기어1}}{z_{출력, 기어2}} \times \dfrac{z_{입력, 기어3}}{z_{출력, 기어4}} = \dfrac{z_1 \times z_3}{z_2 \times z_4}$

여기서, z : 잇수

[속도비(i) 일반식]

$$i = \frac{n_2}{n_1} = \frac{w_2}{w_1} = \frac{D_1}{D_2} = \frac{z_1}{z_2}$$

용어 정의

기어열 : 여러 개의 기어가 하나의 열로 연결되어 운동하는 장치

Module 010

치형곡선

핵심이론

[사이클로이드 치형곡선]

이 선 중 일부가
사이클로이드 곡선이 된다.

[인벌류트 치형곡선]

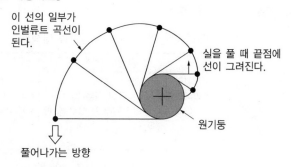

이 선의 일부가
인벌류트 곡선이
된다.

실을 풀 때 끝점에
선이 그려진다.

원기둥

풀어나가는 방향

[인벌류트 치형곡선의 특징]

- 마모가 잘된다.
- 맞물림이 원활하다.
- 이뿌리가 튼튼하다.
- 변형시킨 전위기어를 사용할 수 있다.
- 압력각이 일정할 때 맞물리는 두 기어의 중심거리가 다소 어긋나도 속도 비에 영향이 작다.

용어 정의

- 사이클로이드 곡선(Cycloid Circle) : 평면 위의 일직선상에서 원을 회전시 킨다고 가정했을 때, 원의 둘레 중 임의의 한 점이 회전하면서 그리는 곡선을 기어의 치형으로 사용한 곡선이다. 피치원이 일치하지 않거나 중심거리가 다를 때는 기어가 바르게 물리지 않으며, 이뿌리가 약하다는 단점이 있으나 효율성이 좋고 소음과 마모가 적다는 장점이 있다.
- 인벌류트 치형곡선(Involute Circle) : 원기둥을 세운 후 여기에 감은 실을 풀 때, 실의 끝부분이 그리는 곡선 중 일부를 기어의 치형으로 사용한 곡선이 다. 이뿌리가 튼튼하며 압력각이 일정할 때 중심거리가 다소 어긋나도 속도 비가 크게 변하지 않고 맞물림이 원활하다는 장점이 있으나 마모가 잘된다는 단점이 있다.

Module 011

이의 간섭

핵심이론

[이의 간섭이 발생하는 원인과 대책]

원 인	대 책
• 압력각이 작을 때 • 피니언의 잇수가 극히 적을 때 • 기어와 피니언의 잇수비가 매우 클 때	• 압력각을 크게 한다. • 피니언의 잇수를 최소 잇수 이상으로 한다. • 기어의 잇수를 한계 잇수 이하로 한다. • 치형을 수정한다. • 기어의 이 높이를 줄인다.

용어 정의

이의 간섭 : 한 쌍의 기어가 맞물려 회전할 때, 한쪽 기어의 이 끝이 상대쪽 기어의 이뿌리에 부딪쳐서 회전할 수 없게 되는 간섭 현상으로 이에 대한 대책으로는 압력각(α)을 크게 해야 한다.

Module 012

리 벳

핵심이론

[리벳의 지름(d)]

$$\tau \times \frac{\pi d_{리벳}^2}{4} \times n = \sigma_c \times d_{강판\,구멍지름} \times t_{강판\,두께} \times n_{강판\,수}$$

$$d_{리벳} = \frac{4\sigma_c t}{\pi \tau}\,[\text{mm}]$$

여기서, σ_c : 압축응력, τ : 전단응력

[리벳의 피치(p)]

$$\tau \times \frac{\pi d_{리벳}^2}{4} \times n = \sigma_t \times (p - d_{강판구멍})t$$

$$p = d_{강판구멍} + \frac{\tau \pi d^2 n}{4\sigma_t t}$$

여기서, σ_t : 인장응력

[리벳의 특징]
• 열응력에 의한 잔류응력이 생기지 않는다.
• 경합금과 같이 용접이 곤란한 재료의 결합에 적합하다.

• 리벳이음의 구조물은 영구 결합으로 분해가 되지 않는다.
• 구조물 등에 사용할 때 현장조립의 경우 용접작업보다 용이하다.

용어 정의 ▶

리벳(Rivet) : 판재나 형강을 영구적으로 이음을 할 때 사용되는 결합용 기계요소로 구조가 간단하고 잔류변형이 없어서 기밀을 요하는 압력용기나 보일러, 항공기, 교량 등의 이음에 주로 사용된다. 간단한 리벳작업은 망치도 가능하나, 큰 강도를 요하는 곳을 리벳이음을 하기 위해서는 리베팅 장비가 필요하다.

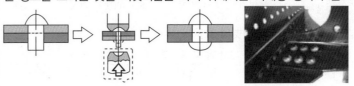

Module 013

리벳에 작용하는 인장응력과 압축응력

핵심이론

• 리벳에 작용하는 인장응력

한 줄 겹치기 이음에서 리벳 구멍 사이가 절단된다는 것은 이 구멍 사이의 단면 부분이 외력에 견디지 못해 파손됨을 의미하므로 응력 계산 시 이 부분이 외력에 대응하는 단면적이 되어야 한다. 따라서 이 부분의 단면적은 $(p-d)t$로 계산이 가능하다.

리벳에 작용하는 인장응력(σ), $\sigma = \dfrac{P}{(p-d)t}$

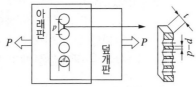

• 리벳에 작용하는 압축응력(σ_c), $\sigma_c = \dfrac{P}{dt}$

용어 정의 ▶

리벳의 종류 및 형상

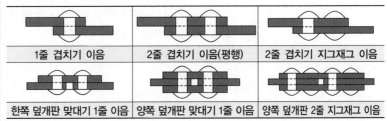

1줄 겹치기 이음	2줄 겹치기 이음(평행)	2줄 겹치기 지그재그 이음
한쪽 덮개판 맞대기 1줄 이음	양쪽 덮개판 맞대기 1줄 이음	양쪽 덮개판 2줄 지그재그 이음

안심Touch

Module 014

리벳이음의
효율(η)

핵심이론

[리벳 강판의 효율(η_t)]

$$\eta = \frac{1\text{피치 내 구멍이 있을 때의 인장력}}{1\text{피치 내 구멍이 없을 때의 인장력}} = \frac{\sigma_t(p-d)t}{\sigma_t pt} = 1 - \frac{d}{p}$$

여기서, d = 리벳 지름, p = 리벳의 피치

[리벳의 효율(η_s)]

$$\eta_s = \frac{1\text{피치 내 리벳이 있는 경우 전단강도}}{1\text{피치 내 리벳이 있는 경우 인장강도}}$$

$$= \frac{\tau \dfrac{\pi d^2}{4} n}{\sigma_t pt} = \frac{\pi d^2 \tau n}{4pt\sigma_t}$$

용어 정의

리벳 강판 : 리벳이 고정하고 있는 철판의 명칭

Module 015

코킹과 풀러링

핵심이론

[코킹(Caulking)]
물이나 가스 저장용 탱크를 리베팅한 후 기밀(기체 밀폐)과 수밀(물 밀폐)을 유지하기 위해 날 끝이 뭉뚝한 정(코킹용 정)을 사용하여 리벳 머리와 판 이음부의 가장자리를 때려 박음으로써 틈새를 없애는 작업

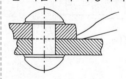

[풀러링(Fullering)]
기밀을 더 좋게 하기 위해 강판과 같은 두께의 풀러링 공구로 재료의 옆 부분을 때려 붙이는 작업

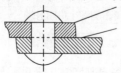

Module 016

키의 전달 강도
순서

핵심**이론**

[키의 전달 강도가 큰 순서]

세레이션 > 스플라인 > 접선키 > 성크키(묻힘키) > 경사키 > 반달키 > 평키(납작키)
> 안장키(새들키)

용어 정의

키(Key) : 서로 다른 기계요소들을 연결해서 동력을 전달할 수 있도록 해 주는
결합용 기계요소

Module 017

스플라인과
세레이션

핵심**이론**

[스플라인(Spline Key)]
축의 둘레에 원주방향으로 여러 개의 키 홈을 깎아 만든 것으로 세레이션
키 다음으로 큰 동력(토크)을 전달할 수 있다. 내구성이 크고 축과 보스와의
중심축을 정확히 맞출 수 있어서 축 방향으로 자유로운 미끄럼 운동이
가능하여 자동차 변속기의 축용 재료로 사용된다.

[세레이션(Serration Key)]
축과 보스에 작은 삼각형의 이를 만들어서 동력을 전달하는 키로, 키(Key)
중에서 가장 큰 힘을 전달한다.

용어 정의

보스 : 축이 끼워지는 하우징(본체)을 말한다.

안심Touch

Module 018

묻힘 키

핵심이론

- 키에 작용하는 전단응력(τ)

$$\tau = \frac{F \text{ or } W}{A} = \frac{F \text{ or } W}{b(\text{키의 폭}) \times l(\text{키의 길이})}$$

- 묻힘 키의 길이(l)

  – 전단응력 고려 시, $\tau = \dfrac{W}{bl} = \dfrac{2T}{bdl}$, $\quad l = \dfrac{2T}{bd\tau}$

  – 압축응력 고려 시, $\sigma_c = \dfrac{2W}{hl} = \dfrac{4T}{hdl}$, $\quad l = \dfrac{4T}{hd\sigma_c}$

- 묻힘 키가 파손되지 않는 길이(l)

$$l = \frac{\pi d^2}{8b}$$

- 묻힘 키가 전단하중만 받을 때 파손되지 않을 키의 길이(L)

$$L = 1.5d$$

- 키의 전달토크, $T = 974,000 \times \dfrac{H_{\text{kW}}}{N} \, [\text{kgf} \cdot \text{mm}]$

용어 정의

성크 키(=묻힘 키, Sunk Key) : 가장 널리 쓰이는 키(Key)로 축과 보스 양쪽에 모두 키 홈을 파서 동력을 전달하는 키이다. 종류에는 평행기와 $\dfrac{1}{100}$ 기울기를 가진 경사 키가 있다.

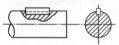

Module 019

구름 베어링과 미끄럼 베어링의 구조

핵심**이론**

[구름 베어링의 구조]

- 내 륜
- 외 륜
- 리테이너
- 볼 또는 롤러

외륜
볼 또는 롤러
리테이너
내륜

[미끄럼 베어링의 구조]

- 윤활부
- 베어링메탈
- 베어링하우징

윤활부
베어링메탈
하우징

용어 **정의**

베어링 : 회전하고 있는 축을 본체(하우징) 내부의 일정한 위치에 고정시키고, 축의 자중과 축에 걸리는 하중을 지지하면서 동력을 전달할 때 사용하는 기계요소이다.

Module 020

미끄럼 베어링과 구름 베어링의 특징

핵심**이론**

미끄럼 베어링	구름 베어링(볼 또는 롤러베어링)
• 가격이 싸다.	• 가격이 비싸다.
• 마찰저항이 크다.	• 마찰저항이 작다.
• 동력 손실이 크다.	• 동력 손실이 적다.
• 윤활성이 좋지 않다.	• 윤활성이 좋은 편이다.
• 진동과 소음이 작다.	• 소음이 있고 충격에 약하다.
• 비교적 큰 하중에 적용한다.	• 비교적 작은 하중에 적용한다.
• 구조가 간단하며 수리가 쉽다.	• 수명이 비교적 짧고 조립이 어렵다.
• 충격값이 구름 베어링보다 크다.	• 너비를 작게 해서 소형화가 가능하다.
• 구름 베어링보다 정밀도가 더 커야 한다.	• 특수강을 사용하며 정밀가공이 필요하다.
• 시동할 때 뿐만 아니라 구동 중에도 구름 베어링에 비해 마찰저항이 크다.	• 표준화된 규격품이 많아서 교환하기 쉽다.

용어 정의

- **구름 베어링** : 베어링과 저널 사이에 볼이나 롤러에 의해서 구름 접촉을 하는 베어링
- **미끄럼 베어링** : 베어링과 저널부가 서로 미끄럼 접촉을 하는 베어링이다.

Module **021**

테이퍼 롤러 베어링

핵심이론

테이퍼 형상의 롤러가 적용된 베어링으로 축방향과 축에 직각인 하중을 동시에 지지할 수 있어서 자동차나 공작 기계용 베어링으로 널리 사용된다.

용어 정의

테이퍼(Taper) : 중심축을 기준으로 원뿔과 같이 양측면의 경사진 형상을 나타내는 용어

Module **022**

베어링 예압
(Preload)

핵심이론

[스러스트 볼 베어링에 예압을 가하는 목적]
- 진동 및 소음을 억제하기 위해
- 고속 회전 시 미끄러짐을 방지하기 위해
- 하중을 받을 때 내부 틈새를 방지하기 위해
- 축의 고유 진동수를 높여 고속회전에도 적용하기 위해
- 축의 흔들림을 억제하여 회전정밀도와 위치결정의 정밀도 향상을 위해

용어 정의

베어링 예압(Preload) : 일반적으로 베어링은 운전 상태에서 약간의 내부 틈새를 주어 사용하는데 용도에 따라서 미리 하중을 가하는 예압을 설정하여 미끄러짐을 방지한다. 그러나 예압을 최대로 설정하면 수명 저하와 이상 발열, 회전 토크 증대 등의 원인이 되므로 목적을 잘 고려하여 예압을 설정해야 한다. 또한 운전속도는 보통 제한속도의 20% 이하로 사용하며, 기본 정격하중의 $\frac{1}{1,000}$ 배로 예압한다.

Module 023

스프링 상수(k)

핵심이론

[원통 코일 스프링의 스프링 상수(k)]

$$k = \frac{P}{\delta} = \frac{P}{\dfrac{8nPD^3}{Gd^4}} = \frac{Gd^4 \cdot P}{8nPD^3} = \frac{Gd^4}{8nD^3} \, [\text{N/mm}]$$

여기서, δ : 스프링 처짐량, D : 스프링 평균 지름, d : 소선의 지름
$\quad\quad\quad n$: 유효감김수, G : 소선의 가로탄성계수

[여러 개의 스프링 조합 시 스프링 상수(k)]

병렬 연결 시	$k = k_1 + k_2$	
직렬 연결 시	$\dfrac{1}{k} = \dfrac{1}{k_1} + \dfrac{1}{k_2}$, k로 정리하면 $k = \dfrac{1}{\dfrac{1}{k_1} + \dfrac{1}{k_2}}$	

용어 정의

스프링 상수(Spring Constant, k) : 탄성계수라고도 하며, 스프링의 강성을 나타내는 척도이다. 스프링에 작용하는 힘을 이 힘에 의해 변화된 길이로 나누어 그 수치를 표시한다.

Module 024

스프링(Spring)

> 핵심**이론**

[스프링의 역할]

- 충격 완화
- 진동 흡수
- 힘의 축적
- 운동과 압력의 억제
- 에너지를 저장하여 동력원으로 사용

[스프링의 최대 전단응력(τ)식 유도하기]

$T = P \times \dfrac{D}{2}$, $T = \tau \times Z_p$를 대입하면

$\tau \times Z_p = \dfrac{PD}{2}$, $Z_p = \dfrac{\pi d^3}{16}$ 을 대입하면

$\tau \times \dfrac{\pi d^3}{16} = \dfrac{PD}{2}$

$\tau = \dfrac{PD}{2} \times \dfrac{16}{\pi d^3}$

$\tau = \dfrac{8PD}{\pi d^3}$

여기서, P : 축 하중, D : 스프링 평균지름, d : 소선의 지름

- 스프링에 작용하는 하중, $P = k \times \delta\,[\mathrm{N}]$

> 용어 **정의**

스프링 : 재료의 탄성을 이용하여 충격과 진동을 완화하는 기계요소

Module 025

아이텔바인 식

> 핵심**이론**

- 아이텔바인 식(장력비), $e^{\mu\theta} = \dfrac{T_t(\text{긴장측 장력}) - mv^2(\text{부가장력})}{T_s(\text{이완측 장력}) - mv^2(\text{부가장력})}$

여기서, $e = 2.718$, 문제에서 장력비를 고려하지 않으면 무시한다.

> 용어 **정의**

아이텔바인 식 : 벨트전동장치에서 벨트와 벨트풀리 사이에서 발생하는 미끄럼에 대한 해석을 위해 고안된 식으로 "긴장측 장력과 이완측 장력 간 차는 최대 전달가능한 회전력"으로 해석한다.

Module 026

압력용기
절단응력

핵심이론

[내압용기가 절단될 때 작용 하중에 따른 응력과 적용 단면적]

구 분	축 방향 절단 시 응력 (축 방향 응력)	원주 방향 절단 시 응력 (원주 방향 응력)
단면적 (A)	$A=\pi dt$	$A=2tL$ 길이 L 두께 t
응 력	$\sigma = \dfrac{PD}{4t}$	$\sigma = \dfrac{PD}{2t}$

용어 정의

• **압력용기(Pressure Vessel)에 작용하는 하중(힘)** : 가스용 봄베나 보일러용 탱크로 사용되는 압력용기(내압용기)는 내압과 외압이 항상 동시에 작용하며, 절단될 때 응력의 작용 방향에 따라 원주 방향 절단과 축 방향 절단으로 나뉜다.
• **원주응력(후프응력)** : 원통의 원주상에 균일하게 분포되어 있는 응력

Module 027

내압을 받는
용기의 강판
두께(t)

핵심이론

[내압을 받는 용기의 강판 두께(t) 구하는 식 유도하기]

$$\sigma_{\max} = \frac{PD}{2t} \leqq \sigma_a$$

$$t \geqq \frac{PD}{2\sigma_a \eta} + C$$

여기서, C : 부식 여유, D : 원통 안지름
  P : 사용압력, η : 리벳이음 효율

• 안전율 고려 시 리벳이음용 내압용기의 두께(t)
$$t = \frac{PDS}{2\sigma_a \eta} + C\,(\text{부식 여유})$$

용어 정의

내압을 받는 용기 : 가스봄베나 공기탱크와 같이 하나로 된 유체의 입·출구 외에 다른 출입구 없이 전부 밀폐된 용기

Module 028

축의 위험속도 (N_c)

핵심이론

[위험속도의 발생원인]

- 축의 중심이 그 단면의 중심선상에 오도록 정확히 가공한다는 것은 매우 어려우므로 보통 약간의 편심이 발생한다.
- 또한 축의 자중이나 하중에 의해서도 편심이 생기는데, 편심이 된 상태에서 축이 고속회전을 하면 원심력에 의해 축에 진동이 생긴다.
- 이때 생긴 진동이 이 축이 가진 고유진동수와 축의 속도가 같아졌을 때 축의 원심력이 축의 저항력을 이겨 결국 축이 파괴에 이르게 되며 이때의 속도가 위험속도가 된다. 따라서 물체의 고유진동은 고속회전하는 기계에는 매우 중요한 문제이다.

[위험속도를 방지하는 방법]

축의 일상적인 사용 회전속도(상용 회전수)는 위험속도로부터 25[%] 이상 떨어진 상태에서 사용하도록 설계 시 고려해야 한다.

- 중앙에 1개의 회전질량을 가진 축의 위험속도(N_c)

$$N_c = \frac{30}{\pi}\omega_c = \frac{30}{\pi}\sqrt{\frac{g}{\delta}} = 300\sqrt{\frac{1}{\delta}}$$

용어 정의

축의 위험속도(N_c) : 축의 고유 진동수와 축의 회전속도가 일치했을 때 진폭이 점차 커져서 축이 위험상태에 놓이게 되어 결국 파괴에 이르게 되는 축의 회전수

Module 029

던커레이 공식

핵심이론

- 던커레이(Dunkerley) 공식에 따른 여러 회전체를 가진 축의 위험속도 (N_C)

$$\frac{1}{N_c^2} = \frac{1}{N_{c1}^2} + \frac{1}{N_{c2}^2} + \frac{1}{N_{c3}^2} + \cdots$$

던커레이 공식 : 각 회전체들을 각각의 축에 부착하였을 때의 고유진동수로부터 축 전체의 1차 고유진동수를 근사적으로 계산하는 방식
축의 1차 고유진동수는 정확한 고유진동수보다 작고 고차의 고유진동수는 1차 고유진동수보다 상당히 크다. 1차 고유진동수보다 낮은 진동수로 회전하는 기계에서 주로 사용한다.

Module **030**

V벨트의 특징

핵심**이론**

[V벨트의 특징]

- 운전이 정숙하다.
- 고속운전이 가능하다.
- 미끄럼이 적고 속도비가 크다.
- 베어링에 작용하는 하중이 비교적 적다.
- 벨트의 벗겨짐 없이 동력전달이 가능하다.
- 바로걸기 방식으로만 동력전달이 가능하다.
- 이음매가 없으므로 전체가 균일한 강도를 갖는다.
- 비교적 작은 장력으로 큰 동력의 전달이 가능하다.

용어 정의

벨트전동 : 원동축과 종동축에 장착된 벨트풀리에 평벨트나 V벨트를 감아서 이 벨트를 동력매체로 하여 원동축에서 동력을 전달받아 종동축으로 힘을 전달하는 감아걸기 전동장치이다.

평벨트   V벨트

Module 031

벨트 전체길이 (L)와 접촉각 (θ)

> 핵심이론

[벨트 전체길이(L)]

- 바로걸기 : $L = 2C + \dfrac{\pi(D_1 + D_2)}{2} + \dfrac{(D_2 - D_1)^2}{4C}$

- 엇걸기 : $L = 2C + \dfrac{\pi(D_1 + D_2)}{2} + \dfrac{(D_2 + D_1)^2}{4C}$

[벨트의 접촉각(θ)]

- 바로걸기 : $\theta_1 = 180 - 2\sin^{-1}\left(\dfrac{D_2 - D_1}{2C}\right)$

$\qquad\qquad \theta_2 = 180 + 2\sin^{-1}\left(\dfrac{D_2 - D_1}{2C}\right)$

- 엇걸기 : $\theta = 180 + 2\sin^{-1}\left(\dfrac{D_2 + D_1}{2C}\right)$

> 용어 정의

바로걸기와 엇걸기

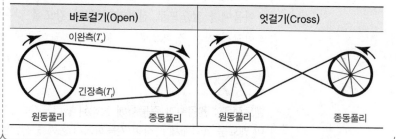

바로걸기(Open)	엇걸기(Cross)
이완측(T_s) 긴장측(T_t) 원동풀리 / 종동풀리	원동풀리 / 종동풀리

Module 032

벨트 유효장력

> 핵심이론

- 벨트의 유효장력, $P_e = T_t(\text{긴장측 장력}) - T_s(\text{이완측 장력})$

- 긴장측 장력, $T_t = \dfrac{P_e\, e^{\mu\theta}}{e^{\mu\theta} - 1}$

  여기서, $P_e = T_e$

- 이완측 장력, $T_s = \dfrac{P_e}{e^{\mu\theta} - 1}$

• 긴장측 : 벨트가 팽팽하게 당겨져서 힘이 작용하며 회전하는 상태
• 이완측 : 벨트가 느슨하게 힘이 작용하며 회전하는 상태

Module 033

체인전동장치

핵심이론

[체인의 속도(v)]

$$v = \frac{pzN}{1,000 \times 60} \ [\mathrm{m/s}]$$

여기서, p: 체인의 피치[mm], z: 스프로킷 잇수
$\qquad N$: 스프로킷 휠의 회전수[rpm]
• 체인의 피치와 스트로킷의 피치는 서로 같다.

[체인전동장치의 특징]
• 유지 및 보수가 쉽다.
• 접촉각은 90[°] 이상이 좋다.
• 체인의 길이를 조절하기 쉽다.
• 내열이나 내유, 내습성이 크다.
• 진동이나 소음이 일어나기 쉽다.
• 축간거리가 긴 경우 고속전동이 어렵다.
• 여러 개의 축을 동시에 작동시킬 수 있다.
• 마멸이 일어나도 전동 효율의 저하가 작다.
• 큰 동력 전달이 가능하며 전동 효율이 90[%] 이상이다.
• 체인의 탄성으로 어느 정도의 충격을 흡수할 수 있다.
• 고속회전에 부적당하며 저속회전으로 큰 힘을 전달하는데 적당하다.
• 전달효율이 크고 미끄럼(슬립)이 없이 일정한 속도비를 얻을 수 있다.
• 초기 장력이 필요 없어서 베어링 마멸이 적고 정지 시 장력이 작용하지 않는다.
• 사일런트 체인은 정숙하고 원활한 운전과 고속회전이 필요할 때 사용되는 체인이다.

• 체인전동장치
  체인을 원동축과 종동축의 스프로킷에 걸어 동력을 전달하는 기계장치

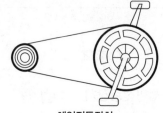

체 인　　　　　스프로킷　　　　체인전동장치

Module **034**

드럼 브레이크의
제동토크(T)

• 드럼 브레이크의 제동토크, $T = P \times \dfrac{D}{2} = \mu Q \times \dfrac{D}{2}$

　여기서, T : 토크
　　　　　P : 제동력($P = \mu Q$)
　　　　　D : 드럼의 지름
　　　　　Q : 브레이크 드럼과 블록 사이의 수직력
　　　　　μ : 마찰계수

• 드럼 브레이크 : 바퀴와 함께 회전하는 브레이크 드럼의 안쪽에 마찰재인
  초승달 모양의 브레이크 패드(슈)를 밀착시켜 제동시키는 장치

Module 035

밴드 브레이크

핵심이론

• 밴드 브레이크의 조작력(F)

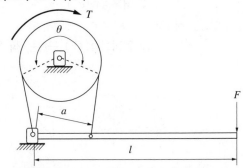

우회전 시 조작력	좌회전 시 조작력
$F = f\dfrac{a}{l} \times \dfrac{1}{e^{\mu\theta}-1}\,[\text{N}]$	$F = f\dfrac{a}{l} \times \dfrac{e^{\mu\theta}}{e^{\mu\theta}-1}\,[\text{N}]$

• 밴드 브레이크의 제동력(f), $f = T_t - T_s = \dfrac{2T}{D}$

• 밴드 브레이크의 장력비($e^{\mu\theta}$), $e^{\mu\theta} = \dfrac{T_t}{T_s}$

• 밴드 브레이크의 동력(H)

$$H = \frac{fv}{1,000} = \frac{\mu P v}{1,000} = \frac{\mu p A v}{1,000}\,[\text{kW}]$$

여기서, A : 밴드와 드럼 사이의 접촉 면적
  p : 압력
  P : 마찰되는 힘

용어 정의

밴드 브레이크 : 브레이크 드럼의 바깥 둘레에 강철 밴드를 감고 밴드의 끝이
연결된 레버를 잡아당겨 밴드와 브레이크 드럼 사이에 마찰력을 발생시켜서
제동력을 얻는 장치

안심Touch

Module 036

맞대기 용접부의 인장하중과 허용응력

핵심이론

• 용접부의 허용응력(σ_a), $\sigma_a = \dfrac{P(W)}{A} = \dfrac{P(W)}{a \times L}$

여기서, a : 목 두께, L : 용접길이

• 용접부의 인장하중(W) 구하는 식 유도

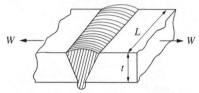

인장응력, $\sigma = \dfrac{F}{A} = \dfrac{F}{t \times L}$ 식을 응용하면

$$\sigma \, [\mathrm{N/mm^2}] = \dfrac{W}{t[\mathrm{mm}] \times L[\mathrm{mm}]}$$

$$W = \sigma \times t \times L \, [\mathrm{N}]$$

용어 정의

용접부 안전설계 : 예를 들어 두께가 다른 모재를 맞대기 용접할 경우 응력 계산 시에는 두 모재 중 작은 두께를 계산식에 적용해야 더 안전한 설계가 가능하다. 따라서 다음 용접물의 경우 t_1을 적용한다.

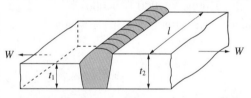

Module 037

유니버설 조인트
(유니버설 커플링)

핵심이론

[유니버설 조인트(Universial Joint)의 특징]

- 유니버설 조인트의 교차 각도는 일반적으로 30[°] 이하로 한다.

- 유니버설 조인트의 속도비, $i\left(=\dfrac{\omega_b}{\omega_a}\right)$는 $\cos\alpha \Leftrightarrow \dfrac{1}{\cos\alpha}$ 을 90[°] 회전

  시마다 반복해서 변화한다.

> **용어 정의**
>
> 유니버설 조인트(Universal Joint) = 유니버설 커플링 : 두 축이 같은 평면 내에 있으면서 그 중심선이 서로 30[°] 이내의 각도를 이루고 교차하는 경우에 사용되며, 훅 조인트(Hook's Joint)라고도 한다. 공작기계나 자동차의 동력전달기구, 압연 롤러의 전동축 등에 널리 쓰인다.

Module 038

클램프 커플링과 플랜지 커플링 전달토크(T)

> **핵심이론**

- **클램프 커플링(=분할 원통 커플링)**

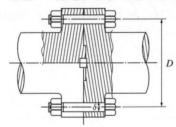

- **클램프 커플링의 전달토크**, $T = \mu\pi P \times \dfrac{D}{2}[\text{N} \cdot \text{mm}]$

$$= \tau_a \times Z_P[\text{N} \cdot \text{mm}], \quad Z_P = \dfrac{\pi D^3}{16}$$

$$= 716,200\dfrac{H_{\text{PS}}}{N}[\text{kgf} \cdot \text{mm}]$$

$$= 974,000\dfrac{H_{\text{kW}}}{N}[\text{kgf} \cdot \text{mm}]$$

여기서, μ : 마찰계수

P : 접촉면 압력에 의해 축을 조이는 힘

D : 축의 지름

- **플랜지 커플링의 전달토크**

$$T = F \times \frac{D_B}{2} \times Z = PA \times \frac{D_B}{2} \times Z [\text{N} \cdot \text{mm}]$$

$$= \tau_B \times A \times \frac{D_B}{2} \times Z [\text{N} \cdot \text{mm}]$$

$$= \tau_B \times \frac{\pi \delta^2}{4} \times \frac{D_B}{2} \times Z [\text{N} \cdot \text{mm}]$$

$$= 716,200 \frac{H_{\text{PS}}}{N} [\text{kgf} \cdot \text{mm}]$$

$$= 974,000 \frac{H_{\text{kW}}}{N} [\text{kgf} \cdot \text{mm}]$$

여기서, τ_B : 볼트의 전단응력[N/mm²]

δ : 볼트의 지름[mm]

Z : 볼트 수

D_B : 볼트 중심을 지나는 플랜지의 피치원지름[mm]

> 용어 정의 >

커플링 : 서로 떨어져 있는 원동축과 종동축을 연결시키는 기계요소로써, 작동 중 분리가 불가능한 축이음 기계요소

Module 039

원추 클러치

> 핵심이론

- **원추 클러치의 접촉면에 수직으로 작용하는 힘[Q]**

$$Q = \frac{P}{\sin\alpha + \mu\cos\alpha} [\text{N}]$$

여기서, P : 축방향으로 미는 힘[N], α : 원추각

- **원추 클러치의 전달토크(T)**

$$T = F \times \frac{D_m}{2} = \mu Q \frac{D_m}{2} [\text{N} \cdot \text{mm}]$$

여기서, F : 클러치에 작용하는 힘[N]

D_m : 평균지름[mm]

μ : 마찰계수

Q : 접촉면에 수직으로 작용하는 힘[N]

• 원추 클러치의 축 방향으로 미는 힘[P] 유도하기

클러치 전달토크(T) $= \mu Q \dfrac{D_m}{2}$ 식에 $Q = \dfrac{P}{\sin\alpha + \mu\cos\alpha}$ 대입하면

$$T = \mu \times \frac{P}{\sin\alpha + \mu\cos\alpha} \times \frac{D_m}{2}$$

$$P = \frac{2T}{\mu P D_m}(\sin\alpha + \mu\cos\alpha)[\text{N}]$$

용어 정의

원추 클러치(Cone Clutch) : 원추의 상부와 하부 지름의 차이를 이용하여 회전속도를 조절하는 축이음요소이다. 접촉면이 원추 형태로 되어 원판 클러치에 비해 마찰 면적이 크므로 축 방향 힘에 대해 더 큰 마찰력을 발생시킬 수 있다. 구동축과 종동축을 동시에 사용하는 경우 회전 속도비를 더욱 크게 할 수 있다.

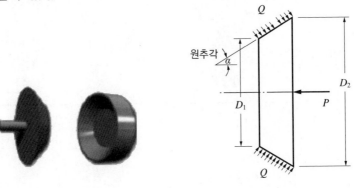

Module 040

원통 마찰차

핵심이론

• 마찰차의 중심거리(C)

$$C = \frac{D_1 + D_2}{2}$$

• 마찰차의 각속도비(i)

$$i = \frac{n_2}{n_1} = \frac{D_1}{D_2}$$

- **마찰차의 최대 전달력(F)**

$$F = \mu P$$

여기서, μ : 마찰계수, P : 밀어붙이는 힘(접촉력)

- **마찰차의 전달 동력(H)**

$$H = \frac{F \times v}{75} \, [\text{PS}]$$

- **마찰차의 회전속도(v)**

$$v = \frac{\pi d n}{1,000 \times 60} \, [\text{m/s}]$$

> 용어 정의

원통 마찰차 : 평행한 두 축 사이에 외접이나 내접하면서 동력을 전달하는 원통형의 바퀴

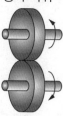

소성가공

Module 20제

공사공단 공기업 전공 [필기]

기계직
필수 이론 600제
(한국사 포함)

600제

(주)시대고시기획
(주)시대교육

www.**sidaegosi**.com

시험정보 · 자료실 · 이벤트
합격을 위한 최고의 선택

시대에듀

www.**sdedu**.co.kr

자격증 · 공무원 · 취업까지
BEST 온라인 강의 제공

제8과목 소성가공

Module 001
가공경화

금속을 가공하거나 소성변형시켜 경도를 증가시키는 방법이다. 소성변형을 많이 하면 경도는 증가하나 연신율과 수축성이 저하되어 외부 충격에 약해진다. 가공경화(Work Hardening) 현상은 철사를 손으로 잡고 구부렸다-폈다를 반복하면 결국에 끊어지는 현상을 말한다.

용어 정의

소성 : 물체에 변형을 준 뒤 외력을 제거해도 원래의 상태로 되돌아오지 않고 영구적으로 변형되는 성질로 가소성이라고도 한다.

Module 002
스프링백
(탄성복원)

핵심이론

재료를 굽힘 가공한 후 외력을 제거했을 때 초기 상태로 복원되려는 성질이다. 물체를 변형시킨 후 물체 내부에 탄성이 어느 정도 남아있느냐에 따라 그 크기가 결정되는데 이는 물체의 복원력에 비례한다. 예를 들어 탄성 영역에서는 모든 재료의 복원력은 100[%]이나 찰흙 반죽은 표면을 누른 후 힘을 제거해도 복원되지 않으므로 스프링 백은 거의 발생하지 않는다.

스프링 백

용어 정의

탄성 : 외력에 의해 변형된 물체가 외력을 제거하면 다시 원래의 상태로 되돌아 가려는 성질

Module **003**

냉간압연과 열간압연

핵심**이론**

[냉간압연과 열간압연의 차이점]

냉간압연	열간압연
얇은 판(박판)이나 마무리 작업에 이용	치수가 큰 제품이나 주조 조직 개선 시 이용
동력소모가 크다.	동력소모가 작다.
변형저항이 크다.	변형저항이 작다.
열간에 비해 가공 시간이 길다.	가공 시간이 짧다.
가공 표면이 깨끗하다.	가공 표면이 산화되어 매끈하지 않다.
치수가 비교적 정확하다.	냉각 시 수축으로 인해 정밀도가 떨어진다.
가공경화 현상으로 강도 및 경도 증가	가공경화 현상이 발생하지 않는다.
조직의 방향성이 생겨 2차 가공 시 주의 필요	조직의 방향성이 생기지 않는다.

[압연가공의 공통적인 특징]
• 절삭가공에 비해 재료를 경제적으로 사용한다.
• 전체적으로 품질이 균일한 제품을 얻을 수 있다.

용어 정의

• **열간압연** : 재료의 소성되는 정도가 커서 작은 동력으로 변형을 크게 할 수 있다.
• **냉간압연** : 큰 동력이 필요하나 치수가 정밀하고 표면이 매끄러운 제품을 만들 수 있으며, 특히 가공경화가 되어 기계적 강도를 증가시킬 수 있다.

Module **004**

연속주조법

핵심**이론**

[연속주조법의 특징]
• 열의 이용률이 높다.
• 균일한 결정조직을 얻을 수 있다.
• 공정 자동화가 가능하여 생산성이 높다.
• 냉각속도가 빨라서 결함 및 편석이 미세하다.
• 주형 안으로 용탕이 연속으로 공급되므로 수축공의 발생이 적다.

연속주조법 : 제선공정과 제강공정을 거쳐 만들어진 용강(Molton Steel)을 주형에 넣고 강괴를 만든 다음, 연속하는 롤러장치인 연속주조기를 통과시켜 슬래브나 블룸, 빌릿을 만드는 제조법이다. 순차적으로 생산하므로 제품의 외관이 좋으며 대량생산이 가능하다.

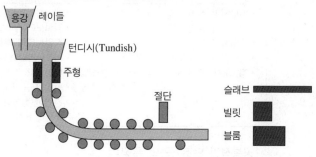

Module 005

전조가공

[전조가공의 특징]
- 강인한 조직을 얻을 수 있다.
- 가공속도가 빨라서 대량생산에 적합하다.
- 나사가공이나 기어 제작에도 사용이 가능하다.
- 절삭 칩이 발생하지 않아 표면이 깨끗하고 재료의 소실이 거의 없다.

전조가공(Form Rolling) : 두 개 또는 그 이상의 다이나 롤러 사이에 재료나 공구, 또는 재료와 공구를 함께 회전시켜 재료 내・외부에 공구의 표면 형상을 새기는 특수 압연법이다.

안심Touch

Module 006

자유단조와
형단조

핵심이론

[자유단조와 형단조의 차이점]

자유단조	형단조
• 에너지가 적게 든다. • 정밀도가 떨어진다. • 작업속도가 느리다. • 간단한 제품 제작에 적합하다. • 정밀하지 않은 제품의 소량 생산에 적합하다.	• 에너지가 많이 든다. • 정밀도가 우수하다. • 작업속도가 빠르다. • 자유단조보다 복잡한 제품 제작이 가능하다. • 다이 제작비가 많이 든다. • 정밀 제품의 대량 생산에 적합하다. • 강인한 섬유상 조직을 얻을 수 있다. • 주물에 비해 강도가 크고 표면이 매끄럽다.

[공통적인 단조가공의 특징]

• 비행기 착륙기어나 크랭크축 등 응력을 크게 받는 제품 제작에 사용한다.
• 단조 횟수가 많을수록 결정입자가 압착된 섬유상 조직이 되어 인성과
강도가 우수하다.

용어 정의

단조가공 : 기계나 다이를 이용하여 재료에 충격을 가해 제품을 만드는 가공법
으로 주조 시 강괴에 발생한 편석이나 기공, 과대조직과 내부 결함 등을 압착
시켜 결정입자를 미세화하여 강도와 경도, 충격값을 상승시킨다.

Module 007

프레스가공

핵심이론

[프레스가공의 특징]

• 자동화가 가능하다.
• 가공속도가 빠르다.
• 다이 제작비가 비싸다.
• 품질이 비교적 균일하다.
• 고도의 숙련을 요하지 않는다.
• 치수가 정확해서 정밀도가 높다.
• 대형 제품의 대량 생산에 적합하다.
• 가공 시간과 노력이 상대적으로 적게 든다.
• 재료의 사용률이 높아서 버려지는 양이 적다.

[프레스가공의 분류]

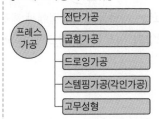

용어 정의

프레스가공 : 프레스 기계를 이용하여 펀치나 다이(금형)로 판재에 인장이나 압축, 전단, 굽힘 응력을 가해서 소성 변형시켜 원하는 형상의 제품을 만드는 가공법. 기계화된 판금 가공으로 치수가 정밀하고 제품의 대량 생산에 적합하지만 다이 제작비가 비싼 단점이 있다.

Module **008**

금형가공의 불량현상

핵심**이론**

[플로마크 현상]
딥 드로잉 가공에서 성형품의 측면에 나타나는 외관 결함으로 성형재료의 표면에 유동 궤적을 나타내는 줄무늬가 생기는 불량이다.

[플래시 현상]
금형에서 주입부 외의 부분인 파팅 라인(Parting Line), 이젝터 핀(Ejector Pin) 등의 틈새에서 용융된 플라스틱이 흘러 나와 고화되거나 얇은 조각의 수지가 생기는 불량으로 금형의 접합부에서 발생하는 성형불량이다. 이를 방지하기 위해서는 금형 자체의 밀착성을 좋게 하도록 체결력을 높여야 한다.

[제팅 현상]
게이트에서 공동부(캐비티, Cavity)에 분사된 수지가 끈 모양의 형태로 고화되어 성형품의 표면에 꾸불거리는 모양으로 나타나는 불량이다.

[싱크마크 현상]
냉각속도가 큰 부분의 표면에 오목한 형상이 발생하는 불량이다. 이 결함을 제거하려면 성형품의 두께를 균일하게 하고, 러너와 게이트를 크게 하여 금형 내의 압력이 균일하도록 해야 한다. 또한 성형온도를 낮게 하며 두께가 두꺼운 위치에 게이트를 설치하여 성형온도를 낮추어 준다.

[웰드마크현상]

플라스틱 성형 시 흐르는 재료들의 합류점에서 재료의 융착이 불완전하여
나타나는 줄무늬 모양의 얼룩이며, 웰드라인이라고도 한다.

> **용어 정의**
>
> 게이트
> 금형 안으로 용탕을 주입하는 부분

Module 009

펀칭과 블랭킹

> **핵심이론**

[펀칭(Punching)]

판재를 펀칭으로 절단하고 남은 부분이 제품이 되는 가공. 잘린 부분은
스크랩이다.

[블랭킹(Blanking)]

프레스 가공의 일종으로 펀치와 다이를 이용해서 판금할 재료로부터 제품
의 외형을 따내는 작업이다. 따낸(잘린) 부분이 제품이므로 재료 손실이
커서 비효율적이다.

> **용어 정의**
>
> 스크랩 : 버리는 부분

Module 010

인발가공

> **핵심이론**

[인발가공의 특징]
- 가공 공정이 많다.
- 가공속도가 느리다.
- 압연과 압출가공에 비해 비경제적이다.
- 큰 소재보다 중간 가공된 소재를 사용한다.
- 다이 형상에 따라 다양한 제품을 제작할 수 있다.

• 압출이나 압연으로 힘든 가는 선재가공에 필수적인 가공법이다.
• 상온에서 가공하는 냉간인발은 가는 굵기의 선재를 가공할 때 큰 동력이
  소요되지 않는다.

> **용어 정의**
>
> **인발가공** : 다이 구멍 안에 있는 금속 재료를 구멍 밖으로 잡아 당겨 단면적을
> 줄이면서 선이나 봉, 관 등의 제품을 뽑아내는 가공법이다. 재료의 인장력을
> 이용하는데 주로 상온에서 점진적으로 제품의 단면을 줄이는 방법으로 사용
> 된다.

 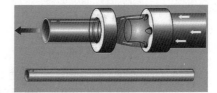

Module 011

압연가공 제품의 결함

> **핵심이론**

[두께결함]
압연가공의 대표적인 결함으로 롤의 휨으로 인해 판재의 중앙부분과 가장
자리의 두께가 다르게 만들어지는 결함으로 롤의 열처리를 확실하게 한
것을 사용해야 한다.

[넓이결함]
압연가공 후 너비가 넓어지는 불량으로 옆면에 수직 롤을 세우면 방지할
수 있다.

[표면결함]
• **웨이브에지** : 롤 휨에 의한 불량으로 가장자리가 물결모양이다. 롤의
  강도를 조절하거나 열처리된 롤을 사용한다.

• **지퍼크랙** : 재료의 연성이 좋지 않을 경우 중앙부가 일정 간격으로 패이는
  형상으로 롤의 속도를 조절하면 된다.

• 에지크랙 : 재료의 연성이 좋지 않을 경우 가장자리에 균열이 생기거나 파이는 불량이다.

[얼리게이터링(Alligatoring)]
판재의 끝 부분에서 갈라지는 불량으로 슬래브를 압연하거나 합금재료를 압연할 때 발생한다.

용어 정의

압연가공(Rolling)

소성 변형이 비교적 잘되는 금속재료를 두 개 또는 그 이상의 롤러 사이를 통과시켜 판재나 형재, 관재 등의 제품을 만드는 가공법이다. 강괴(잉곳)나 연속 주조로 만들어진 재료가 롤러로 압착됨으로써 불안정했던 내부 조직이 파괴되고 내부 기공도 압착되어 균일하고 미세한 조직으로 바뀜으로 인해 치수 정밀도가 좋은 제품을 대량으로 생산할 수 있어 최근 산업체에서 많이 사용하고 있다.

Module 012

압연가공의
압하량과 압하율

핵심이론

[압연가공]

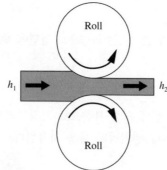

• 압하량 $= h_2 - h_1$

• 압하율 $(r) = \dfrac{h_1 - h_2}{h_1} \times 100\,[\%]$

※ $h_1 = $ 처음 두께, $h_2 = $ 나중 두께

용어 정의

압연가공의 가공도 : 압하량이나 압하율로 표시한다.

Module 013
굽힘가공

핵심이론

[굽힘 가공의 종류]

- **컬링(Curling)**
  얇은 판재나 드로잉 가공한 용기의 테두리를 프레스 기계나 선반으로 둥글게 마는 가공법으로 가장자리의 강도를 높이는 동시에 미관을 좋게 한다.
- **플랜징(Flanging)**
  금속 판재의 모서리를 굽히는 가공법으로 2단 펀치를 사용하여 판재에 작은 구멍을 낸 후 구멍을 넓히면서 모서리를 굽혀 마무리를 짓는 가공법이다.
- **비딩(Beeding)**
  판재의 끝 부분에 다이를 이용해서 일정 길이의 돌기부를 만드는 가공법이다.
- **헤밍(Hemming)**
  판재의 끝부분을 접어서 포개는 가공법
- **롤 성형(Roll Forming)**
  길이가 긴 판재를 대량으로 굽힐 때 사용하는 가공법으로 약 1.5[m/s]의 속도로 금속 판재를 통과시켜 점차적으로 굽히는데, 열간 및 냉간가공이 모두 가능하며 자동차 빔이나 범퍼 등의 가공에 사용된다.

용어 정의

굽힘가공 : 길이가 길고, 너비가 좁은 판재나 관, 봉 재료를 굽혀서 원하는 형상으로 굽혀서 변형시키는 가공법이다.

Module 014
로터리 스웨이징

핵심이론

다이를 회전시키면서 봉이나 관, 선재의 지름을 감소시키면서 원통형의 제품을 제작하는 단조 가공법이다.

용어 정의

다이 : 가공할 재료를 고정시키고 있는 형틀

안심Touch

Module 015

엠보싱과 코이닝

핵심이론

[엠보싱]
얇은 판재를 서로 반대 형상으로 맞물리게 만들어진 펀치와 다이 사이에 넣고 가압하여 성형시키는 가공법으로 주로 올록볼록한 형상의 제품 제작에 사용한다.

[코이닝]
펀치와 다이 표면에 새겨진 모양을 판재에 각인하는 프레스 가공법으로 압인가공이라고도 한다. 주로 주화나 메탈 장식품을 만들 때 사용한다.

Module 016

배럴링과 업세팅

핵심이론

[배럴링과 업세팅의 차이점]

*소재의 옆면이 볼록한 모양의 명칭 = 배럴링		정상(Upsetting)
배럴링 현상을 없애는 방법 • 다이를 예열한다. • 윤활제를 사용한다.	배럴링 (Barreling)	

용어 정의

업세팅(Upsetting, 눌러붙이기)
단조의 가장 기본이 되는 작업으로 원기둥 형상의 재료를 상하로 위치한 다이 사이에 놓고 압축시켜 소재의 길이를 줄이고 지름을 크게 만드는 가공법이다. 업세팅은 재료의 조직을 미세화하고 강인한 섬유상 조직을 얻을 수 있어서 큰 강도가 필요한 기계부품 제작에 주로 사용된다.

Module 017
압출가공

핵심이론

[압출가공의 특징]
• 작업 공정을 단순화시킬 수 있다.
• 중간 소재를 다량으로 생산할 수 있다.
• 압연가공이 어려운 관재나 이형의 단면재 가공에 사용된다.

[압출가공에 영향을 미치는 요소]
• 압출비   • 압출방법   • 압출온도
• 변형속도   • 마찰력

용어 정의

압출가공(Extrusion)
선재나 관재, 여러 형상의 단면재를 제조할 때 가열된 재료를 용기 안에 넣고 램이나 플런저로 재료를 높은 압력으로 다이 구멍 쪽으로 밀어내면 재료가 다이를 통과하면서 제품이 만들어지는 소성 가공법

Module 018
드로잉 가공

핵심이론

[드로잉 가공의 종류]
• **아이어닝(Ironing)**
  딥드로잉된 컵 형상의 판재 두께를 균일하게 감소시키는 프레스 가공법으로 아이어닝 효과라고도 한다. 제품 용기의 길이를 보다 길게 하는 장점이 있으나 지나친 아이어닝 가공은 제품을 파단시킬 수 있다.
• **스피닝가공(Spinning)**
  선반의 주축에 제품과 같은 형상의 다이를 장착한 후 심압대로 소재를 다이와 밀착시킨 후 함께 회전시키면서 강체 공구나 롤러로 소재의 외부를 강하게 눌러서 축에 대칭하는 원형의 제품을 만드는 박판(얇은 판) 성형 가공법이다. 탄소강 판재로 이음매 없는 국그릇이나 알루미늄 주방용품을 소량 생산할 때 사용하는 가공법으로 보통 선반과 작업방법이 비슷하다.

- **하이드로포밍(Hydro-forming)**

　강관이나 알루미늄 압축 튜브를 소재로 사용하며, 내부에 액체를 넣고 강한 압력을 가하여 복잡한 형상의 제품을 성형하는 제조방법이다.

- **딥드로잉 가공(Deep Drawing Work)-오므리기 가공**

　평판에서 이음부 없이 중공 용기를 만드는 대표적인 굽힘 성형법이다.

> **용어 정의**
>
> **드로잉 가공**
> 비교적 편평한 철판을 다이 위에 올린 후 펀치로 눌러 다이 내부로 철판이 들어가게 함으로써 밥그릇이나 컵과 같이 이음매 없는 중공의 용기를 만드는 가공법으로 제품 표면에 균열이나 주름이 없는 성형가공법이다.

Module 019

솔기결함
(=심결함)

> **핵심이론**
>
> 재료의 길이방향으로 발생되는 흠집이나 자국으로 인발가공에서 발생되는 결함이다.
>
>

Module 020

만네스만 강관 제조법

핵심이론

강관(Steel Pipe)을 제조하는 방법은 주조나 단조, 압연, 인발 및 압출가공 등 다양하며, 이 방법 중 압연에 의한 이음매 없는 강관을 제조하는 것이 만네스만 강관 제조법이다.

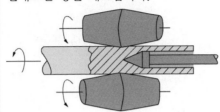

용어 정의

만네스만(Mannesmann) 강관 제조법

속이 찬 빌릿이나 봉재에 1,200[℃]의 열을 가한 후 2개의 롤러에 재료를 물려 넣으면 재료 내부에 인장력이 작용하여 중심부에 구멍(공극)이 생기는데 이 구멍에 맨드릴(심봉)을 내밀어서 원하는 크기와 두께의 강관을 제조하는 방법

안심Touch

제 **9** 과목

기계제도

Module 10제

공사공단 공기업 전공 [필기]

기계직
필수 이론 600제
(한국사 포함)

600제

(주)시대고시기획
(주)시대교육

시대에듀

www. **sidaegosi**.com

www. **sdedu**.co.kr

시험정보 · 자료실 · 이벤트
합격을 위한 최고의 선택

자격증 · 공무원 · 취업까지
BEST 온라인 강의 제공

제 **9** 과목

기계제도

Module **001**

제도용지의 크기

핵심**이론**

[제도용지의 크기]

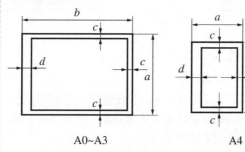

A0~A3   A4

용지의 크기		A0	A1	A2	A3	A4
a × b (세로×가로)		841×1,189	594×841	420×594	297×420	210×297
도 면 윤 곽	c(최소)	20	20	10	10	10
	d (최소) 철하지 않을 때	20	20	10	10	10
	철할 때	25	25	25	25	25

※ A0의 넓이 = $1[\text{m}^2]$

• 도면을 철할 때 윤곽선은 왼쪽과 오른쪽이 용지 가장자리에서 띄는 간격이 다르다.

• 제도용지의 세로와 가로의 비는 $1 : \sqrt{2}$ 이며, 복사한 도면은 A4 용지로 접어서 보관한다.

용어 **정의**

• **제도용지** : 도면을 제작할 때 사용하는 용지로 우리나라는 A계열을 사용한다.

• **윤곽치수** : 바퀴 윤, 둘레 곽, 제도용지에서 도면영역을 표시하기 위한 구역을 나타내는 사각의 테두리선으로 그 치수는 도면의 크기에 따라 다르다.

Module 002

국가별 산업표준
기호

핵심이론

국 가		기 호
한 국	KS	Korea Industrial Standards
미 국	ANSI	American National Standards Institutes
영 국	BS	British Standards
독 일	DIN	Deutsches Institute fur Normung
일 본	JIS	Japanese Industrial Standards
프랑스	NF	Norme Francaise
스위스	SNV	Schweitzerish Norman Vereinigung

용어 정의

국가별 산업표준
한 국가는 자신의 나라 산업현장에서 준수해야 할 기술 표준을 정하고 있다.
한 국가에서 다른 나라로 물건을 수출할 경우, 해당 나라의 표준 규격인 산업
표준을 맞추어야 한다.

Module 003

한국산업규격
(KS)

핵심이론

• **한국산업규격(KS)의 부문별 분류기호**

분류기호	KS A	KS B	KS C	KS D	KS E	KS F
분 야	기 본	기 계	전 기	금 속	광 산	건 설
분류기호	KS I	KS Q	KS R	KS V	KS W	KS X
분 야	환 경	품질경영	수송기계	조 선	항공우주	정 보

용어 정의

한국산업표준 : KS(Korea Industrial Standards)
산업표준화법에 근거하여 산업표준심의회의를 거쳐서 국가기술표준원장 및
소관부처의 장이 고시한다. 1962년 대략 3,000종의 국가표준을 시작으로 현
재까지 운용되며, WTO/TBT협정과 APEC/SCSC에서의 권고에 따라 국제표
준과 대응되는 표준의 경우 준용하여 운영하고 있다.

Module 004
척 도

• **척도의 종류**

종 류	의 미
축 척	실물보다 작게 축소해서 그리는 것으로 1:2, 1:20의 형태로 표시
배 척	실물보다 크게 확대해서 그리는 것으로 2:1, 20:1의 형태로 표시
현 척	실물과 동일한 크기로 1:1의 형태로 표시

A : B = 도면에서의 크기 : 물체의 실제크기
예 축적 - 1:2, 현척 - 1:1, 배척 - 2:1

용어 정의

척도 : 도면상의 길이와 실제 길이와의 비를 말한다.

Module 005
KS 재료기호

핵심이론

[일반 구조용 압연강재(SS400의 경우)]
• S : Steel
• S : 일반 구조용 압연재(general Structural purposes)
• 400 : 최저 인장강도 400[N/mm^2]

[기계 구조용 압연강재(SM45C의 경우)]
• S : Steel
• M : 기계 구조용(Machine structural use)
• 45C : 평균 탄소함유량

[탄소강 단강품(SF490A의 경우)]
• SF : carbon Steel Forging for general use
• 490 : 최저인장강도 490[N/mm^2]
• A : 어닐링, 노멀라이징 또는 노멀라이징 템퍼링을 한 단강품

[기타 KS 재료기호]

명 칭	기 호	명 칭	기 호
다이캐스팅용 알루미늄합금	ALDC1	리벳용 원형강	SV
회주철품	GC	탄화텅스텐	WC
열간압연 연강판 및 강대(드로잉용)	SPHD	냉간압연 강판 및 강대(일반용)	SPCC
배관용 탄소 강판	SPP	드로잉 용 냉간압연 강판 및 강대	SPCD
스프링용강	SPS	고속도 공구강재	SKH
탄소강 단조품	SF	일반구조용 압연강재	SS
피아노선재	PWR	탄소공구강	STC
보일러 및 압력 용기용 탄소강	SB	합금공구강(냉간금형)	STD
보일러용 압연강재	SBB	합금공구강(열간금형)	STF
보일러 및 압력용기용 강재	SBV	일반구조용 탄소강관	STK
탄소강 주강품	SC	기계구조용 탄소강관	STKM
기계구조용 탄소강재	SM	합금공구강(절삭공구)	STS
용접 구조용 압연강재	SM 표시 후 A, B, C 순서로 용접성이 좋아짐		

> **용어 정의** ▷
>
> **재료기호** : 상용 제품으로 사용되는 금속 재료들은 고유의 재료기호를 갖는다. 재료기호에는 합금되는 성분과 종류에 따라 그 표기 방법도 달라진다.

Module 006

가공방법의 기호

핵심이론

기 호	가공방법	기 호	가공방법
L	선 반	FS	스크레이핑
B	보 링	G	연 삭
BR	브로칭	GH	호 닝
C	주 조	GL	래 핑
CD	다이캐스팅	GS	평면 연삭
D	드 릴	M	밀 링
FB	브러싱	P	플레이닝
FF	줄 다듬질	PS	절단(전단)
FL	래 핑	SH	기계적 강화
FR	리머다듬질		

Module 007

베어링의
안지름번호

핵심이론

[볼 베어링의 안지름번호]

베어링 호칭번호의 앞 2자리를 제외한 뒤의 숫자를 확인하여 확인할 수 있다.

예 베어링 호칭번호가 6205인 경우

- 6 : 단열홈 베어링
- 2 : 경하중형
- 05 : 베어링 안지름번호 – 05 × 5=25[mm]

[베어링의 호칭번호 순서]

형식번호	치수기호	안지름번호	접촉각 기호	실드기호	내부틈새 기호	등급기호
1 : 복렬 자동조심형 2,3 : 상동(큰너비) 6 : 단열홈형 7 : 단열앵귤러 콘택트형 N : 원통 롤러형	0,1 : 특별경하중 2 : 경하중형 3 : 중간형	1~9 : 1~9[mm] 00 : 10[mm] 01 : 12[mm] 02 : 15[mm] 03 : 17[mm] 04 : 20[mm] 04부터 5를 곱한다.	C	Z : 한쪽 실드 ZZ : 안팎 실드	C2	무기호 : 보통급 H : 상급 P : 정밀등급 SP : 초정밀급

용어 정의

베어링 호칭번호 : KS규격에는 베어링을 기재할 때의 순서는 위 표와 같이 규정하고 있다.

Module 008

치수 보조 기호

핵심이론

기 호	구 분	기 호	구 분
ϕ	지 름	p	피 치
Sϕ	구의 지름	$\overset{\frown}{50}$	호의 길이
R	반지름	$\underline{50}$	비례척도가 아닌 치수
SR	구의 반지름	50	이론적으로 정확한 치수
□	정사각형	(50)	참고 치수
C	45[°] 모따기	~~50~~	치수의 취소(수정 시 사용)
t	두 께		

용어 정의

치수 보조 기호 : 치수 앞에 추가하여 치수를 명확히 나타낸다. 예를 들어 반지름 30을 "R30"으로 간략히 표현할 수 있다.

Module 009

선의 종류

핵심이론

• 가공면이 평면임을 표시할 때는 가는 실선을 이용하여 다음과 같이 표현한다.

• 두 종류 이상의 선이 중복되는 경우, 선의 우선순위

숫자나 문자 > 외형선 > 숨은선 > 절단선 > 중심선 > 무게 중심선 > 치수 보조선

• 굵은 1점 쇄선(—·—·—)
  특수한 가공이나 특수 열처리가 필요한 부분 등 특별한 요구사항을 적용
  할 범위를 표시할 때 사용한다.

용어 정의

선의 굵기 : 도면상에는 선의 굵기를 달리 나타내어 그 종류를 표시한다. 가는
선, 굵은 선, 아주 굵은 선의 비율을 1 : 2 : 4로 규정하여 같은 도면 내에서는
같은 굵기의 선을 사용하도록 한다.

Module 010

**제1각법과
제3각법**

핵심이론

• 투상도 배치

제1각법	제3각법
저면도 우측 면도 정면도 좌측 면도 배면도 평면도	평면도 좌측 면도 정면도 우측 면도 배면도 저면도

• 제1각법과 제3각법에서 서로 위치가 바뀌지 않는 투상도 : 정면도, 배면도

용어 정의

• 제1각법 : 투상면을 물체의 뒤에 놓는 투상법으로 위치는 "눈 → 물체 → 투상면"순이다.
• 제3각법 : 투상면을 물체의 앞에 놓는 투상법으로 위치는 "눈 → 투상면 → 물체"순이다.

MEMO

안전(산업안전 · 전기) 기타

Module 20제

제 **10** 과목

안전(산업안전 · 전기) 기타

Module 001

안전율(S)

> 핵심**이론**

- $S = \dfrac{극한강도(\sigma_u)}{허용응력(\sigma_a)} = \dfrac{인장강도}{허용응력}$

- 연강재의 안전하중값

  정하중 : 3, 동하중(일반) : 5, 동하중(주기적) : 8, 충격 하중 : 12

> 용어 **정의**

안전율 : 외부의 하중에 견딜 수 있는 정도를 수치로 나타낸 것으로 영문 S로 나타낸다.

Module 002

응급처치

> 핵심**이론**

[응급처치의 구명 4단계]

- **1단계-기도유지** : 질식을 막기 위해 기도 개방 후 이물질 제거하고, 호흡이 끊어지면 인공호흡을 한다.
- **2단계-지혈** : 상처 부위의 피를 멈추게 하여 혈액 부족으로 인한 혼수상태를 예방한다.
- **3단계-쇼크방지** : 호흡곤란이나 혈액 부족을 제외한 심리적 충격에 의한 쇼크를 예방한다.
- **4단계-상처의 치료** : 환자의 의식이 있는 상태에서 치료를 시작하며, 충격을 해소시켜야 한다.

[응급처치 시 유의사항]

- 충격방지를 위하여 환자의 체온유지에 노력하여야 한다.

안심Touch

• 의식불명 환자에게 물 등 기타 음료수를 먹이지 말아야 한다.
• 응급 의료진과 가족에게 연락하고 주위 사람에게 도움을 청해야 한다.
• 긴급을 요하는 환자가 2인 이상 발생 시 대출혈, 중독 환자부터 처치해야
 한다.

용어 정의 ▶

응급처치(First Aid) : 갑작스럽게 발생한 외상이나 질환을 처치하는 최소한
의 치료

Module **003**

화재의 종류 및
소화기

핵심이론 ▶

[화재의 종류 및 사용 소화기]

분 류	A급 화재	B급 화재	C급 화재	D급화재
명 칭	일반(보통) 화재	유류 및 가스 화재	전기 화재	금속 화재
가연물질	나무, 종이, 섬유 등의 고체 물질	기름, 윤활유, 페인트 등의 액체 물질	전기설비, 기계 전선 등의 물질	가연성 금속 (Al분말, Mg분말)
소화효과	냉각 효과	질식 효과	질식 및 냉각효과	질식 효과
표현색상	백 색	황 색	청 색	–
소화기	물 분말소화기 포(포말)소화기 이산화탄소소화기 강화액소화기 산, 알칼리소화기	분말소화기 포(포말)소화기 이산화탄소소화기	분말소화기 유기성소화기 이산화탄소소화기 무상강화액소화기 할로겐화합물소화기	건조된 모래 (건조사)
사용불가능 소화기			포(포말)소화기	물 (금속가루는 물과 반응하여 폭발의 위험성이 있다)

용어 정의 ▶

• **무상강화액소화기** : 화재 진압 시 무상(안개모양)으로 뿌리기 때문에 전기화
 재에 사용이 가능하다.
• **포소화기(포말소화기)의 소화재인 "포"** : 액체이므로 감전의 위험이 있어서
 전기 화재에는 사용이 불가능하다.

Module 004
화상과 상처

핵심이론

[화상의 등급]

1도 화상	뜨거운 물이나 불에 의해 표피만 가볍게 데인 화상으로 붉게 변하고 따가운 상태
2도 화상	표피 안의 진피까지 화상을 입은 경우 물집이 생기는 상태
3도 화상	표피나 진피, 피하지방까지 화상을 입어 표피가 벗겨지면서 매우 심한 상태

[상처의 종류]

- 찰과상 : 마찰에 의해 피부의 표면에 입는 외상이며, 긁힌 상처라고도 한다. 넘어지거나 물체에 긁힐 경우 주로 발생한다. 피부의 진피까지 상처를 입으면 출혈이 크다.
- 타박상 : 외부의 충격이나 부딪침에 의해 피부 조직과 근육 등에 손상을 입어 통증이 발생되며 피부에 출혈과 부종이 보이는 경우
- 화상 : 뜨거운 물이나 불, 화학물질에 의해 피부나 피부의 내부 조직이 손상된 현상
- 출혈 : 혈관의 손상에 의해 혈액이 혈관 밖으로 나오는 현상

용어 정의 ▶

표피(表皮) : 겉 표, 가죽 피, 피부의 상피조직

Module 005
산업안전보건법

핵심이론

- 산업안전보건법에 따른 안전 · 보건표지의 색채 및 용도

색 상	용 도	사 례
빨간색	금 지	정지신호, 소화설비 및 그 장소, 유해행위 금지
	경 고	화학물질 취급장소에서 유해 · 위험 경고
노란색	경 고	• 화학물질 취급장소에서의 유해 · 위험 경고 이외의 위험 경고, 주의표지 또는 기계 방호물 • 인화성 물질, 산화성 물질, 방사성 물질 등의 바탕색
파란색	지 시	특정 행위의 지시 및 사실의 고지
녹 색	안 내	비상구 및 피난소, 사람 또는 차량의 통행표시, 유도 및 안전표시
흰 색	보 조	파란색이나 녹색에 대한 보조색
검은색	보 조	문자 및 빨간색, 노란색에 대한 보조색

- **산업안전보건법** : 산업안전 및 보건에 관한 기준을 확립하고 그 책임 소재를 명확하게 하여 산업재해를 예방하고 쾌적한 작업환경을 조성함으로써 노무를 제공하는 자의 안전 및 보건을 유지·증진함을 목적으로 한다.
- **안전보건표지** : 법의 규정에 따라 유해하거나 위험한 장소·시설·물질에 대한 경고, 비상시에 대처하기 위한 지시·안내 또는 그 밖에 근로자의 안전 및 보건의식을 고취하기 위한 사항 등을 그림, 기호 및 글자 등으로 나타낸 표지

Module 006

전류량이 인체에 미치는 영향

핵심이론

전류량	인체에 미치는 영향
1[mA]	전기를 조금 느낌
5[mA]	상당한 고통을 느낌
10[mA]	근육운동은 자유로우나 고통을 수반한 쇼크를 느낌
20[mA]	근육 수축, 스스로 현장을 탈피하기 힘듦
20~50[mA]	고통과 강한 근육수축, 호흡이 곤란함
50[mA]	심장마비 발생으로 사망의 위험이 있음
100[mA]	사망에 이르는 치명적인 결과 초래

- **전류** : 전하의 흐름을 나타내며 전기 회로에서 전자가 "−"극에서 "+"극으로 이동할 때 전류는 "+"극에서 "−"극으로 흐른다.
- **전류의 세기** : 1초 동안 도선의 한 단면을 통과하는 전하의 양으로 Ampere는 기본단위이며, 기호는 [A]이다.

Module **007**

이산화탄소(CO_2)
가스가 인체에
미치는 영향

핵심이론

CO_2 농도	인체에 미치는 증상	대 책
1[%]	호흡속도 다소 증가	무 해
2[%]	호흡속도 증가, 지속 시 피로를 느낌	
3~4[%]	호흡속도 평소의 약 4배 증대, 두통, 뇌빈혈, 혈압상승	환 기
6[%]	피부혈관의 확장, 구토	
7~8[%]	호흡곤란, 정신장애, 수분 내 의식불명	
10[%] 이상	시력장애, 2~3분 내 의식을 잃으며 방치 시 사망	30분 이내 인공호흡, 의사의 조치 필요
15[%] 이상	위험 상태	즉시 인공호흡, 의사의 조치 필요
30[%] 이상	극히 위험, 사망	

용어 정의

이산화탄소 : 탄소(C)가 연소될 때 발생하는 기체로 무색, 무취이며 압력을 가하면 쉽게 액화된다.

Module **008**

일산화탄소(CO)
가스가 인체에
미치는 영향

핵심이론

농 도	인체에 미치는 증상
0.01[%] 이상	건강에 유해
0.02~0.05[%]	중독 작용
0.1[%] 이상	수 시간 호흡하면 위험
0.2[%] 이상	30분 이상 호흡하면 극히 위험, 사망

용어 정의

일산화탄소 : 무색이며 냄새가 나지 않는 기체로 탄소의 불완전연소 시 주로 생성된다. 사람이 호흡하면 혈액 중의 헤모글로빈과 결합해서 산소의 공급을 막는다.

Module **009**

산업보건기준에 따른 조도

핵심이론

구 분	조도 기준
기타 작업	75[lx] 이상
보통작업	150[lx] 이상
정밀작업	300[lx] 이상
초정밀작업	750[lx] 이상

용어 정의

조도 : 1루멘(Lumen)의 빛이 $1[m^2]$ 안에 수직으로 비칠 때의 밝기로 단위는 $[lx] = [lm/m^2]$

Module **010**

적외선과 자외선

핵심이론

[적외선과 자외선의 특징]
• 아크 광선은 전광성 안염을 발생시킨다.
• 아크 광선은 적외선과 가시광선, 자외선을 발생시킨다.
• 적외선은 작업자의 눈에 백내장을 일으키고 맨살에 화상을 입힌다.

용어 정의

• 아크광선 : 아크용접과 절단 작업 시 발생되는 빛
• 자외선(Ultraviolet Rays) : 가시광선보다는 파장이 짧고 X선보다는 파장이 긴 전자기파의 일종
• 적외선(Infrared Ray) : 태양과 같은 발광물체에서 방출되는 빛을 스펙트럼으로 분산시켰을 때 적색 스펙트럼의 끝보다 더 바깥쪽에 있어서 적외선이라고 하며, 파장은 가시광선보다 길다.

Module 011

단위(Unit)

핵심이론

- 1[PS] = 75[kgf · m/s] = 0.735[kW]
- 1[kW] = 102[kgf · m/s]
- 1[N] = 1[kg · m/s^2]
- 1[kcal] = 3.72[btu] = 4.2[kJ]
- 1[mi/h] : 1.6[km/h]
- 1[lb(파운드)] = 0.4536[kg]
- 1[inch] = 2.54[cm]
- 1[ft] = 12[inch]
- 1배럴 = 42갤런 = 약 160[L]
- 1갤런 = 3.7[L]
- 1[erg] = 10^{-7}[J]
- 1[dyne] = 1[g · cm/s^2]

Module 012

SI 기본단위 (국제단위계)

핵심이론

길 이	질 량	시 간	온 도	전 류	물질량	광 도
m (미터)	kg (킬로그램)	sec (세컨드)	K (켈빈)	A (암페어)	mol (몰)	cd (칸델라)

용어 정의

SI 국제단위계 : International System of Units

Module 013

ISO 9000과 ISO 14000

핵심이론

[ISO 9000]

이 규격을 바탕으로 각 기업의 체질에 맞는 품질시스템을 수립하여 제3의 인증기관으로부터 자사 품질시스템의 적합성과 실행상태를 평가받아, 고객에게 신뢰할 수 있는 제품과 서비스를 공급하는 체제(System)를 갖추어 운영하고 있음을 대외적으로 인증하는 것으로 품질경영시스템(Quality Management System) 인증 또는 제3자 인증이라고도 한다.

[ISO 14000]

전 세계적으로 관심을 갖고 있는 환경문제에 대해 노력하는 기업에 대해 국제표준화기구(ISO)가 이를 평가하며, ISO 14000 마크를 획득한 기업은 기업 활동 전반에 걸쳐 환경적인 제조 환경을 갖고 있다는 것을 객관적으로 인증해 주는 시스템

> **용어 정의**
>
> **국제표준화기구(ISO ; International Organization for Standardization)**
> 스위스 제네바에 중앙사무국을 둔 국제기구로 전 세계의 표준화를 위해 국제
> 적인 표준을 개발하고 관리하는 것을 담당한다.

Module 014
TQM

> **핵심이론**
>
> 품질을 높여 고객을 만족시키자는 품질향상의 관점에서 전 사원의 역량을
> 집중시키도록 기업 차원에서 관리하는 시스템

> **용어 정의**
>
> TQM(Total Quality Management) : 총체적 품질관리, 전사적 품질관리

Module 015
Six Sigma
(6 시그마)

> **핵심이론**
>
> 모토로라에 근무하던 마이클 해리에 의해 창안된 품질 향상 기법으로
> 통계지식을 활용한 것이 특징이다. "6 시그마"란 통계학적으로 제품이
> 1백만 개 생산될 때 3.4개(3.4[ppm])의 불량품이 발생한다는 품질수준을
> 나타내는 용어이다.

> **용어 정의**
>
> 시그마(σ) : 통계학에서 데이터의 산포를 나타낼 때 표준편차를 의미하는 기호
> 이다. 기준과 표준편차의 크기가 6배와 크기가 같을 경우 6 시그마의 공정능력
> 을 갖고 있다고 판단한다.

Module 016

노킹의 원인 및 방지법

핵심이론

[가솔린기관의 노킹현상]

연소 후반부에 미연소가스의 급격한 자기연소에 의한 충격파가 실린더 내부의 금속을 타격하면서 충격음을 발생하는 현상이다. 노킹이 발생하면 실린더 내의 압력이 급상승함으로써 스파크 플러그나 피스톤, 실린더헤드, 크랭크 축의 손상을 가져오며 출력저하를 가져오므로 옥탄가 높은 연료를 사용한다.

[디젤기관의 노킹현상]

연소 초기에 발생하는 것으로 가솔린기관의 노킹현상과 같다.

[디젤 노크의 방지대책]

• 실린더 체적을 크게 한다.
• 압축비와 세탄가를 높게 한다.
• 엔진의 회전속도와 착화온도를 낮게 한다.
• 흡기온도와 실린더 외벽의 온도를 높게 한다.

[노킹 방지제]

벤젠, 톨루엔, 아닐린, 에탄올

용어 정의

• **옥탄가(Octane Number)** : 가솔린 연료의 안티노크성을 수치로 나타낸 값이다. 안티노크성이란 가솔린기관에서 미연소 가스의 조기 점화로 인해 엔진의 출력 감소 및 실린더 과열과 같은 이상 연소 현상인 노킹을 일으키기 어려운 성질로 수치가 높은 것이 좋다. 내폭성이 높은 연료인 아이소옥탄(C_8H_{18})과 내폭성이 낮은 연료인 정헵탄(C_7H_{16})을 100과 0으로 하고, 이 두 연료를 혼합해서 만든 연료의 가치로 "옥탄가 90=내폭성이 높은 연료인 아이소옥탄의 체적이 90%"임을 의미한다.

$$옥탄가(ON) = \frac{아이소옥탄}{아이소옥탄 + 정헵탄} \times 100[\%]$$

• **세탄가(Cetane Number)** : 디젤엔진의 착화성을 수치적으로 표시한 것으로 착화성이 가장 좋은 세탄의 착화성을 100, 착화성이 가장 나쁜 α-메틸나프탈렌의 착화성을 0으로 설정한 후 이들을 표준 연료로 하여 착화가 지연될 때 이 표준 연료 속의 세탄의 함유량을 체적 비율로 표시한 것이다.

$$CN = \frac{세탄(C_{16}H_{34})}{세탄(C_{16}H_{34}) + \alpha-메틸나프탈렌(C_{11}H_{10})} \times 100[\%]$$

Module 017

앵글라이히 장치

핵심이론

저속이나 고속회전 시 공기와 연료의 최대 분사량을 변화시키지 않으면 출력이 저하된다. 이 문제를 해결하기 위해 모든 속도범위에서 연료와 공기의 혼합비율을 알맞게 유지시키는 장치가 앵글라이히 장치다.

용어 정의

앵글라이히 : 독일어로 "평균"이라는 의미이다.

Module 018

쇽업소버

핵심이론

축 방향의 하중 작용 시 피스톤이 이동하면서 작은 구멍의 오리피스로 기름이 빠져나가면서 진동을 감쇠시키는 완충장치(Shock Absorber)

용어 정의

오리피스 : 유체가 흐르는 관 내부를 작은 구멍이 뚫린 판으로 가로막아 유체가 좁은 구멍을 통과하게 하여 압력과 유속을 변화시킨다.

[오리피스]

Module 019

전자기계 관련
시험에 종종
등장하는 이론

- **위상각(Phase Angle)** : 전류와 전압의 위상차
- **변압기 철심용 재료** : 규소(Si)
- **고유진동수**, $f = \dfrac{1}{2\pi}\sqrt{\dfrac{k}{m}}$

 여기서 m : 질량, k : 강성
- **고유진동주기**, $T = \dfrac{1}{f}$

고유진동수(f) : 단위 시간당 진동하는 횟수. 구조물의 동적 특성을 표현하는 가장 대표적인 개념

Module 020

AI(인공지능)와
인간의 대결

- **인공지능과 인간의 첫대결** : 1967년 체스 프로그램인 "맥핵"과 철학자 드레퓌스와의 대결에서 인공지능 승리
- **IBM 딥소트(Deep Thought)** : 1989년 가리 카스파로프와의 체스 대결에서 참패하여 인공지능의 한계라는 비판적 평가
- **IBM 딥블루(Deep Blue)** : 1996년 가리 카스파로프와의 체스 재대결에서 승리
- **2011년 IBM 슈퍼컴 왓슨** – 인기 퀴즈쇼에 출전하여 우승상금 획득
- **알파고** – 2016년 이세돌과의 바둑대결에서 승리

AI(Artificial Intelligence) : 인공지능
인간의 지능과 같이 사고나 행동할 수 있는 컴퓨터 프로그램

MEMO

한국사

Module 200제

공사공단
공기업 전공 [필기]

기계직
필수 이론 600제
(한국사 포함)

600제

(주)시대고시기획
(주)시대교육
www.**sidaegosi**.com
시험정보·자료실·이벤트
합격을 위한 최고의 선택

시대에듀
www.**sdedu**.co.kr
자격증·공무원·취업까지
BEST 온라인 강의 제공

제 **11** 과목

한국사

Module 001

선사 시대 대표적 유물

> 핵심**이론**

- 구석기 시대 : 주먹도끼, 막집
- 신석기 시대 : 움집, 빗살무늬 토기, 가락바퀴, 뼈바늘
- 청동기 시대 : 비파형동검, 거친무늬 거울, 고인돌, 벼농사시작, 반달돌 칼, 민무늬토기
- 철기 시대 : 세형동검, 반량전이나 명도전 등의 화폐사용

> 핵심 **포인트**

선사 시대(先史時代) : 인류가 문자를 발명하여 역사를 기록하기 시작한 "역사 시대" 이전의 시대

Module 002

8조법(8조금법)

> 핵심**이론**

고조선 때 8개 조항의 법으로 현재는 3개의 조항만이 전해진다.

[8조법 조항]

- 사람을 죽인 자는 즉시 사형에 처한다.
- 남에게 상처를 입힌 자는 곡물로써 배상한다.
- 남의 물건을 훔친 자는 노비로 삼는다. 단, 용서를 받으려면 1인당 50만냥 을 내야 한다.

> 핵심 **포인트**

8조법 : 우리나라 최초의 법으로 중국의 역사서인 "한서"의 지리지 부분에 기 재되어 있다.

Module 003

고대 국가들의
주요 특징

핵심이론

• 부여 : 5부족 연맹체(왕, 마가, 우가, 구가, 저가), 일책12법, 우제점법
• 고구려 : 5부족 연맹체, 데릴사위제(예서제)
• 옥저 : 해산물 풍부, 민며느리제(예부제), 가족공동묘, 골장제, 세골장
• 동예 : 단궁, 과하마, 반어피 생산, 책화, 족외혼(동성불혼)
• 삼한 : 마한, 진한, 변한

핵심 포인트

• 책화 : 동예의 벌칙제도로 상대 씨족의 영역을 함부로 침범하면 노예나, 소,
  말로 배상
• 민며느리제 : 옥저의 혼인풍속으로 여자 나이 열 살 때 남자 집으로 데려와
  키우다가 성인이 되면 여자 집에 지참금을 지불하고 혼인시키는 풍습이 있었다.

Module 004

고대 왕들의 업적

핵심이론

고구려		백제		신라		고려	
고국천왕	왕위 부자상속 진대법실시	고이왕	한강유역장악 율령반포 관리 공복제정 관리 복색제정	지증왕	신라 국호 사용 "왕" 호칭 사용 우산국 정벌	태 조	사성정책(왕씨 성하사) 호족통합정책
소수림왕	율령반포 태학설립 불교수용	근초고왕	마한 정복 낙동강 유역 가야에 영향력	법흥왕	율령반포 불교공인	광 종	노비안검법 왕권강화 과거제 실시
광개토대왕	영토확장 고조선 땅 회복	무령왕	지방 22담로 설치	경덕왕	관직명 중국식 변경 녹읍 부활	성 종	중앙정치체계 완성 지방행정체계 마련
장수왕	평양천도 영토확장 남하정책 남북조와 교류	성 왕	국호를 남부여로 변경 사비(부여)천도 노리사치계를 통해 일본(왜) 불교 전파	진흥왕	거칠부에게 국사를 편찬하게 함		

- 신라라는 국호를 처음 사용한 왕 : 지증왕

[광개토대왕릉비에 적힌 광개토대왕의 업적]

- 보병과 기병 5만을 보내 신라를 도와주었다.
- 395년 패수(浿水)에서 백제를 크게 대패시키고 8,000여명을 사로잡고, 60여개의 성과 664여개의 촌락을 점령하였다.
- 동부여가 배반하여 조공을 바치지 않아 군사를 거느리고 동부여를 정벌하였다.

Module 005

아직기와 담징

핵심이론

- 아직기 : 백제의 학자. 근초고왕의 명으로 일본에 건너가 왜왕에게 말 두 필을 선물하였고, 승마와 말 기르는 방법을 전수하였다.
- 담징 : 고구려의 승려이자 화가로 일본 서기에 기록된 사료에는 종이나 먹의 제작방법을 일본에 전수했다는 기록이 있다.

핵심 포인트

- 아직기와 담징은 일본(왜)에게 백제의 기술을 전수함

Module 006

무구정광 대다라니경

핵심이론

경주 불국사 석가탑을 해체하던 중 발견된 세계 최고(最古)의 목판 인쇄본으로 통일신라 때 만들어졌다. 우리나라의 국보로 지정되어 있다.

핵심 포인트

무구정광 대다라니경 : 두루마리로 만들어진 세계 최고(最古)의 목판인쇄본

Module 007

녹 읍

핵심**이론**

신라 시대 관리나 귀족에게 고을 단위로 지급했던 급여적 성격의 "녹"으로, 해당 지역의 농지세를 대신 받거나 그 고을의 백성을 동원하여 부역을 시킬 수도 있었다.

핵심 **포인트**

• 신라 신문왕 때 녹읍이 폐지됨
• 신라 경덕왕 때 녹읍이 다시 부활함

Module 008

살수대첩

핵심**이론**

중국을 통일한 수나라가 7세기 초 110만여 대군을 이끌고 고구려를 공격했을 때 을지문덕 장군이 수나라 장수 우중문에게 시를 지어 보내어 전투 없이 수나라 군대를 되돌아가게 한 후, 돌아가던 수나라 군대를 살수에서 수장시킨 전투다.

핵심 **포인트**

[고구려 을지문덕 장군이 수나라 우중문에게 보낸 시의 내용]
"이 정도면 '전쟁에서 이겼으니 그만 수나라로 돌아가라"

Module 009

안시성 싸움

핵심이론

삼국 시대 645년(7세기)에 고구려 안시성 안의 백성들이 사력을 다해 수십만 당나라 군대의 침공에 맞서 안시성을 지켜낸 전투였다. 당시 안시성의 성주는 양만춘 장군이었다(고구려 보장왕 4년). 즉, 당나라 태종이 고구려 영류왕을 폐위시키고 왕좌를 차지한 연개소문을 벌하겠다는 이유로 수나라에 이어 당나라가 대대적으로 쳐들어 왔으나 안시성에서 대패하고 돌아갔다.

안시성 싸움에서 진 당나라가 신라와 나당연합군을 결성하여 고구려를 재침략함으로써 끝내 몰락하였다.

핵심 포인트

안시성 싸움 : 당나라 태종(이세민)이 고구려 연개소문을 벌하러 왔다가 대패하고 돌아간 전투

Module 010

중원고구려비

핵심이론

5세기 고구려 장수왕 때 제작한 것으로 추정되며, 국내 유일의 "고구려 때의 석비"로 국보 제205호로 지정되어 있다. 현재 충북 충주에 위치해 있어서 충주 고구려비라고도 한다. 이 비석은 장수왕의 남하정책에 의해 고구려 군이 신라의 영토에 주둔하며 영향력을 행사한 사실을 나타내며, 삼국 시대 고구려와 신라의 관계를 해석하는 데 중요한 역할을 한다.

핵심 포인트

중원 고구려비(현재 충주 고구려비) : 광개토대왕의 아들 장수왕이 세운 비석으로, 5세기 고구려의 영토가 남한강 주변까지 미쳤다는 것을 알려주는 사료이다.

Module 011

독서삼품과

> 핵심이론

신라 하대(통일신라) 원성왕 때 관리 선발 제도로 학문의 성취 정도를 "삼품(三品)"으로 나누어 상품, 중품, 하품으로 구분하여 관직 수여에 참고하였다.

[등급별 읽어야 할 서적]
- 상품 : 춘추좌씨전, 예기, 문선, 논어, 효경
- 중품 : 논어, 효경, 곡례
- 하품 : 효경, 곡례

> 핵심 포인트

독서삼품과 : 국학 졸업생들의 유교경전 독해능력을 구분하는 졸업시험의 일종으로, 독서출신과(讀書出身科)라고도 한다.

Module 012

민정문서
(=신라장적)

> 핵심이론

통일신라 서원경(현재 충북 청주지역)의 4개 촌락의 경제 상황을 기록한 문서이다. 이 장부에는 호구의 수, 전답의 넓이, 소와 말의 수, 특산물, 과실나무 수 등으로 나누어 3년 동안의 변화상을 기록하였다. 당시 해당 지역의 경제 상황을 집계한 장부로 일본에서 발견되었다.

> 핵심 포인트

민정문서(신라장적) : 통일신라 시대 촌락의 경제 상황을 알 수 있는 문서

Module 013

의 상

핵심이론

신라 시대 승려였던 의상은 진골 귀족으로 원효대사와 함께 당나라 유학을 가던 중 되돌아와 화엄종을 창시하였다. "일즉다 다즉일"을 주장하였고, 부석사를 창건하였다.

핵심 포인트

의상 : 화엄종의 창시자

Module 014

원효대사

핵심이론

"일심사상"과 "화쟁사상"을 주장한 고려 시대의 승려로, 태종 무열왕의 둘째 딸 요석공주와 결혼하여 설총을 낳았다. 해골물을 마신 후 "이 세상 만물은 모두 내 마음먹기에 달렸다"는 이야기로 유명하다. 신문왕에게 화왕계를 지어 바치면서 왕이 나아갈 길을 제시하였다.
• **원효의 주요 저서** : 십문화쟁론, 금강삼매경론, 대승기신론소

핵심 포인트

원효대사 : 화왕계를 저술한 설총의 아버지로 해골물로 유명하며, 아미타 신앙을 통해 대중화에 기여하였다.

Module 015

신라 왕호의 변천

핵심이론

[신라 왕호의 변천 순서]

거서간 → 차차웅 → 이사금 → 마립간 → 왕

핵심 포인트

• 시조인 박혁거세의 왕호는 거서간이었다.

Module 016

신라의 삼국통일 과정

핵심이론

나·당 연합군 결성 → 백제 정복 → 고구려 정복 → 나·당 전쟁(매소성 전투, 기벌포 전투) → 통일신라

핵심 포인트

신라의 삼국통일을 마무리한 왕 : 문무왕

Module 017

동북 9성

핵심이론

발해가 멸망하고 만주와 함경도 지역에 있던 여진족의 세력이 커지면서 고려와 충돌이 잦았는데, 이에 고려 윤관이 별무반을 조직하여 여진족을 토벌하고 그 지역에 세운 9개의 성

핵심 포인트

별무반 : 고려 윤관이 여진정벌을 위해 만든 임시 군사조직

Module 018

팔만대장경

핵심이론

고려 시대에 만든 목판으로 국보 제32호이며 유네스코 기록 문화유산이다. 몽골의 침략을 부처의 힘으로 물리치기 위해 강화도에서 조판되었으며, 현재 경남 합천 해인사 장경판고에 보관되어 있다.

핵심 포인트

• **초조대장경** : 고려 시대 최초의 대장경
• **팔만대장경** : 목판인쇄물

Module 019

발 해

핵심이론

대조영이 고구려가 멸망한 후 그 땅에 세운 나라이다. 발해는 눈부시게 성장하여 해동성국이라고도 불렸다.

[발해의 특징]

• 중앙에 3성 6부
• 전국에 5경 15부 2주
• 궁정 터에서 온돌장치와 기와가 발견되었다.
• 고려의 국왕을 표방하고 일본과도 교류하였다.
• 수도인 상경에 주작대로라는 직선 길(남쪽으로 뚫린 대로, 마차 12대가 지나갈 수 있는 규모였다고 함)

핵심 포인트

• 조선 후기 실학자 유득공이 "발해고"를 저술하여 발해와 통일신라를 "남북국 시대"라고 함
• **발해 문화의 고구려 영향** : 온돌, 기와, 불상, 무덤양식
• **발해 문화의 당나라 영향** : 주작대로, 3성 6부(운영은 독자적)

Module 020

묘청의 서경천도운동

핵심이론

묘청을 중심으로 한 서경파와, 김부식을 중심으로 한 문벌 귀족 세력인 개경파가 대립하면서 묘청세력이 권력을 장악하기 위해 난을 일으킨 사건이며, 김부식에 의해 진압되었다. 수도를 서경(지금의 평양)으로 옮길 것을 주장하였다.

• 서경파 : 고구려 의식을 계승하여 금을 정벌할 것과 서경천도를 주장
• 개경파 : 신라 의식을 계승하여 금과 타협할 것을 주장

핵심 포인트

묘청 : 고려 시대 서경의 승려로 서경천도 주장

Module 021

소손녕 침입

핵심이론

고려 성종 993년 고려의 친송정책과 거란의 북진정책의 대립으로 고려를 정벌하고자 거란의 소손녕이 고려를 최초로(1차) 침입한 사건이다. 오히려 서희가 소손녕과의 외교 담판으로 강동 6주를 획득하였다.

핵심 포인트

• **1차 거란족의 침입** : 서희 장군의 외교 담판으로 승리
• **2차 거란족의 침입** : 서경함락 후 양규 장군의 퇴각로 차단으로 화친
• **3차 거란족의 침입** : 강감찬 장군의 귀주대첩으로 승리

Module 022
상평창

핵심이론

고려 시대의 물가조절 기관으로 풍년이 들었을 때 국가에서 곡물을 사들여서 곡물가격이 떨어지지 않도록 하고, 반대로 흉년이 들면 곡물을 다시 풀어서 가격이 너무 오르지 않도록 시장가를 떨어뜨리면서 물가를 조절하였다.

핵심 포인트

• **상평창** : 고려 시대 물가조절 기구
• **의창** : 고려와 조선 시대 백성 구휼기관

Module 023
시무 28조

핵심이론

고려 성종 때 최승로가 건의한 28개 조항으로 된 개혁 상소문이다. 이 상소문은 성종이 고려 초기에 국가 체제를 정비하는 데 기본 토대가 되었다.

핵심 포인트

시무 28조 : 최승로

Module 024
안동도호부

핵심이론

고구려가 멸망하고 당나라가 평양에 안동도호부를 설치하고 초대 도호로서 설인귀를 임명하여 옛 고구려 땅을 다스리게 한 군사행정기구이다. 안녹산의 난을 계기로 758년경 사라졌다.

핵심 포인트

당나라는 고구려를 멸망시키고 고구려 땅에 안동도호부 외 6개의 도호부를 추가로 두었다.

안심Touch

Module 025

이성계의 업적

핵심이론

- 요동 정벌
- 조선 건국
- 수도를 개경에서 한양으로 천도
- 과전법 실시
- 반대파 제거

핵심 포인트

태조 이성계

조선을 건국한 초대 왕으로 고려 공민왕 시기에 급성장한 신흥무인세력이다. 요동 정벌에 반대하였지만 요동 정벌군의 우군도통사로 임명되어 전쟁에 나가던 중 위화도에서 회군하여, 우왕과 권문세족을 몰아내고 정도전 등의 신진사대부들의 힘을 얻어 조선을 건국하였다.

Module 026

이자겸의 난

핵심이론

고려 인종 때 예종의 장인이면서 인종의 외조부인 이자겸은 당시 최고 권력자였는데, 그의 둘째 딸이 예종의 왕후가 되어 인종을 낳으면서 외척 세력을 떨치기 시작하였다. 1126년 인종 4년경 인종이 이자겸을 멀리하자 인종을 폐위시키고 정권을 장악하여 스스로 왕이 되고자 반란을 일으킨 사건이다.

핵심 포인트

이자겸의 난 : 외척 세력이 권력 강화를 위해 반란을 일으킨 사건

Module 027

비변사

핵심이론

1510년 삼포왜란 이후 조선 시대 국방대책 논의를 위해 설치한 임시기구이다. 국가에서 중요한 사건이나 왜란이 발생했을 때만 주로 활동했으나 임진왜란 이후 국란 수습을 위해 비변사의 권한이 강화되어 최고 기관으로 활용되면서부터 의정부의 권한은 약화되었다.

핵심 포인트

• 비변사 강화 : 왜란과 호란(병자호란) 이후
• 비변사 폐지 : 흥선대원군

Module 028

정암 조광조의 개혁정치

핵심이론

[조광조의 개혁정치]
• 위훈삭제
• 소학보급
• 소격서 폐지
• 현량과 실시
• 경연의 활성화

[정암 조광조의 절명 시]
愛君如愛父(애군여애부) : 임금 사랑하기를 아버지 사랑하듯 하였고,
憂國如憂家(우국여우가) : 나라 걱정하기를 집안의 근심처럼 하였다.
白日臨下土(백일임하토) : 밝은 해 아래 세상을 굽어보시고,
昭昭照丹衷(소소조단충) : 내 단심과 충정을 밝게 비춰주소서.

핵심 포인트

조광조는 중종반정 때 공을 세우지 않은 훈구세력이 대거 토지나 재물을 받게 되자, 그 세력을 공신에서 삭제해야 한다는 위훈삭제를 주장한 사림파의 지도자로 학문의 중심이 마음의 수양이라고 주장하였다.

Module **029**

관수관급제

[핵심이론]

조선 시대 직전법의 폐단을 막기 위해 성종 때 국가가 대신 농민으로부터 조세를 받아 수조권을 받은 관리에게 녹봉을 지급했던 제도

[핵심 포인트]

관수관급제의 시행으로 관리들의 백성에 대한 착취가 힘들어졌다.
[조선 시대 관리임금 제도 변천]
과전법 → 직전법 → 관수관급제 → 녹봉

Module **030**

승정원과 사간원,
사헌부

[핵심이론]

• 승정원 : 왕이 내린 명령을 발표하거나 상소문과 보고서를 왕에게 전달하는 관청이다. 도승지가 그 수장을 맡았다.
• 사간원 : 조선 시대 언론기관으로 임금에 대한 간쟁과 논박을 관장했다.
• 사헌부 : 조선 시대 감찰기관으로 기강과 풍속을 바로잡거나 시정을 논의하였다.

[핵심 포인트]

• 대간 : 사헌부, 사간원
• 삼사 : 홍문관, 사헌부, 사간원

Module **031**

고려 시대와
조선 시대 화폐

[핵심이론]

• 고려와 조선 시대 화폐의 종류

고려 시대			조선 시대		
• 건원중보	• 해동통보	• 삼한통보	• 조선통보	• 상평통보	• 당백전
• 은병(활구)	• 해동중보				

[핵심 포인트]

조선 시대의 법화 : 상평통보

Module 032

종묘와 사직

핵심이론

- 종묘 : 왕실의 역대 왕들의 위패를 모신 사당으로 조상신에게 제사를 지내는 곳
- 사직 : 나라 경제의 근본이 되는 토지와 오곡의 신에게 제사를 지내는 곳

핵심 포인트

- 종묘는 세계문화유산에 등재되었다.

Module 033

고대 주요 역사서

핵심이론

[주요 역사서]
- 김부식 : 삼국사기
- 일연 : 삼국유사
- 이규보 : 동명왕편
- 이승휴 : 제왕운기
- 이제현 : 사략

핵심 포인트

삼국유사에는 고조선이 언급되어 있으나, 삼국사기에는 고조선의 언급이 없다.

Module 034

6조 직계제

핵심이론

조선 시대 6조의 장관격인 판서가 의정부를 거치지 않고 직접 왕에게 보고하여 업무를 처리한 제도로 국정 운영에서 왕의 역할을 강화시킨 정치체계이다.

핵심 포인트

6조 직계제는 왕과 신하의 소통을 위한 것으로 왕권 강화에 도움을 주었다.

Module **035**

이황과 이이

핵심이론

퇴계 이황	율곡 이이
• 주리론 • 이기호발설 • 성학십도, 주자서절요 집필 • 이(理) 우선으로 본성 중시 • 1,000원 지폐권의 배경 인물 • "동방의 주자"로 불림	• 주기론 • 이통기국론 • 성학집요, 동호문답 집필 • 기(氣) 우선으로 행동이 우선 • 5,000원 지폐권의 배경 인물

핵심 포인트

• 이(理) : 변하지 않는 근본 원리
• 기(氣) : 만물을 구성하는 기본 요소

Module **036**

조선 시대 상인

핵심이론

• 상인의 종류

관허상인	사상(도고)
시전상인 보부상 공 인	의주지역 - 만상 개성지역 - 송상 동래지역 - 내상 서울지역 - 경강상인 객주, 여상 - 숙박업, 창고, 중간상인

핵심 포인트

사상은 "도고"라고도 하며, 정부의 허가 없이 개인적으로 활동한 상인이다.

Module 037
조선 후기 실학자

핵심**이론**

• 조선 후기 실학자와 주요 저서

중농학파 실학자	중상학파 실학자
유형원 – 반계수록, 균전론 주장 이익 – 성호사설, 한전론 주장 정약용 – 목민심서, 경세유표, 여전론 주장	박제가 – 북학의 박지원 – 열하일기 홍대용 – 담헌서, 의산문답, 지전설 주장 유수원 – 우서

핵심 포인트

• **중농학파** : 조선 후기 실학자들의 집단으로 토지개혁과 농민의 생활안정을 중시하였다.
• **중상학파** : 조선 후기 실학자들의 집단으로 상공업의 발달을 중시하였고, 북학파라고도 한다.

Module 038
김홍도와 신윤복 그림

핵심**이론**

	김홍도	신윤복
그림의 특징	간결하고 소탈하며 농촌의 생활상을 주로 그렸다.	세련되고 섬세한 도시의 생활상을 그렸으며 풍자적인 그림도 그렸다.
그림의 종류	논갈이 길 쌈 기와이기 빨래터 단원 풍속도첩 – "씨름"	미인도 쌍검대무 월하정인 단오풍정 행려풍속도

핵심 포인트

• **김홍도 대표작** : 씨름
• **신윤복 대표작** : 미인도

Module 039

홍경래의 난

핵심이론

1811년 홍경래가 일으킨 농민봉기로 10일 만에 평안도의 주요 지역을 점령하였으나, 관군에 밀려 정주성으로 쫓겨 들어갔다가 결국 봉기 100일 만에 패하고 말았다. 이 봉기를 통해서 농민들도 지배층에 맞서 싸울 수 있다는 자신감을 얻고 불의에 항거하며 지배층의 간담을 서늘하게 만들었지만 농민을 위한 어떤 개혁사항도 주장하지 못했다.

핵심 포인트

홍경래의 난 : 농민봉기

Module 040

동학농민운동

핵심이론

조선 후기(1894년)에 부패한 탐관오리들의 수탈이 극심하였는데, 전라도 고부 군수인 조병갑의 학정에 견디다 못한 고부지역 농민들이 1894년 3월 전라도 백산지역에서 전봉준을 중심으로 농민 봉기를 일으킨 농민운동이다. 이에 정부는 청과 일에 도움을 요청하였으며, 전주를 점령하고 있었던 농민군은 외국세력에 항거하여, 그해 5월 정부와 자치기구인 집강소가 폐정개혁안 실시를 합의하는 '전주 화약'을 맺었으나, 9월 일본군에 대한 2차 농민봉기가 일어나 청일전쟁의 직접적 원인이 되기도 하였다.

핵심 포인트

- **동학농민운동** : 전봉준
  - 1894년 3월의 고부 봉기(제1차), 9월의 전주·광주 궐기(제2차), 1895년 3월 서울 전봉준 처형, 청일전쟁의 직접적 원인
- **동학의 창시자** : 최재우
- **동학** : 천주교 등의 서학에 대항해서 풍수사상과 유(儒), 불(佛), 선(仙)의 교리를 토대로 만든 우리의 새로운 종교
- **동학의 핵심사상** : 인내천, 사람이 곧 하늘
  - 새로운 세계는 내세(來世)가 아니라 현세에 있다.

Module 041

금난정권

> **핵심이론**

시전 상인들에게 조선 정부가 준 일종의 독점적인 전매특권으로 육의전 외 한성 내 시전상인들이 도성 내·외부 10리 이내에서 난전을 금지시킬 수 있는 권리이다. 이 금난정권으로 인해 물건 값이 급등하게 되었다.

> **핵심 포인트**

육의전 : 조선 시대 지금의 종로 자리에 있었던 여섯 종류의 상점이다. 국역을 부담하면서 조선 정부로부터 왕실과 국가 의식을 도맡는 상품의 독점과 전매권을 행사하였고, 상업 경제를 지배하면서 조선 말기까지 확고한 지위를 차지했다.

Module 042

의정부 서사제

> **핵심이론**

태조가 조선을 건국한 초기부터 도입한 국가의 통치체제로 의정부에 속하는 3정승이 합의하여 국가의 중대사를 처리하도록 한 제도다. 6조의 판서들이 의정부에 보고하면 의정부에서 임금에게 건의하고 임금은 이를 재가하는 형태로 국정을 운영한 것이 특징이다.

> **핵심 포인트**

3정승 : 영의정, 우의정, 좌의정

Module **043**

영조와 정조의 업적

핵심**이론**

영 조	정 조
• 성균관에 탕평비 건립 • 청계천 준설 • 신문고 부활 • 균역법 실시 • 이조전랑의 특혜를 없앰	• 화성축조 • 규장각 설립 • 공장안 폐지 • 서얼의 등용 • 초계문신제 실시 • 탕평책 실시(시파와 벽파 고루 등용) • 장용영 설치(왕의 직속 경호 부대) • 신해통공(금난정권 폐지로 상업 자유화) • 대전통편, 동문휘고(외교 문서 모음), 추관지 규장전운 편찬
조선의 21대 왕(1694~1776)	조선의 22대 왕(1752~1800)

핵심 **포인트**

• **사도세자** : 정조의 아버지이며 뒤주에 갇혀 죽음. 영조 - 노론(집권세력), 사도세자 - 소론(비집권세력) 간 대립이 그 원인이 되기도 함
• **한중록** : 정조의 생모이자 사도세자의 빈인 혜경궁 홍씨의 회고록

Module **044**

삼전도비

핵심**이론**

1636년경 청나라의 침략 시기인 병자호란 때 청나라 태종이 조선의 인조로부터 항복받은 것을 자신의 공덕으로 삼고 한양과 남한산성을 이어주던 나루터인 삼전도에 세운 비석

핵심 **포인트**

삼전도비는 굴욕적 외교의 산물로 인식되며, 현재 서울특별시 송파구에 있다.

Module 045

오죽헌

핵심이론

조선 시대 학자인 율곡 이이의 외가로 어머니인 신사임당과 이이가 태어난 곳으로 유명하며, 조선 시대의 대표적 건축물로써 그 가치를 인정받아 보물 제165호로 지정되었다.

핵심 포인트

오죽헌 : 조선 시대의 목조건물로 신사임당과 율곡 이이가 태어난 곳

Module 046

택리지

핵심이론

조선 후기 실학자인 이중환이 1751년 영조 시기에 저술한 현지 답사를 기초로 한 인문 지리서이다. 지리적 특성과 함께 해당 지역의 생활과 관련된 내용도 기록하였다.

핵심 포인트

택리지 : 이중환

Module 047

서경덕

핵심이론

조선 중기의 학자로 주기파의 거장이다. 황진이의 유혹에도 꿈쩍하지 않아서 황진이가 그의 인품에 감격한 것으로 유명하다. 주요 저서로는 화담집이 있다.

핵심 포인트

송도 3절 : 서경덕, 황진이, 박연폭포

Module 048

유향소

핵심이론

조선 초기에 지역의 유지(유력자)들이 지방의 수령이 그 지역을 통치하는데 도움을 주거나 향리의 비리를 감찰하고 풍속을 바로잡기 위해 만든 자발적 조직으로, 고려 때 사심관제도의 영향으로 만들어졌다. 조선 태종 이전에 유향소 또는 향소(鄕所)라는 조직으로 고정되었다.

핵심 포인트

조선 시대 지방 군현의 수령(守令)을 보좌하던 자문기관

Module 049

조선 시대 주요 서적

핵심이론

서적명	집필자	특 징
지봉유설	이수광	우리나라 최초 백과사전적 서술. 서양 문물과 문화 소개
성호사설	이 익	이익이 느낀 점과 흥미로운 사실을 기록
대동여지도	김정호	오늘날의 지도와 큰 차이가 없을 정도의 정밀도를 가짐
혼일강리도	태 종	우리나라를 사실보다 크게 그린 그림
한약구급방	대장도감	우리나라 최고(最古)의 의학서적
동의수세보원	이제마	사상의학에 대한 이론과 치료법을 모아놓은 책

핵심 포인트

• **혼일강리도** : 우리나라를 지도에서 크게 그림으로써 자주성을 돋보인 지리서
• **대동여지도** : 개개의 산보다 산줄기를 표현하는데 역점을 둔 우리나라 대축척 지도

Module 050

조선 시대 농업서적

핵심이론

서적명	집필자	특 징
농사직설	정 초	현존 최고의 농업서적, 지방 권농관의 지침서
금양잡록	강희맹	농민의 경험으로 저술됨
구황촬요	이 택	흉년을 대비한 농업서적
과농소초	박지원	한전법 제시

핵심 포인트

박지원의 한전법 : 1호당의 평균 경작 면적을 국가가 제정하자는 것

Module 051

조선 시대 4대 법전

핵심이론

[조선 시대 4대 법전]
• 경국대전 : 세조 때 시작, 1485년 성종 편찬, 조선의 기본법전
• 속대전 : 1746년 영조 때 편찬, 경국대전에서 필요한 것을 간추린 법전
• 대전통편 : 1785년 정조 때 편찬, 경국대전과 속대전을 통합하여 편찬
• 대전회통 : 1865년 고종(흥선대원군) 때 편찬, 조선 시대 마지막 법전

핵심 포인트

경국대전 : 조선 시대의 기본 법전

Module **052**

백두산정계비

핵심**이론**

조선 숙종 때 청나라와의 국경선 문제를 해결하기 위하여 백두산에 "서위 압록, 동위토문"을 기록하고 세운 비석. 간도는 압록강 건너 남만주 지역인데 이곳은 현재 중국과 영토분쟁이 이루어지고 있는 지역이다. 한중 간 분쟁의 주된 내용은 토문강을 중국은 두만강으로 우리나라는 쑹화강으로 주장한다.

핵심 **포인트**

백두산정계비 : 한국과 중국 간 국토 분쟁의 핵심에 서 있는 비석으로 "서위압 록, 동위토문"이 새겨짐

Module **053**

광해군의 주요 업적

핵심**이론**

외교적 업적	경제적 업적
후금(청)과 명 사이의 중립외교	전란수습 대동법 실시 호패제 재실시 창덕궁, 경희궁 중건 허준에게 동의보감을 저술하게 함

핵심 **포인트**

광해군은 중립외교로 정치를 잘했지만 인조반정으로 폐위되었다.
폐모살제(영창대군을 죽이고 인목왕후를 폐위시킨 사건)로 그의 공덕에 비해 역사적 평가는 좋지 않다.

Module 054

조선왕조실록

핵심이론

조선 시대에 태종에서 철종까지 일어난 사건들을 한 왕의 제위기간을 기준으로 만들어진 역사서이다. 해당 시대의 정치와 경제, 사회와 문화, 주요 사건 등을 알려 주는 중요 사료이다. 고종과 순종의 실록은 일제강점기에 나온 것으로 조선왕조실록으로 보지 않는 것이 중론이다. 사초(史草)는 실록 완성 후 세초(洗草)하여 글씨는 지우고 사초에 쓰인 종이는 재활용하였다.

핵심 포인트

- **실록** : 사초를 기초로 한 명의 왕이 나라를 다스리면서 일어난 주요 사건들을 순서대로 기록한 역사서
- **사초** : 사관이 국가의 중요 회의에서 왕과 신하가 논의한 것을 기록한 문서로, 공식적인 사초는 관장사초(館藏史草)라 하여 춘추관에 보관하였고, 미처 기록하지 못해 기억에 의해 집에서 기록된 가장사초(家藏史草)는 왕의 사후에 제출하거나 사관의 집에 보안을 유지하여 보관되기도 했다.

Module 055

대동법

핵심이론

광해군 때 땅이 있는 지주에게 공납을 쌀로 내도록 한 납세제도로, 1결당 12두를 내도록 하여 공납과 방납의 폐단을 막기 위한 제도이다. 대동법은 부자와 가난한 사람 모두 동일하게 특산물을 납부했던 공납과는 달리, 부자와 가난한 사람에게 차등을 두어 세금을 내도록 한 제도다. 가난한 백성에게는 공납의 부담을 줄여 주고 부자에게 세금을 더 걷었다. 이 대동법은 공인이 등장하는 계기가 되었다.

핵심 포인트

- **공납의 폐단** : 공납은 호주가 그 지역의 특산물을 세금으로 내는 것이었으나, 특산물이 바뀔 경우 해당 지역에 이미 부과하도록 한 특산물을 대신 납부해 주는 대납가가 출현했는데, 이 대납가는 막대한 이익을 남기고 농민들에게 특산물을 비싸게 팔았다.
- **방납의 폐단** : 관가에 백성이 공납인 특산물을 세금으로 낼 때 아전이 그 납부를 막는 방어행위를 한다 하여 방납이라고 불렸다. 오히려 관리와 연결된 상인에게 특산품을 사서 납부하는 폐해가 발생했다.

Module 056

훈민정음 해례본

핵심이론

훈민정음을 왜 만들었으며, 어떤 원리로 만들었고 어떻게 사용해야 하는지를 상세하게 설명해 놓은 책이다. "예의"와 "해례"로 구성.
예의는 세종이 한글을 만든 이유와 사용법을 직접 쓴 것으로 '세종어제'라고도 하며, 해례는 성삼문, 박팽년, 최항, 이개, 이선로, 강희안, 신숙주, 정인지 등 집현전 학사들이 자음·모음의 만든 원리와 쓰는 법을 설명하였고, 서문은 정인지가 썼다고 하여 '정인지의 서'로 되어 있다.

핵심 포인트

- **훈민정음의 의미** : 백성을 가르치는 바른 소리
- **한글로 쓴 최초의 서적** : 용비어천가
- **훈민정음 언해본** : 훈민정음 해례본 중의 '예의'만 정음으로 언해한 것을 말하며, 우리가 배우고 있는 '훈민정음'이다.

Module 057

삼강행실도

핵심이론

백성들이 유교의 충과 효, 절개를 어떻게 생활에서 실천하며 살 것인가에 대해 상세히 설명해 놓은 책이다. 그림과 한글 설명이 함께 기록된 것으로 세종대왕이 백성이 죄를 짓지 않도록 알려주기 위한 교육용으로 만든 것으로 전해진다.

핵심 포인트

삼강행실도 : 세종대왕 때 편찬

Module 058

장영실의 업적

핵심이론

- **측우기 제작** : 빗물을 받아 강우량을 측정하는 기기
- **앙부일구 제작** : "해"의 그림자로 시간을 측정하는 해시계
- **자격루 제작** : 자동으로 시간을 알려주는 물시계

핵심 포인트

장영실은 노비 신분으로 손재주가 좋아 "궁궐"에서 일하던 중 태종이 발탁했고 세종대왕이 신분을 풀어주고 종3품까지 벼슬을 주었다. 과학과 천문학에 밝아 많은 발명품을 제작했던 조선 시대 대표 과학자이다.

Module 059

사육신

핵심이론

단종을 다시 왕위에 복위시키려다가 세조에게 발각되어 죽임을 당한 6명의 신하를 일컫는 말이다. 사육신은 성삼문, 박팽년, 하위지, 유성원, 이개, 유응부로 총 6명이다.

핵심 포인트

1456년 세조 2년 단종 복위를 모의하던 중 발각되어 죽임을 당했다.

Module 060

삼국, 고려, 조선 시대 교육기관

핵심이론

• 태학 : 고구려 국립대학으로 소수림왕 때 설립
• 국자감 : 고려 국립대학
• 서원 : 사학교육기관으로 유학교육과 향촌 자치기구의 역할
• 향교 : 고려와 조선 시대 지방의 유학교육을 위해 설립한 관학교육기관
• 성균관 : 조선 시대 최고의 고등교육기관

핵심 포인트

• 최초의 서원 : 풍기 군수 주세붕의 백운동 서원(= 소수서원)
• 서원철폐 : 흥선대원군

Module 061

예송논쟁

핵심이론

조선 18대 왕 현종 때, 17대 왕 효종이 돌아가셨을 때 16대 왕 인조의 계비인 자의대비(장렬왕후 조씨)가 상복을 몇 년 입을지에 대한 서인과 남인의 싸움(1차 예송논쟁, 기해예송)이 있었고, 그 이후에도 효종의 비인 인선대비가 돌아가셨을 때 또 자의대비가 상복을 몇 년 입을지에 대한 서인과 남인의 싸움(2차 예송논쟁, 갑인예송)이 발생하였다.

• 1차 예송논쟁 : 1659년, 서인과 남인의 논쟁
• 2차 예송논쟁 : 1674년, 서인과 남인의 논쟁

Module **062**

6. 10 만세운동

핵심이론

일제의 수탈과 강제 식민지 교육 등으로 불만이 쌓인 국민들이 1926년 순종의 장례식 날을 기해 대규모 만세운동이 거행되었으며, 학생들이 주도적인 역할을 했다. 6. 10 만세운동은 향후 신간회의 창립 계기가 되었다.

핵심 포인트

6. 10 만세운동 시기의 격문
조선 민중아, 우리의 철천지 원수는 자본과 제국주의 일본이다. 2천만 동포야, 죽음을 각오하고 싸우자, 만세, 만세, 만세, 조선 독립 만세

Module **063**

위정척사운동

핵심이론

1860년대 통상수교 반대를 외친 위정척사파가 주장한 것으로 이항로와 기정진이 주도하였다. 강화도 조약 이후 개항과 개화를 반대하는 사상과 의병 투쟁으로 이어졌다.

핵심 포인트

위정척사운동은 유교 사상에 심취해 있던 유생들이 주도했다.

Module 064

헤이그 특사

핵심이론

일제의 침략을 전 세계에 호소하고 을사조약의 무효를 주장하기 위해 1907년 고종이 비밀리에 네덜란드 헤이그에서 열린 제2회 만국평화회의에 특사를 파견했던 외교활동이다. 이때 파견된 특사는 이준과 이상설, 이위종이다.

핵심 포인트

헤이그 특사 : 을사조약의 무효 주장을 하기 위해 고종이 파견한 특사 3인

Module 065

운요호 사건

핵심이론

1875년 고종 12년에 일본 군함인 운요호가 강화도 초지진 근처에 불법으로 들어와 측량을 한다는 핑계로 조선 정부를 염탐하다 조선 수비대와 전투를 벌였던 사건이다. 일제는 이 운요호 사건을 빌미로 통상 조약을 요구하였고, 결국 강화도 조약을 맺게 되었다. 강화도 조약은 우리나라가 외국과 맺은 첫 조약이면서 불평등 조약이었다.

핵심 포인트

운요호 사건을 계기로 우리나라는 일제와 불평등 조약인 강화도 조약을 체결하게 되었다.

Module 066

을미개혁

핵심이론

을미사변 이후 일본의 요구로 을미개혁을 하였는데, 이 을미개혁에는 건양이라는 연호를 사용하였으며 단발령과 태양력 도입이 포함되었다.

안심Touch

핵심 포인트

• 태양력 : 지구가 해의 둘레를 1회전하는 기간을 1년으로 사용하는 역법
• 단발령 : 머리카락을 자르도록 하여, 상투를 트는 한국 고유의 풍속을 말살하려던 일제의 모략

Module **067**

아관파천

핵심이론

고종은 부인인 명성황후가 시해되고 난 후 일제를 피해 러시아 공사관으로 거처를 옮겼는데, 이 사건을 부르는 용어이다.

핵심 포인트

• 아관파천 : 아-러시아, 관-공사관, 파천-옮김을 의미한다.
• 을미사변 : 일제가 여우사냥이라는 작전명으로 "명성왕후"를 시해한 사건이다.

Module **068**

대한독립군

핵심이론

1919년 홍범도를 주축으로 만주에서 조직된 독립운동단체로 주활동무대는 북간도였다. 봉오동 전투에서 큰 활약을 하였다.

핵심 포인트

대한독립군-홍범도-봉오동전투

Module **069**

카이로 선언과 포츠담 선언

핵심이론

연합국이 한국의 광복을 약속한 선언 : 1943년 카이로 선언, 1945년 포츠담 선언(재확인)

핵심 포인트

카이로와 포츠담 선언을 통해 연합국이 한국의 광복을 선언했다.

Module 070

광무개혁

> **핵심이론**

고종은 아관파천 이후 1897년 국호를 대한제국으로 바꾸고 환구단에서 황제 즉위식을 거행하였다. 근대적 성격의 개혁으로 자신의 연호를 따서 광무개혁이라 하였다. 구본신참을 원칙으로 한 점진적인 개혁으로서 대표적인 것은 다음과 같다.

- 황제권한 강화
- 무관학교 설립
- 상공업 진흥정책 추진
- 상공업 관련 관공서 설치
- 양전사업을 통한 지계(토지소유문서) 발급
- 상공학교와 같은 기술교육기관 설립

> **핵심 포인트**

광무개혁은 위로부터의 개혁으로 유명하다.

Module 071

박은식

> **핵심이론**

- 민족의 혼 중시
- 황성신문의 주필
- 신한혁명당 결성
- 대한국민노인동맹단 조직

[박은식의 한국통사 주요내용]
국혼은 살아 있다. 국혼의 됨됨이는 국백에 따라서 죽고 사는 것이 아니다. 그러므로 국교와 국사가 망하지 아니하면 국혼은 살아 있으므로 그 나라는 망하지 않는다.

> **핵심 포인트**

박은식 : 한국통사, 민족의 혼

Module **072**

봉오동 전투와 청산리 대첩

핵심**이론**

• 1920년 6월 봉오동 전투 : 홍범도의 대한독립군
• 1920년 10월 청산리 대첩 : 김좌진의 북로군정서

핵심 **포인트**

일제와의 독립 전투에서 대표적으로 승리한 전쟁 : 봉오동 전투, 청산리 대첩

Module **073**

조선책략

핵심**이론**

2차 수신사로 일본에 갔던 김홍집이 가져온 책. 여기에는 조선이 서양의 여러 나라들과 통상을 하고, 그 나라들의 기술을 배워 나라의 기반을 튼튼히 해야 한다는 내용이 담겨 있다. 이 책으로 인해 유생들은 위정 척사 운동을 일으켰다.

핵심 **포인트**

• 1차 수신사 대표 : 김기수
• 2차 수신사 대표 : 김홍집
• 수신사 : 조선이 일본에 파견했던 사절단

Module 074

우리나라의 유네스코 세계문화유산과 세계자연유산

핵심이론

세계문화유산	세계자연유산
• 화 성 • 종 묘 • 창덕궁 • 남한산성 • 조선왕릉 • 하회마을 • 해인사 장경판전 • 석굴암과 불국사 • 고창, 화순, 강화 고인돌 • 경주 역사유적지구 • 백제 역사유적지구	• 한라산 천연보호구역 • 성산일출봉 • 거문오름 용암동굴계

핵심 포인트

• 유네스코 세계유산 : 1972년부터 유네스코가 인류를 위해 보호해야 할 가치가 있는 유산 지정하고 있다. 문화유산, 자연유산, 복합유산으로 나뉜다(발굴, 보호, 보존).

Module 075

단재 신채호

핵심이론

신채호는 일제강점기 시대 독립 운동가이며, 언론인, 역사학자이다. "역사는 아(我)와 비아(非我)의 투쟁이다"라는 말로 유명하다.

[신채호의 주요 저술활동]

• 이순신전	• 최도통전	• 독사신론
• 조선상고사	• 꿈하늘	• 일목대왕의 철퇴
• 용과 용의 대격전	• 조선사연구초	

핵심 포인트

신채호의 키워드 : 조선상고사, 아(我)와 비아(非我)의 투쟁, 신민회의 창립위원

안심Touch

Module 076

거문도 사건

핵심이론

1885년부터 약 3년간 러시아의 남하를 막기 위해 영국의 군함 6척과 상선 2척이 조선의 거문도를 불법 점거한 후 영국의 국기를 게양한 사건이다.

핵심 포인트

거문도 사건 : 러시아의 남하정책을 막기 위해 영국이 한국의 거문도를 점령한 사건이다.

Module 077

한 · 일 간 협약

핵심이론

- 제1차 한일협약 : 1904년 8월, 외교와 재정분야에 고문을 파견하여 고문 정치 시작
- 제2차 한일협약 : 1905년 11월, 외교권 박탈 후 통감부 설치, 민영환 자결로 저항
- 한일신협약 : 1907년 7월, 헤이그 특사 파견을 계기로 고종황제를 강제 퇴위시킨 후 일본 관리인 차관을 임명하여 차관 정치
- 한일병합조약 : 1910년 8월, 대한제국의 국권을 상실하였다. 경술년에 발생하여 경술국치라고 하였다.

핵심 포인트

한일병합조약은 대한제국의 국권을 상실하면서 경술국치라고 하였다.

Module 078
의열단

핵심이론

[의열단의 주요활동]
- 김원봉, 윤세주를 중심으로 활동한 단체다.
- 신채호의 조선혁명선언이 주요 활동지침이었다.
- 국내 활동으로 나석주가 동양척식주식회사에 폭탄을 투척했다.
- 해외 활동으로 김지섭이 일본 도쿄의 궁성에 폭탄을 투척했다.

핵심 포인트

- 의열단 단장 : 김원봉
- 의열단 활동 : 일본 관리 암살, 경찰서 등의 파괴. 시인 이육사도 의열단 단원이었다.

Module 079
해외견문록

핵심이론

- 8세기 혜초 – 왕오천축국전
- 15세기 성종 – 표해록
- 15세기 성종 – 신숙주 해동제국기
- 18세기 박지원 – 열하일기
- 1895년 유길준 – 서유견문

핵심 포인트

혜초의 왕오천축국전은 천축국인 인도와 서역 등을 순례하고 쓴 글이다.

안심Touch

Module 080

정미의병

핵심이론

을사조약 이후 일제가 고종을 강제 폐위시키고 대한제국의 군대도 해산시켰는데, 이를 계기로 해산된 군인들이 의병활동에 참여하면서 발생한 전쟁이다. 해산된 군인들이 대한제국 군대시절 자신들이 소유했던 무기들을 갖고 정미의병에 참여하면서 의병군의 무기 및 전력이 크게 증진되었다.

핵심 포인트

정미의병의 발생원인 : 일제에 의한 대한제국 군대의 강제해산

Module 081

얄타회담

핵심이론

1945년 2월 미국의 루스벨트 대통령과 영국의 처칠 수상, 소련의 스탈린이 소련의 얄타지역에 모여서 조선을 일정기간 신탁통치하자고 결정한 회담

핵심 포인트

얄타회담 : 조선의 신탁통치를 결정한 회담

Module 082

일제 강점기 의사

핵심이론

• 안중근 – 만주 하얼빈역에서 이토 히로부미 사살. 돈의학교와 삼흥학교 설립
• 이봉창 – 일본 천황이 탄 마차에 폭탄 투척("사쿠라다몬 의거"라고도 한다)
• 윤봉길 – 중국 상하이 홍커우 공원에서 도시락 폭탄 투척
• 김상옥 – 종로경찰서에 폭탄 투척, 대한광복단 결성
• 나석주 – 일제 동양척식주식회사에 폭탄 투척

핵심 포인트

안중근의사 : 1909년 10월 26일 중국 하얼빈역에서 일제의 조선 침략의 원흉인 이토 히로부미를 권총으로 사살한 독립운동가이다.

윤봉길의사 : 도시락 폭탄과 거사 전 김구선생과 시계를 바꾼 일화로도 유명하다.

Module **083**

통리기무아문

핵심이론

1880년 고종 17년에 개화정책 총괄을 위해 설치된 기구. 의정부나 6조와는 별도로 운영되었다. 조선 정부가 외국의 문호를 개방한 이후 국가의 재정과 군사업무, 대외정책을 관장하기 위해 총리대신이 수장을 맡았던 조선 최초의 근대적 기관이다.

핵심 포인트

통리기무아문은 임오군란 때 폐지되었다.

Module **084**

**조선 시대
주요 붕당**

핵심이론

[선조 때 붕당(붕당이 처음 시작되었다)]
• 사림파가 동인과 서인으로 나뉘었다.
• 동인은 다시 북인과 남인으로 나뉘었다.

[광해군 때 붕당]

개방적이고 실리적인 북인과 지주이면서 명분을 강조하면서 정권을 탈취하고자 하는 남인으로 나뉘었다. 서인이 일으킨 폐모살제(인목대비 폐위, 영창대군 제거)를 명분으로 일으킨 반정이 인조반정이다.

핵심 포인트

붕당 : 오늘날의 정당정치와 유사한데, 서로 대립하면서도 공존하며 정치를 해 나가는 형태

Module 085
농광회사

> 핵심**이론**

1904년 보안회가 일제의 황무지 개척권 요구에 반대해서 만든 특허 회사로 서울에 이도재와 김종한 등이 설립하였다. 대한제국 시기에 설립되어 국내의 진황지 개간, 관개 사무와 산림천택(산, 숲, 내, 못), 식양채벌 등의 사무업무와 금, 은, 동, 철, 석유 등의 각종 채굴 사무를 주요 업무로 했다.

> 핵심 포인트

농광회사 : 일제의 토지 수탈 정책에 맞서기 위해 조선인 자력으로 설립한 회사이나, 같은 해 해체 당하였다.

Module 086
갑오개혁

> 핵심**이론**

1894년에 일어난 근대적 개혁으로, 추진 기구는 "군국기무처"다.

[갑오개혁의 주요내용]
- 과거제 폐지
- 신분제 폐지
- 과부 재가 허용
- "개국" 연호 사용
- 왕실과 정부 사무 분리
- 도량형 통일
- 조세의 금납화
- 사법권 독립
- 지방관의 권한 축소

> 핵심 포인트

갑오개혁 : 고종 때 3차에 걸쳐 추진한 근대 개혁운동으로 봉건사회의 문제 해결이라는 개혁적 성격을 갖고 있다.
- 1차 : 1894년 7월~11월
- 2차 : 1894년 11월~1895년 5월
- 3차 : 1895년 8월(갑오개혁 최종단계 : 을미개혁)

Module 087
한국광복군

핵심이론

1940년 9월 대한민국 임시정부의 최초 정규군이다. 지청천을 총사령관으로 하고 일본과 맞설 마지막 준비를 하던 중 광복이 이루어져 국내 진공 작전은 실행되지 못했다.

핵심 포인트

한국광복군 : 대한민국 임시정부의 정식 군대

Module 088
최초의 평민 의병장

핵심이론

신돌석은 을미의병 시기 본인의 재산으로 의병을 일으키며 "태백산호랑이"로도 불린 평민 의병장이다.

핵심 포인트

• 신돌석 : 최초의 평민 의병장
• 을미의병의 발생원인 : 일제의 명성황후 시해

Module 089
대성학교와 오산학교

핵심이론

• 대성학교 : 도산 안창호가 평양에 설립한 중등 교육기관으로 1911년 105인 사건 등으로 인해 폐교되었다.
• 오산학교 : 1907년 이승훈이 민족교육을 위해 평안북도에 세운 사립 중학교이다.

핵심 포인트

• 대성학교 : 안창호
• 오산학교 : 이승훈

Module 090

동양척식주식회사
(동척)

핵심이론

일본이 1908년 서울에 세운 국책 회사. 일본인의 조선 이민 정책과 척식 사업을 통해 조선의 농민들에 대한 수탈(토지, 자원)을 목적으로 설치한 식민지 착취기관

핵심 포인트

나석주 열사는 1926년 12월에 동양척식주식회사에 폭탄을 투척하였다.

Module 091

조선건국
준비위원회
(=건준)

핵심이론

일본의 항복으로 우리나라가 독립하자 여운형은 우리나라의 건국준비를 위하여 민족주의와 사회주의로 대표되는 좌익과 우익세력이 함께 1945년 8월 17일 조선건국준비위원회를 결성하였다.

[건국준비위원회의 주요역할]
• 건국준비
• 치안유지
• 일본인의 국부유출 방지

[조선건국준비위원회의 강령]
• 우리는 완전한 독립 국가의 건설을 기한다.
• 우리는 전 민족의 정치적, 경제적, 사회적 기본 요구를 실현할 수 있는 민주주의 정권의 수립을 기한다.
• 우리는 일시적 과도기에 있어서 국내 질서를 자주적으로 유지하며 대중 생활의 확보를 기한다.

핵심 포인트

• 조선건국준비위원회 : 여운형을 주축으로 좌익과 우익세력이 함께 결성하였다.
• 몽양 여운형(1886~1947) : 독립운동가이자 정치가, 언론인으로 대한민국 임시정부 수립에 참여하였으며 좌우합작운동을 주도하였다.

Module 092
최초의 보통선거

핵심이론

우리나라 최초의 보통선거는 1948년 5월 10일에 열렸으며 제헌국회 구성을 위해 실시되었다. 이 선거에는 일부 중도 세력과 공산주의자는 불참한 것으로 전해지며, 투표권은 21세 이상의 모든 국민에게 부여되었다. 일반적으로 "5.10 총선거"로 불린다.

핵심 포인트

최초의 보통선거 : 5.10 총선거

Module 093
진단학회

핵심이론

일제 강점기인 1934년 한국의 역사와 언어, 주변국의 문화를 연구하기 위해 조직한 학술단체로 당시 한국학 연구자들이 우리나라의 문화를 연구할 수 있는 토대가 되었다.

핵심 포인트

진단학회 : 일제강점기에 이병도를 주축으로 설립된 한국학 연구 학술단체

Module 094
백범 김구

핵심이론

- 대한민국 임시정부의 주석
- 해방 이후 신탁통치 반대운동 주도
- 일제강점기 전·후 정치가이며, 독립운동가
- "백범일지"의 나의 소원이라는 글이 유명하다.
- 윤봉길 의사와 "회중시계"를 바꾸고 그 시계를 죽을 때까지 간직한 것은 유명한 일화이다.
- 1948년 2월 '내가 3.8선을 베고 쓰러질지언정'이라는 "삼천만 동포에 읍고함"이라는 성명서를 남한 단독정부 수립에 반대하며 발표하였다.

핵심 포인트

백범 김구 선생 : "삼천만 동포에 읍고함"이라는 성명서 발표

Module 095

브나로드 운동

핵심이론

1931~1934년 일제의 식민통치에 저항하기 위해 동아일보사의 주도하게 총 4번에 걸쳐 일어났던 문맹퇴치운동으로 식민통치에 반발해 일어난 농촌계몽운동의 일종이다.

핵심 포인트

브나로드(Vnarod) : "민중 속으로"라는 러시아어

Module 096

일제 강점기
수탈정책

핵심이론

• 1910년 토지조사사업
• 1920년 산미증식계획
• 1930년 국가총동원령(법), 병참기지화정책으로 남면북양정책 실시

핵심 포인트

• **국가총동원령(법)** : 일제강점기 전쟁에 물적·인적으로 우리나라 국민들을 강제로 투입함
• **병참기지화정책** : 한반도를 전쟁 물자 공급을 위한 "병참기지"로 삼음
• **남면북양정책** : 공업원료의 생산량 증대를 위해 남부는 면화 재배, 북부는 양사육을 강요함

Module 097

모스크바 삼국 외상회의

[핵심이론]

[모스크바 삼국 외상회의(모스크바 삼상회의) 내용]
• 대한민국 임시정부 수립
• 미·소 공동위원회(임시정부 수립에 도움을 주기 위해 설립)
• 신탁통치 최대 5년(남한은 미국과 영국, 북한은 소련과 중국)

[핵심 포인트]

모스크바 삼국 외상회의 참가국 : 미국, 소련, 영국

Module 098

직지심체요절 (아직 돌아오지 못한 서적)

[핵심이론]

고려 말인 1377년 청주의 흥덕사에서 세계 최고(最古)의 금속활자인 주자 (鑄字)로 찍어 만들어진 서적. 독일의 구텐베르크가 만든 금속활자보다 더 오래된 활자이며, 현재 프랑스 국립도서관에 소장되어 있다. 아직도 돌아오지 못한 서적으로 유명하다.

[핵심 포인트]

• 직지심체요절(백운화상초록직지심체요절) : 세계에서 가장 오래된 금속활자 로 만든 "서적"
• 주자(鑄字) : 쇠붙이로 주조하여 만든 활자

Module 099

남한과 북한의 공동합의

핵심이론

[남한과 북한의 합의 순서]
- 7.4 남북공동성명 : 박정희, 1972년 7월 4일 통일 3대 원칙(자주, 평화, 민족 대단결)
- 남북기본합의서 : 노태우, 1991년 12월
- 6.15 남북공동선언 : 김대중, 2000년 6월
  - 냉전종식과 평화공전
  - 남북한 당국 간 대화 추진
  - 남북교류와 북한 경제회복 지원
- 10.4 남북정상선언문 : 노무현
- 4.27 판문점 선언 : 문재인 2018년 4월 27일
  - 완전한 비핵화, 해당 연도 종전선언
- 9월 평양 공동선언 : 문재인 2018년 9월 19일

핵심 포인트

남한과 북한의 정상회담 순서

7. 4 남북 정상회담 → 6. 15 남북 공동 선언 → 10. 4 남북정상선언문 → 4. 27 판문점 선언 → 9월 평양 공동선언

Module 100

남북단일팀, 스포츠

핵심이론

[남북단일팀 스포츠 활동]
- 1991년 일본 지바 세계탁구선수권대회 – 남북 첫 단일팀 출전, 우승
- 2000년 시드니 올림픽 – 한반도기를 들고 남북공동입장
- 2004년 아테네 올림픽 – 한반도기를 들고 남북공동입장
- 2018년 평창올림픽 – 여자 아이스하키 단일팀 출전

핵심 포인트

- 한반도기 : 1963년부터 논의가 시작되어 1989년경 남북체육회담에서 제정
- 2000년 6월 남북정상회담인 6. 15공동 성명을 통해서 "2000년 시드니 올림픽"에서 한반도기로 남북공동입장을 함

Module 101

경복궁, 창덕궁, 창경궁, 덕수궁, 경희궁

핵심이론

[경복궁]
- 조선 제일의 법궁(정궁)으로 정도전이 명명했다.
- 태조 이성계가 창건하였으나 1592년 임진왜란으로 불탔다가 고종 때 중건되었다.

[창덕궁]
- 규장각(왕실의 도서관)이 위치해 있었다.
- 사적 제122호이며 조선 태종 때 건립되었다.
- 1997년에 유네스코 세계유산으로 등재되었다.

[창경궁]
- 세종대왕이 상왕이었던 태종을 위해 건립하였다.
- 임진왜란 때 소실되었으나 이후 여러 임금 시기를 거치면서 복원되었다.
- 일제강점기 때 창경궁을 격하시켜 동물원과 식물원의 성격인 창경원이 되었다가, 이후 동물원이 서울대공원으로 옮겨가면서 다시 창경궁으로 복원하였다.

[덕수궁]
- 정릉동 행궁으로 불리다가 광해군 때 경운궁이라고 하였다.
- 광복 후 덕수궁 석조전에서 미소공동위원회가 열렸다.

[경희궁]
- 1617년 광해군 때 건립된 궁궐로 창덕궁과 더불어 조선의 양대 궁궐이었다.
- 처음에는 경덕궁이었다가 영조 때 경희궁으로 명칭이 변경되었다.

핵심 포인트
- **경복궁** : 새 왕조의 큰 복을 누리라는 의미로 정도전이 "경복(景福)"으로 지었다.
- **법궁** : 궁궐에서 제일 으뜸이 되는 궁

Module 102

삼봉 정도전

> 핵심이론

[주요 업적]
- 과전법을 주장하였다.
- 한양 도성을 설계하였다.
- "불씨잡변", "조선경국전", "고려국사"를 편찬하였다.
- 조선 왕조의 설계자로 개국 공신이다.

> 핵심 포인트

조선 건국의 1등 공신 정도전이 지은 "불씨잡변"은 성리학이 불교나 도교보다 더 우월하다는 것을 강조한 책이다.

Module 103

대한제국 시대 건물

> 핵심이론

- **중명전** : 을사늑약이 체결된 장소로 구 러시아 공사관과 석조전 사이에 위치해 있었다.
- **덕수궁 석조전** : 근대 서양식 궁중 건축물로 침전과 정전(황제 근무공간)이 위치해 있었다.
- **배재학당** : 1885년 서양의 선교사가 아펜젤러가 세운 중등교육기관으로 건축되었으며, 정동교회 근처에 위치해 있었다.

> 핵심 포인트

대한제국은 1897년~1910년까지 우리나라가 사용한 국가 명칭이다.

Module 104

안용복

핵심이론

조선 후기 어부였던 안용복은 울릉도 근해로 출항했다가 일본 어선이 조업하고 있음을 보고 일본으로 건너가 울릉도가 조선의 영토임을 밝히고 일본 어부들이 울릉도 조업을 하지 못하도록 요구하여 관철시켰다.

핵심 포인트

안용복은 두 번이나 일본으로 가서 이를 항의하여 울릉도와 독도가 조선 영토 임을 확인받았다.

Module 105

윤동주 시인

핵심이론

일제강점기 때 활동한 시인으로 "서시", "별헤는 밤", "자화상"을 지었다. 일본 유학 중 반일 운동 혐의로 일본 경찰에 체포되었으며 후쿠오카 형무소 에서 순국하였다.

핵심 포인트

윤동주 시인의 주요 대표작은 "서시", "별헤는 밤" 등이다.

Module 106

칠정산 내편

핵심이론

[주요 특징]
• 세종 때 편찬되었다.
• 우리나라 최초로 한양을 기준하여 천체 운동을 계산한 역법서
• 정인지와 정초 등이 원나라의 수시력 등의 서적을 참고하여 편찬하였다.
• 계절의 변화, 일식과 월식, 날짜 등의 파악이 전보다 더 정확해졌다.

핵심 포인트

칠정산 내편 : 세종 때 정인지, 정초 등이 편찬한 한양을 기준으로 한 역법서

Module 107
제너럴 셔먼호 사건

핵심이론

1866년 고종 황제 재위 3년에 미국의 상선이었던 제너럴 셔먼호가 평양 대동강 근방에서 통상을 요구하다 거절당하였다. 당시 평양감사 박규수의 화공으로 제너럴 셔먼호를 불태웠고 선원들은 몰살하였다. 미국은 제너럴 셔먼호 사건을 빌미삼아 고종 황제 8년에 다시 한 번 개항을 요구하는 신미양요를 일으켰다.

핵심포인트

미국 배 제너럴 셔먼호를 불태운 사건을 빌미삼아 미국은 신미양요를 일으켰다.

Module 108
고려와 몽골 사이의 교류 흔적

핵심이론

고려는 몽골에 항복하면서 지배권이 넘어갔지만 몽골에 점령됐던 다른 나라들과는 달리 끝까지 항쟁하였고, 부마국이라는 점도 몽골에서 고려 문화에 대한 큰 관심을 보였던 계기가 되었으며, 두 나라 사이에는 문화 교류가 유독 많았던 흔적이 전해지고 있다.
고려에서는 몽고풍습(몽골풍 ; 변발, 만두, 소주, 볼연지)이 유행하였고, 몽골에서는 고려풍습(고려양 ; 고려병(유밀과), 쌈채소, 청자, 나전칠기, 먹, 종이, 비파)이 유행하였다.

[고려와 몽골 간 주요 교류 문화재]
• 고려 → 몽골 : 천산대렵도(공민왕이 그렸다고 알려진 수렵도)
• 몽골 → 고려 : 순천 송광사 티베트문 문서(법지)

핵심포인트

고려는 몽골로부터 독립성과 자치권을 보장받는 대신 국왕의 이름에 충(忠)을 붙였다.
충렬왕, 충선왕, 충숙왕, 충혜왕, 충목왕, 충선왕, 충정왕

Module **109**

발해의 문화유산

[발해의 문화유산]
- 발해 석등
- 영광탑
- 이불병좌상
- 정효 공주 묘지석

핵심포인트

발해는 고려가 삼국을 통일할 때 고구려인이었던 대조영이 한반도 북쪽 지역에 세운 나라다.

Module **110**

국자감

핵심이론

[국자감의 주요 특징]
- 992년 설립된 고려 시대 국립대학으로 유학부와 기술부가 있었다.
- 유학부 - 논어와 효경과 같은 유교경전 교육
- 기술학부 - 율학, 서학, 산학 등의 실무교육

핵심포인트

국자감은 고려 시대에 설립된 국립대학으로 유능한 관리의 양성을 목적으로 하였다.

Module 111

이제현

핵심이론

[주요 특징]
• 정방 설치
• 역옹패설 저술
• 공민왕 즉위 후 문하시중으로 국정을 총괄하였다.

핵심 포인트

이제현(1287~1367년) : 호는 "익재", 고려 후기의 학자이며 정치가.
충선왕을 보좌하여 중국 각지를 여행하였다.

Module 112

문익점

핵심이론

고려 말 중국 원나라로 파견되었다가 되돌아오는 길에 목화씨를 붓뚜껑
안에 숨겨 가져온 관리다. 문익점이 목화씨를 우리나라로 반입한 이후
백성들의 옷감이 삼베에서 무명으로 바뀌었다.

핵심 포인트

문익점(1329~1398년) : 목화씨를 원나라에서 고려로 가져왔다.

Module 113

만파식적
(통일신라 설화)

핵심이론

삼국유사에 기록된 설화로 바다의 용이 되어 나라를 지키는 바다의 신
문무왕과 하늘의 신 김유신이 대나무를 동해안에 보냈는데 이것을 피리로
만들었고, 나라가 어지러울 때 이 피리를 불면 적군이 물러가고 병이
낫는 등 나라가 평온해졌다는 내용이다.

핵심 포인트

만파식적 : 통일신라 시대 삼국통일을 달성한 뒤 나라의 안정을 위해 만들어진 설화

Module **114**

징비록
(유성룡)

핵심이론

유성룡이 관직을 떠나 고향인 안동으로 귀향한 후 임진왜란(1592~1598) 때 경험했던 일들을 상세히 기록한 책으로, 임진왜란 이전의 국내외 정세, 임진왜란의 발발과 진행 상황, 전쟁 이후의 조선과 일본의 관계에 대해 기록되어 있다. 훗날 "임진왜란"과 같은 국가적 재난이 다시는 일어나지 않도록 후환을 경계하고 대비하고자 저술한 것으로 알려져 있다.

핵심 포인트

서애 유성룡은 관직에서 물러난 후 고향의 "옥연정사"에서 머물면서 임진왜란에서 드러난 자신과 조정 등의 문제점을 반성하고, 훗날 후손들을 위해 징비록을 저술하였다.

Module **115**

박규수

핵심이론

[박규수의 주요활동]
- 진주 농민봉기를 수습하기 위해 노력함
- 평안 감사 시절 대동강으로 침입한 제너럴셔먼호를 불태워 버림
- 김옥균, 박영효, 유길준, 김윤식 등 개화 사상가에게 많은 영향을 줌

핵심 포인트

조선 후기 개화파 문신으로 일본과의 수교를 주장하여 강화도 조약을 맺는데 주요 역할을 하였다. 연암 박지원의 손자이다.

Module 116

갑신정변

핵심이론

정부의 소극적인 개화 정책 및 청나라와의 종속관계 청산을 위해 우정총국의 개국 축하연을 계기로 일본 급진 개화파인 김옥균, 박영효, 서재필, 서광범 등이 일으킨 사건으로 청나라 군대의 개입으로 거사 3일 만에 실패하였으며, "3일 천하"라고도 한다.

핵심 포인트

갑신정변은 3일 만에 종료되어 3일 천하라고도 한다.
- **1일차** - 우정총국의 개국 축하연을 이용해서 정변을 일으킴
- **2일차** - 김옥균, 박영효 등을 중심으로 새로운 정부를 구성하였음
- **3일차** - 개혁 정강을 발표했으나 청나라 군대의 개입으로 실패함

Module 117

한인애국당

핵심이론

[한인애국당의 주요활동]
- 김구에 의해 조직
- 이봉창 의사가 도쿄에서 일왕을 수류탄으로 저격함
- 윤봉길 의사가 상하이 홍커우 공원에서 전승경축식에 참석한 일본군 장성들을 폭사시킴
- 대한민국 임시정부에 활력을 불어넣은 조직으로 우리나라의 독립 의지를 해외에까지 널리 알림

핵심 포인트

김구는 대한민국 임시정부의 항일 무력단체로 한인애국단을 조직했다.

Module 118

정림사지 5층 석탑

핵심이론

백제 성왕이 538년 도읍을 부여(사비성)로 천도할 때 세운 정림사지의 한가운데에 있다. 익산 미륵사지 석탑과 함께 백제 불탑의 쌍두마차로 불린다. 충남 부여군 정림사지에 있는 국보 제9호의 석탑으로, 재질은 화강암이고 높이는 약 8.33m이다.

핵심 포인트

정림사지 5층 석탑 : 국보 제9호로 1층 탑신부에는 백제 멸망 후 당나라 장수 소정방이 "백제를 정벌하고 세운 기념탑"이라는 글귀가 새겨져 있다.

Module 119

불국사

핵심이론

신라 시대의 사찰로 경덕왕 때 김대성의 발원으로 창건하여 현재는 경북 경주시 토함산에 위치해 있다. 1996년 유네스코 세계문화유산으로 지정되었으며 인공으로 쌓은 석조단 위에 목조 건축물로 지어졌다. 불국사의 주요 유적으로는 청운교와 백운교, 석가탑과 다보탑, 대웅전이 있다.

핵심 포인트

불국 : 부처님의 나라

Module 120

곽재우

핵심이론

임진왜란 때 경남 의령지역을 중심으로 가장 먼저 의병을 일으켜 일본군에 맞서 싸운 의병장으로, 전투할 때 빨간색 옷인 "홍의"를 입어 "홍의장군"으로도 불렸다.

핵심 포인트

곽재우 : 조선 중기 임진왜란 때 "홍의장군"으로 불린 의병장

Module 121

법주사 팔상전

핵심이론

법주사 팔상전은 현재 우리나라에 남아 있는 유일한 목탑으로 내부 벽면에 석가모니(부처)의 삶을 8개의 그림으로 나타낸 팔상도가 있다. 현재 충북 보은군 속리산 내 법주사 경내에 위치해 있다. 국보 제55호로 신라 때 창건된 사찰이지만 임진왜란 이후 재건축되었다.

핵심 포인트

법주사 팔상전은 우리나라에 현존하는 가장 오래된 목조탑이다.

Module 122

향 약

핵심이론

송나라에서 향촌사회의 교화를 목적으로 처음 만들어진 여씨향약을 기초로 하여, 조선 중종 때 향촌사회의 질서를 안정시키고자 도입한 자치적 사회규범(자치규약)이다. 유교를 바탕으로 도덕을 지키도록 하는데 그 목적을 갖고 전국으로 운영되었고 마을을 단위로 시행되었다. 향후 이황과 이이 같은 학자들은 향약을 우리나라의 실정에 맞게 수정하기도 했다.

핵심 포인트

• 향촌(鄕村) : 행정구역상 마을 향, 마을 촌
• 향약 : 향촌사회의 도덕적 자치규범

Module 123
과전법

핵심**이론**

1391년 고려 공양왕 3년 이성계를 중심으로 한 신진사대부 세력은 고려 조정 관리들이 갖고 있던 무분별한 사전을 없애고 농민의 생활 안정과 국가의 재정 확보를 위해 실시한 토지제도다. 전직과 현직 관리들에게 과거 전지와 시지를 지급했던 것과는 달리 전지만 지급했다. 또한 전지에서 농사를 짓고 있던 농민에게는 곡식으로 1결의 최대 생산량을 300두로 정하고 논은 현미 30말, 밭은 잡곡 30말을 최고로 하였으며, 세율은 수확량의 $\frac{1}{10}$ 만 거둘 수 있도록 했다. 또한, 개인이 갖는 사전은 경기 지역으로만 한정하였다. 관리가 죽거나, 역모 등으로 반역을 하면 국가에 반환하게 하였고 세습을 금하였지만 수신전, 휼양전 등으로 세습이 이루어지기도 하였다.

과전법은 정도전이 조선 개국의 이념으로 토지 문제를 해결하였던 조선 초기 양반사회의 경제적 기반을 이루고 있던 토지제도이기도 하였다.

핵심 **포인트**

과전법은 전·현직 관리에게 전지에 대한 수조권을 지급한 토지제도이다.

Module 124
구휼제도

핵심**이론**

[시대별 구휼제도 및 기관]
• 고구려 : 진대법
• 고려 : 초기 태조 – 흑창
         후기 성종 – 의창
• 조선 : 환곡

핵심 **포인트**

구휼(救恤) : 건질 구, 구휼하다(동정하다) 휼
           흉작 때 백성이 굶는 것을 방지한 제도

Module **125**

골품제

연맹왕국이었던 신라는 지방 부족장들을 통합시키면서 왕권 강화를 위해 세력에 따라 등급을 부여했던 엄격한 신분제도다. 부모의 등급이 그대로 세습된 이 골품제는 크게 "골제"와 "두품제"로 나뉘었다. 왕족은 성골과 진골, 일반 귀족은 6~4두품, 평민은 3두품 이하로 나뉘었다. 신라는 총 17관등으로 분류되었지만 두품에 따라 올라갈 수 있는 관직이 정해져 있었다.

[신라 시대 골품제 등급]
- 성골 : 부모가 모두 왕
- 진골 : 부모 중 1명이 왕. 1등급인 이벌찬까지 가능
- 6두품 : 6관등인 아찬까지 진급가능
- 5두품 : 10관등인 대나마까지 진급가능
- 4두품 : 12관등인 대사까지 진급가능

핵심 포인트

- 골품(骨品) : 뼈 골, 품평할 품
  혈통에 따라 나눈 신분 제도
- 6두품의 대표적 인물 : 최치원
- 최초의 진골 왕 : 태종 무열왕

Module **126**

자격루

조선 세종 때 장영실이 만들었으며, 자동으로 시보를 알려주는 물로 구동되는 물시계이다. 파수호 4개, 수수호 2개, 12개의 살대, 동력 전달 장치와 자동 시보 장치로 구성되었다. 자동으로 시각을 알리는 장치는 움직이는 인형들로 만들어졌는데, 이 인형들은 각각 1시간씩 12시간을 담당한다. 부력에 의해 얻은 힘으로 시각에 따라 징이나 북, 종을 울려 백성들에게 정확한 시각을 알렸다. 백성들은 일상생활의 편리함 및 규제·통제·질서 등을 유지하도록 하였고 왕에게는 권위와 질서, 통치 수단이기도 하였다. 국보 제229호로 현재 국립고궁박물관에 보관되어 있다.

- **자격루** : 장영실이 만든 물시계
- **시보(時報)** : 때 시, 알릴 보
- **파수호** : 물을 흘려보내는 항아리
- **수수호** : 흘러오는 물을 받는 항아리

Module **127**

기인제도

핵심이론

고려 개국 초기에 태조 왕건이 지방 호족의 자제를 뽑아서 볼모로 삼아 개경에 머물게 한 제도. 출신지에 대해 자문하게 하였으며, 호족들을 견제하여 반란을 방지하는 왕권 강화책의 일종으로 고려사에 기록되어 있다.

핵심 포인트

기인제도 : 태조 왕건의 호족 자녀를 볼모로 잡은 왕권 강화책

Module **128**

오페르트 도굴사건

핵심이론

중국 상하이 등지에서 상업 활동 중이었던 독일의 상인 오페르트가 조선에 통상을 2차례 요구하였으나 흥선대원군의 쇄국정책으로 이를 저지당하자 그 보복으로 1868년에 흥선대원군의 아버지인 남연군의 묘를 도굴하려다가 실패한 사건이다.

핵심 포인트

조선 후기에 독일의 상인 오페르트가 흥선대원군의 아버지 묘를 도굴하려다 실패함

Module 129
비격진천뢰

핵심이론

조선 선조 때 화포장이었던 이장손이 제작한 포탄으로 임진왜란 때의 활약상이 유성룡의 징비록에 기록되어 있다. 비격진천뢰는 공격 지점에 떨어진 후 즉시 폭발하지 않고 약간의 시간이 지난 후 화약이 폭발하는 신기술이 적용되었다. 현재 보물 제860호로 지정되어 있다.

핵심 포인트

비격진천뢰는 조선 선조 때 이장손이 개발한 시한폭탄이다.

Module 130
서산 마애 여래 삼존상

핵심이론

국보 제84호로 바위에 새겨진 백제 시대 불상이다. 부처가 입을 다문 채 온화하게 미소 짓고 있는 형상인데, 얼굴 표정이 부드러워서 "백제의 미소"로도 불린다. 현재 충남 서산 가야산의 계곡에 위치해 있다.

핵심 포인트

백제의 마애 여래 삼존상은 "백제의 미소"로 불린다.

Module 131
원산학사

핵심이론

1883년 고종 20년에 설립된 우리나라 최초의 근대식 사학으로 중등 교육기관이다. 함경도 원산 덕원 지방의 관민들에 의해 설립되었으며, 설립 목적은 신지식 교육과 인재 양성이었다. 1880년 원산이 개항되고 일본 사람들이 유입되면서 지역 주민들에게 신지식을 공부해야 한다는 여론이 형성된 것이 설립의 기초가 되었다.

핵심 포인트

원산학사는 고종 20년에 설립된 우리나라 최초의 근대적 중등 사립학교

Module 132
왕 인

[핵심이론]

백제의 학자로 일본에 천자문과 논어를 전해 주면서 일본의 고대 문화 형성에 큰 영향을 준 인물이다. 현재 일본에서는 왕인 박사를 기리는 행사가 해마다 열릴 정도로 높이 기리고 있는 인물이다.

[핵심 포인트]

백제의 학자였던 왕인이 일본에 천자문과 논어를 전파함

Module 133
안압지(월지)

[핵심이론]

안압지는 통일신라 시대 왕자가 살던 궁궐 근처에 만들어졌던 연못을 말한다. 신라 때 쓰이던 명칭이 아니라 조선 초기 동국여지승람과 동경잡기에 기록된 명칭이다. 경주시가 유적정비 사업으로 안압지의 바닥을 파내던 중 1만 5천여 점이 넘는 유물이 발견되었는데, 이때 14면체의 주사위가 발견된 것이 화제가 되었다.

[핵심 포인트]

안압지 : 기러기 안, 오리 압, 못(도랑) 지
폐허가 되어 갈대가 무성한 호수에 기러기, 오리가 날아와 안압지(雁鴨池)라고 하였다. 안압지에서 출토된 특이한 유물은 "14면체의 주사위"이다.

Module 134
논산 관촉사 석조미륵보살입상

[핵심이론]

- 보물 제218호로 지정되었다가 국보 제323호로 승격되었다.
- 고려 광종 때 승려 혜명이 만들었다.
- 높이는 약 18m로 인체의 비례가 불균형한 모습으로 머리 부분이 하체의 길이와 비슷하다.
- 규모가 장대하고 고려 시대의 독자적이고 특이한 양식이다.
- 정교하지는 못하나 토속신앙과 불교가 혼합된 석불상이다.
- 당시 지방 세력들의 독특한 개성과 미적 의식을 보여 주는 것으로 유명하다.

안심Touch

> **핵심 포인트**
>
> 관촉사 석조미륵보살입상은 인체의 비례가 불균형하며 머리 부분이 길쭉하게
> 4등신으로 비사실적이다.

Module 135

황성신문

> **핵심이론**
>
> **[주요 특징]**
> • 발행기간은 1898년~1910년이다.
> • 독자층은 주로 유생들이었다.
> • 일간 신문으로 국문과 한문을 혼용해서 기재하였다.
> • 장지연의 논설문인 "시일야 방성대곡"을 게재한 것으로 유명하다.

> **핵심 포인트**
>
> 황성신문은 장지연의 "시일야 방성대곡"을 게재한 일간지다.

Module 136

천주교 탄압과 관련된 유적지

> **핵심이론**
>
> • 서울 – 절두산 성지
> • 제천 – 베론 성지
> • 서산 – 해미 읍성
> • 전주 – 치명자산 성지

> **핵심 포인트**
>
> 조선 후기의 천주교 탄압 사건
> • 1차 탄압 : 1803년 신유박해
> • 2차 탄압 : 1839년 기해박해
> • 3차 탄압 : 1846년 병오박해
> • 4차 탄압 : 1866년 병인박해

Module 137

경천사지 십층 석탑

핵심이론

고려 충목왕 4년인 1348년에 원나라의 영향을 받아 세워진 탑으로 대리석으로 만들어졌다. 이 탑은 나중에 원각사지 십층 석탑의 양식에 영향을 준 것으로도 알려져 있다. 일제강점기 개경의 경천사지에서 일본으로 무단으로 반출되었다가 다시 되찾아 왔다. 지금은 국립중앙박물관에서 전시되고 있다.

핵심 포인트

경천사지 십층 석탑은 원나라의 영향을 받았고 일본에 무단반출되었다가 되찾아온 문화재이다.

Module 138

홍문관

핵심이론

조선 시대 왕의 자문을 담당한 기관으로 경연을 담당하고 궐내 경전과 서적을 관리하였다. 옥당 혹은 옥서로 불리기도 했다. 홍문관은 사헌부, 사간원과 함께 삼사라고 하였다.

핵심 포인트

• 홍문관은 삼사 중의 하나다.
• 삼사 : 사헌부, 사간원, 홍문관

Module **139**

장보고

핵심이론

신라와 당나라, 일본을 잇는 해상무역을 주로 하였던 장보고는 당나라의 무령관 소장을 지낸 장수로 신라방에서 지내는 신라인들을 위해 절을 세우기도 했다. 당나라 해적에게 노비로 사고 팔리는 신라인을 보고 통일신라로 돌아가 청해진을 세우고 무역의 거점으로 삼아 해적을 소탕하고 해상권을 장악하였다.

[장보고의 주요업적]
• 해적소탕
• 해상무역

핵심 포인트

• 신라방 : 당나라에 신라인들이 모여 살던 집단거주지

Module **140**

호우명 그릇

핵심이론

신라 시대의 고분인 호우총에서 발견된 유물로 밑바닥에 고구려 광개토대왕을 기념하는 명문이 새겨진 청동제의 그릇이다.

핵심 포인트

호우명 그릇은 고구려와 신라 사이의 우호 관계를 나타내는 중요 사료다.

Module **141**

고려 토지제도

핵심이론

- **태조 왕건 – 역분전** : 인품에 따라 토지를 나누어 주고 이에 대한 수조권을 지급한 제도
- **경종 – 시정 전시과** : 광종 때 정립한 4색 공복제와 인품에 따라 전지(농사)와 시지(땔감)를 지급한 제도
- **목종 – 개정 전시과** : 성종 때 정립한 18품계에 따라서 전·현직 문무 관리에게 전지(농사)와 시지(땔감)를 나누어 준 제도이며 퇴직 후에도 반납하지 않다가 죽은 후 반납한 제도
- **문종 – 경정 전시과** : 문무 현직 관리에게만 전지(농사)와 시지(땔감)를 나누어 준 제도
- **공양왕 – 과전법** : 경기지방의 문무 관리에게 수조권을 지급하였다.

핵심 포인트

수조권 : 조세의 성격인 곡식을 농민에게서 징수하는 권리

Module **142**

무신집권기의 주요 난(亂)

핵심이론

- **김보당의 난** : 1173년 동북면병마사 김보당이 무신정권에 도전
- **조위총의 난** : 1174년 병부상서 조위총이 무신정권에 도전
- **망이 · 망소이의 난** : 1176년 공주 명학소에서 천민인 망이, 망소이가 부역과 차별대우에 반발
- **전주 관노의 난(죽동의 난)** : 1182년 전주의 관노들이 죽동을 중심으로 일으킴
- **김사미 · 효심의 난** : 1193년 경상도 일대에서 가혹한 농민수탈로 무신정권에 도전
- **만적의 난** : 1198년 천민 계층의 난으로 만적을 중심으로 한 최초의 신분해방 운동

핵심 포인트

- **난(亂)** : 반역 난
- **무신정권기** : 고려 1170년 ~ 1270년, 약 100년간 무신들이 집권했던 시기

Module 143

전민변정도감

핵심이론

고려 후기 1269년에 신돈이 왕인 원종에게 청하여 만든 관서이다. 당시 농민들이 귀족들로부터 빼앗긴 토지와 노비를 되찾아 주는 등 관리들의 부패를 바로 잡기 위해 설치되었다.

핵심 포인트

전민변정도감은 신돈의 건의로 만들어진 관리들의 부패 척결을 위한 관청이었다.

Module 144

고려 시대 생활상

핵심이론

[고려 백성들의 주요 생활상]
- 여자도 호주가 가능했다.
- 여성의 재가가 자유로운 분위기였다.
- 태어난 순서대로 호적에 기재하였다.
- 불효나 반역죄는 중죄로 처벌되었다.
- 상평창은 물가를 조절하는 기관이었다.
- 남녀 구분 없이 자녀에게 균분 상속하였다.
- 제위보에서는 기금을 모아 그 이자로 빈민을 구제하였다.
- 보건소 역할을 한 동·서 대비원은 환자를 치료하여 빈민을 구제하였다.

핵심 포인트

제위보는 빈민구제기금을 마련했던 고려의 국가기관이다.

Module 145

조선 시대
수령 7사

핵심이론

[조선 시대 수령의 7대 업무]
• 농업을 발전시킬 것
• 학교를 흥하게 할 것
• 소송을 공정하게 할 것
• 인구수(호구수)를 늘릴 것
• 군사를 안전하게 유지할 것
• 관리의 부정행위를 근절할 것
• 백성에 대한 부역을 공평하게 할 것

핵심 포인트

"사또"로 불린 수령에게는 해당 고을의 사법, 행정, 군사 분야의 통솔권이 주어 졌다.

Module 146

세 조

핵심이론

[세조의 주요 업적]
• 직전법 실시
• 6조 직계제 부활
• 군제를 개편하여 왕권 강화
• 자신의 무덤에 석실과 석곽을 두지 말라는 유언을 함
• 한명회, 권남 등과 함께 반란을 일으켜 왕위에 오름

핵심 포인트

세조는 수양대군으로 알려진 조선의 7대 임금으로 왕세자를 거치지 않고 즉위 한 임금이다. 어린 조카 단종의 왕위를 찬탈한 것으로 알려져 있다.

Module 147

교육입국조서

핵심이론

교육을 근대화하려던 조선 정부에서 1894년 7월 예부를 폐지하고 근대적 교육행정기관인 학무아문을 설치한 후, 고종이 1895년 2월 2일 2차 갑오개혁 도중에 발표했던 교육에 관한 조서이다.

[주요내용]
- 교육의 중요성 강조
- 널리 학교를 세우고 인재를 양성하겠다.
- 구본신참(전통교육에 새로운 교육을 받아들임)을 강조
- 널리 학교를 세우고 인재를 양성하겠다.
- 교육의 3대 강령으로 덕양, 체양, 지양 3가지를 원칙으로 삼는다.

핵심 포인트

교육입국조서(교육조서)는 고종이 발표한 것으로 구본신참을 강조하였다.

Module 148

향 도

핵심이론

고려 시대 불교를 믿는 소모임에서 향나무를 함께 심는 활동을 하면서 시작된 공동체 문화로 여러 사람들이 함께 무엇인가를 이루어내는 고려의 독특한 풍습이다. 여러 가지 공동 목적을 달성하기 위해 조직된 단체를 의미하며, 각 시기와 사회 변동에 따라 조직의 성격이 바뀌었다.
- 삼국 시대 : 불교신앙 활동을 위한 승려단체
- 고려 전기 : 전국적, 신앙조직 연등회·팔관회 실행
- 고려 후기 : 불교색채 약화, 혼례·상례 주관, 상호부조 역할
- 조선 시대 : 향약 보급 후 향도가 위축되고 점차 두레로 기능 이전

핵심 포인트

향도 : 향도는 두레나 품앗이와 같은 고려 시대의 공동체 활동이다.

Module 149
연등회와 팔관회

핵심이론

• **연등회** : 1월 15일 ~ 2월 15일 전국적으로 연등을 밝히는 불교행사
• **팔관회** : 10월 ~ 12월에 치러진 도교적 신앙과 불교적 요소가 합쳐진 대규모 행사

핵심 포인트

연등회와 팔관회의 시작은 신라 시대였으나 고려 태조 왕건이 "훈요 10조"에서 숭불정책을 강조하면서 후대 왕들이 더 중시하여 활발해졌다.

Module 150
최치원

핵심이론

신라 하대(통일신라 시대)의 문장가로 당나라 빈공과에 급제하였다. 당나라 말기 황소의 난을 진압하면서 작성했던 격문이 문장으로써 뛰어남을 인정받아 이름을 떨치게 되었다. 당나라에서 신라로 돌아온 뒤 진성여왕에게 10여 조항의 개혁안을 건의하였으나 받아들여지지 않자 가야산에 위치한 해인사에 은둔하며 저술활동을 하였다. 주요 저서로 계원필경, 난랑비문이 있다.

핵심 포인트

최치원 : 통일신라 때 당나라 빈공과에 합격한 문장가로 진성여왕에게 "시무 10조(시무십여조)"를 제시한 것으로 유명하다.

Module 151

양명학

핵심이론

조선 중종 때 명나라에서 전래된 것으로 이론을 중심으로 한 성리학을 비판하고 실천할 것을 강조하였다. 아는 것과 행함은 다르지 않고 병행한다는 지행합일, 심즉리, 치양지를 강조한 학문이다.

핵심 포인트

• 심즉리 : 인간의 마음은 곧 이(理)다.
• 치양지 : 인간은 차별됨이 없으며 타고난 천리(天理)로 양지를 실현하여 사물을 바로잡을 수 있다.

Module 152

개천절

핵심이론

1909년 10월 3일 대종교에서 이날을 개천일로 이름을 짓고 기념했던 것에서 시작되어 단군왕검이 고조선을 건국한 것을 기리는 뜻에서 국경일로 제정되었다.

핵심 포인트

개천절은 단군왕검이 고조선을 건국한 것을 기념한 날이다.

Module 153

도병마사

핵심이론

고려 때 국가의 국방과 군사 문제를 논의했던 독자적인 정치기구로 왕 밑의 단독 기관이었다. 중서문하성의 "재신"과 중추원의 "추밀"이 합좌(合坐)하여 논의하였는데, 한 해에 한 번 모이기도 하고 여러 해 동안 모이지 않기도 한 기록이 있다.

도병마사 : "재신"과 "추밀"이 모여 국방과 군사문제를 논의했던 고려 시대 독자적 정치기구다.

Module **154**

최무선

핵심이론

- 화통도감을 설치할 것을 건의하였다.
- 진포 싸움에서 왜구를 격퇴시켰다.
- 화약 제조법을 습득하였다.
- 화포를 제작하여 전투에 사용하였다.

핵심 포인트

최무선은 고려 후기 최초로 화약을 발명한 장군이자 발명가이다.

Module **155**

호패법

핵심이론

조선 시대 백성들 중에서 군역이나 요역 담당자를 파악하기 위해 시행되었던 일종의 주민등록제도로 양반에서 노비까지 16세 이상의 남자에게 모두 호패가 발급되었다. 여성에게는 발급되지 않았으며 중앙은 한성부에서, 지방은 관찰사와 수령이 관할하였다.

핵심 포인트

호패는 양반에서 노비까지 16세 이상의 남자에게만 발급되었다.

Module 156
심양일기

> **핵심이론**
>
> 조선의 병자호란 때 인조의 항복으로 청나라에 볼모로 잡혀 갔던 인조의 아들인 소현세자와 봉림대군 일행들이 심양에서 겪은 일들을 정리한 책이다.
>
> **핵심 포인트**
>
> **심양일기** : 소현세자와 봉림대군이 청나라에 잡혀 갔을 때 선양에서 체류하면서 기록한 기록물

Module 157
근우회

> **핵심이론**
>
> 1927년 조선 여성의 단결과 지위 향상을 위해 설립된 단체로 신간회의 자매단체다. 국·내외에 60여 개의 지회를 설치하였으며 전국을 순회하며 강연과 야학을 통해 여성들의 의식을 향상시키고자 하였다.
>
> **핵심 포인트**
>
> 근우회는 여성의 지위 향상을 위해 노력했던 단체이다.

Module 158
문무대왕릉

> **핵심이론**
>
> 경상북도 경주에 있는 신라 문무대왕의 수중 무덤이다. 삼국통일을 이룬 문무왕은 신라를 통일한 이후 불안했던 국가의 안위를 걱정하여 바다에 있는 바위 아래 유해를 안치하였다. 오늘날 그 위치는 경북 경주시 양북면의 바다길 근처다.
>
> **핵심 포인트**
>
> **문무왕** : 신라의 제30대 왕으로 태종 무열왕의 적장자로 어머니는 김유신 장군의 누이다. 아들은 제31대 왕인 신문왕이다.

Module 159

이순신의
주요 해전

핵심이론

[옥포해전]
1592년 5월 옥포 앞바다에서 조선 수군이 처음 승리한 해전

[사천해전]
1592년 5월 처음으로 거북선을 사용한 해전

[한산도대첩]
1592년 7월 학익진을 이용하여 대승을 거둠

[명량대첩]
1597년 9월 13척의 배로 울돌목으로 들어온 일본 수군 133척을 상대하여
승리한 전투

[노량해전]
1598년 11월 도요토미 사망 후 임진왜란 말기 조명 수군의 연합작전으로
일본 수군 약 150여척을 물리친 전투였다. 이 노량해전에서 이순신 장군이
전사하였다.

핵심 포인트

한산도대첩 : 임진왜란의 운명을 바꾼 전투로 학익진의 전술을 사용한 전투로
유명함

Module 160

문헌공도
(=구재학당)

핵심이론

고려 시대 개경에 있었던 사학인 12개 중의 한 개로 최충이 은퇴 후 후진양성
을 위해 설립한 것으로 송악산 아래에 개설하였다. 소속 문도 중 과거에
급제했으나 아직 관직에 나가지 않은 인물을 교도로 삼고 학생들을 교육하
게 함으로써 많은 학도들이 모여 들었다. 고려 후기 국학인 국자감의
중흥정책에 의해 공양왕 3년 때 폐지되었다.

핵심 포인트

문헌공도는 최충이 설립한 사학으로 9개의 학반으로 나눈 것을 따서 구재학당
으로도 불렸다.

Module 161

훈요 10조

> **핵심이론**

[태조 왕건의 훈요 10조 요약]

- 제1조 : 대업을 위해 사원을 개창한 것이니 불교를 잘 위하되 후세 간신이 정권을 잡고 각자 사원을 경영하지 못하게 하라.
- 제2조 : 현재 지어놓은 사원 외에는 함부로 짓지 마라. 신라 말기에 앞 다투어 사탑을 세워서 지덕이 손상하여 나라가 망한 것이다.
- 제3조 : 왕위 계승은 맏아들이 상례이나 맏아들이 불초할 때는 형제 중 중망 받는 자로 하라.
- 제4조 : 당나라의 풍속을 숭상해 왔으나 풍토가 다르므로 굳이 따를 필요는 없으나 거란은 금수의 나라이니 의관 제도를 본받지 마라.
- 제5조 : 서경은 우리나라 지맥의 근본이니 백일 이상 머물러라.
- 제6조 : 연등회와 팔관회 같은 중요 행사를 소홀히 다루지 말라.
- 제7조 : 왕은 공평하게 일을 처리하여 민심을 얻어라.
- 제8조 : 공주강 밖은 산형지세가 험하니 그 지방 사람을 등용하지 말라.
- 제9조 : 백관의 기록을 공평하게 정해 줘라.
- 제10조 : 널리 경사를 보아서 현재를 경계하라.

> **핵심 포인트**

훈요 10조 : 고려의 태조 왕건이 후세 왕들이 지켜야 할 정책 방향을 10개 조항으로 남긴 왕실가전(家傳)으로 박술희에게 전한 유훈

Module 162

제가회의

> **핵심이론**

고구려에서 국가의 정책을 심의하고 의결했던 귀족회의 기구이며, 5부족 연맹체로 시작한 고구려에서 초기부터 시행된 제도다.

> **핵심 포인트**

제가회의는 고구려의 귀족회의로 국가의 주요 정책을 심의하고 의결하였다.

Module 163

나제동맹

핵심이론

삼국 시대 때 막강했던 고구려 장수왕의 남하정책에 대응하고자 백제의
비유왕과 신라의 눌지왕 사이에 맺은 우호적 동맹이다. 장수왕은 먼저
백제를 침략했는데 신라군이 구원군을 보냈으나 백제의 개로왕이 죽고
한강유역을 빼앗겼다. 이후 신라도 공격을 받아 7성을 점령당했으나 백제
가 도와 고구려의 공격을 막았다. 이후 연합군을 구성하여 고구려를 공격하
여 백제가 한강유역을 되찾았으나 신라 진흥왕이 한강하류를 점령하면서
나제동맹은 깨졌다.

핵심 포인트

나제동맹은 고구려 장수왕의 남하정책에 대비한 신라와 백제의 동맹이었지만
신라 진흥왕의 한강하류 점령으로 깨졌다.

Module 164

사심관 제도

핵심이론

고려의 태조 왕건이 지방 호족들을 견제하기 위해 실시한 제도로, 해당
지방의 관리를 그 지역사람으로 등용시켜 지방에서 반역이 발생하면 이를
책임지게 함으로써 반란 세력의 발생을 없애고자 한 왕권강화책이다.

핵심 포인트

• 사심관 제도는 해당 지역사람을 해당 지역의 관리로 임명하여 반란을 없애도
록 만든 왕권강화책이다.
• 왕건은 사심관 제도와 기인 제도를 왕권강화책으로 활용하였다.

Module 165

태종 이방원

핵심이론

태종 이방원은 이성계의 다섯째 아들로 태어난 조선의 3대 임금으로 정몽주에게 "하여가"를 지어 새로이 조선 왕조에 충성할 것을 회유한 것으로 유명하다.

[주요 업적]
- 사병철폐
- 호패법 실시
- 6조 직계제

핵심 포인트

[이방원 – 하여가]
이런들 어떠하리 저런들 어떠하리,
만수산 드렁칡이 얽혀진들 어떠하리,
우리도 이같이 얽혀져서 백년까지 누리리라.
[정몽주 – 단심가]
이 몸이 죽고 죽어 일백 번 고쳐 죽어,
백골이 진토되어 넋이라도 있고 없고,
임 향한 일편단심이야 가실 줄이 있으랴.

Module 166

세종대왕

핵심이론

[주요업적]
- 한글창제
- 집현전 설치(임금과 경연)
- "농사직설" 편찬
- "삼강행실도" 편찬(30편의 그림책)
- 서울 기준의 역법서인 "칠정산 내편" 편찬

핵심 포인트

세종대왕은 조선 태종 이방원의 셋째 아들로 충녕대군으로 불렸다. 한글을 창제하여 우리민족의 기틀을 다진 임금으로 유명하다.

Module 167
소 도

핵심이론

소도는 철기 문화 기반의 농경사회였던 삼한(三韓) 시대에 제사장인 천군이 천신(天神)에게 제사를 지낸 장소이다. 삼한이란 마한, 진한, 변한지역을 말하며, 이들 지역에서는 소도라는 특정 지역을 두고 이곳에 제사장을 임명하고 천신에게 제사를 지냈다. 이때 소도라는 표시로써 마을 입구에 큰 나무를 세우고 그 나무에 방울과 북을 매달아서 이 곳이 성지임을 나타냈다. 이 소도로 죄인이 도망쳐도 관군은 잡을 수 없었다는 점을 들어 정치적 지도자와 제사장은 분리되어 있었으며, 제정분리 사회였음을 알 수 있다.

핵심 포인트

삼한(三韓) : 우리나라의 남쪽에 위치했던 마한, 진한, 변한을 한 번에 불렀던 말

Module 168
천리장성

핵심이론

고려 덕종 때 여진족의 침입을 막기 위해 쌓은 장성으로 서쪽으로는 압록강 어귀에서부터 동쪽으로는 의주 근방까지 약 천리 정도의 거리를 돌로 축조하였다. 이후 고려의 북방 침입을 막는 주요 경계가 되었으며 현재까지도 남아 있는 유적이다.

핵심 포인트

• 1리(里) = 약 392.7m
• 1,000리(里) = 약 392.7km

Module 169

5.18 민주화운동

핵심이론

1980년 5월 18일부터 약 9일간 광주 시민들이 민주주의 회복을 위한 신군부 퇴진과 계엄령 철폐를 요구하며 신군부에 저항했던 사건으로 최근엔 영화 "택시운전사"를 통해 당시의 시대적 상황을 다시 되돌아보는 계기가 되었다. 2011년에 유네스코 세계기록유산으로 등재되었다.

핵심 포인트

5.18 민주화운동은 광주지역민들이 민주주의 회복을 위해 계엄군에 저항했던 민주화운동이다.

Module 170

반민족 행위 특별조사위원회

핵심이론

일제강점기 친일행위를 한 사람들(친일파)을 처벌하기 위해 이승만 대통령 때 만든 특별법인 "반민족 행위 처벌에 관한 특별법"을 실행하기 위해 만든 위원회로 일명 "반민특위"라고도 한다. 이 위원회는 각 도에서 1명씩 추천된 국회의원으로 구성되었으며, 1948년 시행되어 1949년 폐지되었다.

핵심 포인트

반민특위는 일제강점기 활동했던 친일파를 처벌하기 위해 만든 특별위원회다.

Module 171

고려인

핵심이론

구소련의 영토나 현재 러시아 등지에 거주하는 한국 이주민과 그 후손들을 가리키는 말이다. 1860년대 러시아가 청나라로부터 연해주를 넘겨받은 시점에, 한국인들이 농업을 위해 연해주로 이주하면서부터 고려인들이 많아졌다. 그러다가 일본에 의해 우리나라의 국권이 위협받으면서 고려인들은 더 많아졌다.

고려인 : "카레이스키"라고도 불리는데 러시아 등지에 사는 교포를 가리킨다.
"한국"의 영어 Korean을 러시아어로 카레이스키, 즉, 고려인이라는 말이다.

Module 172

사문난적

핵심이론

조선 후기에 유교 경전을 읽고 이를 해석하는 방법에서 당시 성리학을
중시했던 양반들이 "주희"와 다른 해석을 내놓는 사람들에게 "사문난적"
이라고 비난했다.

핵심 포인트

사문난적(斯文亂賊) : 이 사, 글월 문, 어지러울 난, 도둑 적
당시 성리학이라는 큰 틀의 학문의 이치를 어지럽힌다는 의미

Module 173

상피제

핵심이론

고려 시대 중국 송나라로부터 처음 들여온 제도이다. 조선 세종 때 보완되어
일정 범위의 친족 간에는 같은 관서나 직속 관서의 관원이 되지 못하게
했던 규정이다. 상피제는 권세 있는 집안에서 조정의 요직을 독점하는
것을 방지하는 장치로도 사용되었다.

핵심 포인트

상피제(相避制) : 서로 상, 피할 피, 마을 제
서로 피하게 하는 제도

Module 174

수렴청정

핵심이론

왕실을 대표하는 여성, 즉 왕후가 어린 국왕을 대신해 일정 기간 국정을 관할하는 정치 행위다.

[조선 시대 수렴청정 사례]

• 성종 때 정희왕후
• 명종 때 문정왕후
• 순 조
• 헌 종

핵심 포인트

수렴청정(垂簾聽政) : 받을 수, 발 렴, 들을 청, 정사 정

Module 175

계유정난

핵심이론

조선 단종 임금 1년차 때 수양대군이 한명회 등의 주변인들과 함께 어린 단종을 보좌했던 김종서, 황보인 등의 세력을 제거하고 권력을 차지했던 사건이다. 수양대군은 결국 단종에게 왕위를 이어받아 세조로 즉위하였다.

핵심 포인트

계유정난 : 문종이 죽고 어린 단종을 보좌하던 김종서의 세력을 수양대군 세력이 제거했던 사건

Module 176

교조신원운동

핵심이론

조선 정부는 동학을 사교로 규정하고 교조였던 최제우를 처형하고 동학을 탄압하기 시작했는데 제2대 교조였던 최시형을 중심으로 동학을 합법화하여 교조 최제우의 억울함을 풀고 탄압을 중지해 달라는 동학교도들의 운동. 1892~1893년 사이에 총 4차 교조 신원 운동까지 진행되었으며 정부로부터 해산을 위한 회유와 설득을 받아 4차로 종료되었으나, 교조신원운동은 1894년 동학농민운동으로 발전하는 계기가 되었다.

핵심 포인트

교조신원운동은 동학의 교도들이 조정으로부터 포교의 자유를 얻고자 한 저항운동이다.

Module 177

최충헌

핵심이론

고려의 무신정권기 최고의 권력을 누렸던 무신으로 100여년의 무신정권 기간 중 최씨 가문이 약 60년간 권력을 잡을 수 있는 토대를 마련한 인물이다. 명종 26년 1196년에 당시 정권을 잡고 있던 이의민 일당을 몰아내면서 정권을 장악하기 시작했다. 명종에게 10개조의 개혁안인 "봉사 10조"를 지어 건의한 것으로 전해진다.

핵심 포인트

최충헌은 무신집권기의 무신으로 "봉사 10조"를 지어 국왕에게 올렸다.

Module **178**

대각국사 의천

핵심**이론**

[주요 업적]
• 고려 11대 왕인 문종의 넷째 아들
• 해동 천태종을 창시함
• 화엄종으로 교종을 통합함
• 이론과 수행을 함께 강조하는 "교관겸수"를 주장함
• "교장도감"을 저술

핵심 포인트

의천은 왕자의 신분으로 승려가 된 인물로 천태종을 창시하였다.

Module **179**

고려와 조선의
지방 행정조직

핵심**이론**

[고 려]
• 5도 양계 체제
• 모든 군과 현에 관리가 파견되지 않음
　파견된 지방은 주군과 주현, 미파견 지방은 속군과 속현으로 불림
• 성종 때 12목을 설치하고 지방관인 목사를 파견함
• 도의 순찰을 담당한 안찰사를 파견함
• 향, 소, 부곡이 존재함

[조 선]
• 8도 체제
• 향, 소, 부곡을 폐지하고 군이나 현으로 편입함
• 병마절도사와 수군절도사를 겸임하는 관찰사를 파견함

핵심 포인트

하층민들이 거주하는 향, 소, 부곡이 고려 시대에는 존재했으나 조선 시대에는
일반 군이나 현으로 편입되었다.

Module 180

숭례문

핵심**이론**

우리나라 국보 제1호인 숭례문은 한양도성의 남쪽 문으로 1398년 태조 때 건립되었다. 2008년 2월 설 연휴 기간 중 방화에 의한 화재로 2층 지붕이 무너져 내리는 등의 훼손이 발생되었다. 이후 복구하는 전 과정에서 3차원 기법을 적용하고 이를 기록하는 작업을 거쳐 2013년 4월 30일 복구가 완료되었다.

핵심 포인트

우리나라 국보 제1호인 숭례문(남대문)은 2008년 화재가 발생하여 2013년 완전 복구되었다.

Module 181

한성순보
(최초의 관보)

핵심**이론**

• **한성순보** : 조선 후기 박문국에서 발행했던 최초의 관보로 1883년 7월부터 발행되어 1884년 갑신정변 때 폐간되었다. 순한문으로 작성된 신문으로 열흘마다 발행되었다.
• **한성주보** : 한성순보를 계승해서 1886년 1월부터 국한문 혼용체 신문으로 박문국에서 발행한 관보이며, 한주에 한번 발행되다가 1888년 박문국 폐지로 함께 폐간되었다.

핵심 포인트

우리나라 최초의 관보(최초의 근대신문) : 한성순보(漢城旬報)

Module 182

대한자강회

핵심이론

나라의 독립은 자강에 달려 있을 뿐이고, 자강은 교육과 산업발전을 통해 가능하다고 주장한 단체이다. 일본은 고종이 헤이그 특사 파견을 빌미로 고종을 강제 폐위시킨 후, 이에 조선 사람들이 반발하는 것을 막기 위해 집회시위를 단속하는 "보안법"을 제정하였으며, 이때 대한자강회가 고종의 강제퇴위 반대운동을 전개하다가 보안법에 의해 해산되었다.

핵심 포인트

헌정연구회를 계승하여 1906년 설립되어 고종의 강제퇴위 반대운동을 전개하다가 1907년 일제의 보안법에 의해 강제 해산됨

Module 183

삼별초

핵심이론

고려 무신정권기에 권력을 잡고 있던 최우가 도둑이 많았던 시대적 상황에서 이를 수습하고자 군대조직과는 별개의 사병으로 만든 야별초가 그 시작이었다. 이 야별초가 향후 정규군으로 편성되면서 "야별초"와 "우별초"로 나뉘었고, 대몽 항쟁기에 몽골에 포로로 잡혀갔다가 탈출한 병사들로 이루어진 "신의군"을 묶어서 "삼별초"라 불리기 시작했다. 1270년 몽골에 항복한 원종이 삼별초 해산을 명령했으나 이에 반발하여 배중손을 중심으로 항전을 지속했다. 강화도에서 진도, 제주도까지 점령했다가 여몽 연합군에 의해 제주도에서 진압되었다.

핵심 포인트

삼별초의 대몽항쟁은 배중손을 중심으로 강화도 → 진도 → 제주도로 근거지를 옮겨가며 항전하였다. 야별초인 좌별초, 우별초와 신의군으로 구성된 3개의 별초군을 총칭한 것

Module 184

한양도성 4대문과
4소문

핵심이론

[한양도성 4대문]
• 동대문 – 흥인지문
• 서대문 – 돈의문
• 남대문 – 숭례문(정문의 역할)
• 북대문 – 숙정문

[한양도성 4소문]
• 동소문 – 혜화문
• 서소문 – 소의문
• 남소문 – 광화문
• 북소문 – 창의문

핵심 포인트

조선시대의 정문은 숭례문(남대문)이었다.

Module 185

신문고제도

핵심이론

태종 이방원 때 백성들이 억울하거나 원통한 일을 당했을 경우 "등문고"라
는 북을 치게 하자는 의정부의 건의를 받아들여 만들어진 제도다. 나중에
"등문고"를 "신문고"로 바꿔 불렀기 때문에 오늘날은 신문고로 알려지게
되었다.

핵심 포인트

조선 시대 신문고제도는 태종 이방원 때 처음 실시하였다.

Module 186

당상관, 당하관

핵심이론

[당상관]
- 정3품 이상의 관리로 문관은 통정대부, 무관은 절충장군으로 불림
- 의정부의 3정승, 6조의 판서직을 담당하는 고위관료로 국가의 중요 정책에 참여하였다.

[당하관]
- 정3품에서 종9품까지의 관리
- 국가의 정책에 따른 실무를 담당함

핵심 포인트
- 당상관은 능력이나 공덕이 인정되면 시기에 상관없이 승진하였다.
- 당하관은 정해진 근무일수를 채우면 승진하는 순차법이 적용되었다.

Module 187

조선 시대 주요 관청의 업무

핵심이론
- 의정부 - 재상들이 국정을 총괄하던 기관
- 6조 - 이조, 호조, 예조, 병조, 형조, 공조
- 승정원 - 왕의 비서와 같은 업무를 담당하면서 왕명을 출납함
- 의금부 - 국가에 대해 죄가 큰 죄인을 담당하는 사법기관
- 성균관 - 국립대학
- 예문관 - 왕의 교서를 작성
- 한성부 - 한양의 토지와 가옥에 대한 소송을 담당
- 승문원 - 외교문서 작성
- 춘추관 - 역사서 보관 및 편찬
- 홍문관 - 궁중도서 관리 및 경연을 담당

핵심 포인트
- 의정부의 수장 - 영의정
- 승정원의 수장 - 도승지
- 승문원의 수장 - 도제조

Module 188

조선 시대의 기술교육기관

핵심이론

• 형조 – 율학(법률)
• 관상감 – 천문
• 도화서 – 그림
• 전의감, 혜민서 – 의학
• 장악원 – 음악
• 호조 – 산학(수학)
• 사역원 – 외국어

핵심 포인트

조선의 기술교육기관에는 주로 중인의 자제가 입학하였으며, 이후 잡과에 응시하여 해당 관청의 실무직으로 일했다.

Module 189

대마도 정벌

핵심이론

고려 말에서 조선 중반까지 한반도에 침략하여 노략질을 해온 왜구의 근거지였던 대마도(쓰시마)를 3차에 걸쳐 정벌하였다.
• 1차 대마도 정벌 : 1389년 고려 창왕 때 박위
• 2차 대마도 정벌 : 1396년 조선 태조 때 김사형
• 3차 대마도 정벌 : 1419년 조선 세종 때 이종무

핵심 포인트

조선 시대 대마도를 정벌한 것으로 가장 유명한 장군은 이종무다.

Module 190

김시습

핵심이론

조선 초기인 1435년에 태어나 8개월 만에 글을 읽고 3세 때 글을 지었다고 전해지는 천재로 5세 때는 중용과 대학에 능통했다. 세종대왕이 5세 때 하사한 비단들의 끝을 서로 묶어서 끌고 갔다는 일화로도 유명하다. 우리나라 최초의 한문소설인 금오신화를 저술하였다.

핵심 포인트

김시습 : 우리나라 최초의 한문소설인 금오신화 저술

Module 191

주요 판소리

핵심이론

- **적벽가** : 삼국지 중 적벽대전에서 조조가 제갈공명에게 크게 패하는 이야기
- **산대놀이** : 지배층과 그들에게 의지하며 지내는 부패한 승려의 위선을 풍자한 이야기
- **춘향가** : 이몽룡이 월매의 딸 춘향이와 사랑을 이루어가는 이야기
- **흥보가** : 착한 동생 흥부, 욕심 많은 형 놀부, 다리가 부러진 제비 다리를 흥부가 고쳐 주는 내용 전개를 통해 결국 형이 개과천선 한다는 이야기
- **수궁가**(별주부타령) : 용왕이 병이 들어 약에 쓸 토끼의 간을 구하러 자라가 세상에 나가 토끼를 꾀어 용궁으로 데려왔으나 꾀가 많은 토끼가 영리하게 죽음을 면하여 살아온 이야기

핵심 포인트

- **판소리** : 창을 부르는 창자가 고수의 북 장단에 맞춰 스토리가 있는 가사를 소리(창, 노래)나 아니리(말하는 형태), 발림(몸짓)의 형태로 전달함으로써 그 속에 숨어 있는 이야기를 전달하는 고유 놀이

Module 192

조선 시대 제주도에 표류한 네덜란드인

핵심이론

[박 연]
- 조선 후기 인조 때 귀화한 네덜란드인
- 훈련도감에서 서양식 대포 제조법과 조종법을 전수함
- 네덜란드 홀란디아호의 승무원으로 일본으로 향하던 중 제주도에 표류함
- 1653년 하멜이 표류했을 때 하멜 일행을 한양으로 호송하는 임무를 수행함

[하 멜]
- 네덜란드 동인호 회사의 선원으로 일본 나가사키로 향하던 중 제주도에 표류함
- 네덜란드로 되돌아가서 조선에 머물면서 생활했던 내용을 "하멜 표류기"로 작성

핵심 포인트

하멜 표류기(1668년)는 하멜이 자신의 고국 네덜란드로 돌아가 보상금을 받기 위해 회사 측에 제출한 보고문의 일종이다.

Module 193

혼천의

핵심이론

홍대용이 만든 조선 시대 천체 관측기구로 태양이나 달, 수성과 금성, 화성, 토성, 목성 등의 위치를 관측하는데 주로 사용하였다. 자동으로 날짜와 시간도 표시되었다.

핵심 포인트

혼천의는 홍대용이 만든 천체 관측기구다.

Module 194

조선 시대 과거시험

[핵심이론]

[문과] – 문관을 선발하는 과거시험

• 소 과
 – 대과를 보기 위한 1차 시험의 성격으로 생원과와 진사과가 있음
 – 합격자는 생원과 진사로 불리며 하급관리가 되거나 성균관 입학 혹은 대과에 응시하였다.

• 대 과
 – 식년시 : 3년마다 정기적으로 실시되었던 시험으로 이외에는 모두 비정기적 시험이다.
 – 증광시 : 왕이 즉위하였거나 왕자가 태어나는 등 국가 경사가 있을 때 실시
 – 알성시 : 왕이 성균관에서 문묘를 참배할 때 실시
 – 백일장 : 시골 유생들에게 학업 증진의 기회를 제공하고자 실시

[무과] – 무관을 선발하는 과거시험

• 시험 시기는 문과와 동일한 날 시행되었다.
• 서자나 천인들이 주로 응시함

[핵심 포인트]

• 소과에 합격하면 하급관리인 생원과 진사가 되기도 함
• 대과에 합격하면 합격증서인 홍패를 받았으며 순위에 따라 종6품~정9품의 품계가 주어짐

Module 195

공명첩과 납속책

[핵심이론]

[공명첩]

조선 후기 때 국가의 재정을 늘리기 위해 재력가들에게 돈이나 곡식과 바꾸어 준 관리 임용장
이름을 쓰는 부분이 지워진 채 만들어진 것으로 실무는 보지 않고 이름만 올린 가짜 임용 시스템이었다.

[납속책]

곡식이 부족해서 군량미나 구휼미가 필요할 때 실시한 정책으로 부유한 농민이나 큰 상인들로부터 곡식을 받고 이에 맞는 직책을 부여했다. 이는 공명첩과 같이 이름만 올린 가짜 임용 시스템의 일종이었다.

핵심 포인트

공명첩과 납속책은 돈을 많이 번 부농이나 상인들이 신분상승을 위해 주로 구입하였다.

Module 196
조선교육령

핵심이론

[제1차 조선교육령] – 1911년
• 민족의식적 성격이 큰 사립학교 감축
• 보통학교 수업 연한 단축시킴

[제2차 조선교육령] – 1922년
• 조선어를 필수과목에 포함
• 조선인의 일본고등학교 진학 허용

[제3차 조선교육령] – 1938년
• 내선일체화로 황국신민서사를 강제로 암송하게 함
• 조선어를 선택과목으로 하였다가 결국 폐지시킴
• 우리말과 우리역사의 교육을 금지시킴

핵심 포인트

일제는 조선 사람들의 정신을 강압적 교육을 통해 탄압하고자 1, 2, 3차에 걸쳐 교육령을 반포하였다. 학교에서 조선어를 금지시킨 것은 제3차 교육령 때이다.

Module 197
승정원 일기

핵심이론

승정원 담당자가 임금의 매일매일 일과나 신하들이 올린 상소, 각 관청에서
보고한 내용들을 기록한 책으로 현재까지 전해지고 있는 사료다.
국보 제303호로 지정된 기록문화유산으로 서울대학교 규장각에 보존되어
있다.

핵심 포인트

승정원은 조선 태종 때 만들어진 왕의 비서기관으로 왕의 일상을 적은 승정원
일기를 편찬했다.

Module 198
우리나라 최초의 전차

핵심이론

우리나라의 전차는 1899년 5월 청량리와 서대문 사이를 최초로 운행했다.
이 전차는 한 번에 45명 정도 탈 수 있었던 우리나라 최초의 대중교통
수단이라고 할 수 있다. 미국인 콜브란과 대한제국 황실이 합작해서 만든
한성전기회사에서 건설하였다.

핵심 포인트

우리나라 최초의 전차는 청량리와 서대문 사이를 운행했다.

Module 199

미쓰야 협정

핵심**이론**

1925년 일제강점기 때 만주 등지에서 항일독립군이 활발히 활동하자 일본 군과 만주군이 우리 독립군을 탄압하기 위해 "만주에 거주하는 한국인 단속에 대한 교섭"을 벌여 조선총독부의 경무국장 미쓰야와 중국 둥산성의 경무처장 위린, 사실상 지배자였던 만주 군벌 장작림이 체결한 협정이다. 만주군은 우리 독립군을 체포하면 일본으로부터 상금을 받았기에 독립군 체포에 혈안이 되어 있었다. 이 협정으로 인해 우리 독립군은 큰 타격을 받았다.

핵심 포인트

미쓰야 협정은 일제강점기 일본과 중국 군대에 의해 우리 독립군의 활동이 큰 제약을 받은 사건이다. 미쓰야 협약, 삼시 협약, 삼시 협정 등으로 불림

Module 200

우리나라의 주요 세시풍속

핵심**이론**

[삼짇날]
• 음력 3월 3일로 봄을 알리는 날
• 강남 갔던 제비가 돌아온다고 하여 진달래꽃을 넣은 화전을 만들어 먹었다.

[단 오]
• 왕은 신하들에게 무더위를 잘 견디라는 의미로 부채를 선물했다는 기록이 있다.
• 음력 5월 5일로 1년 중 양기가 가장 왕성한 날이라 여겼다.
• 남자들은 씨름, 여자들은 그네를 타는 풍속이 전해진다.

[정월 대보름]
• 음력 1월 15일
• 오곡밥 먹기
• 해충 피해 방지를 위한 - 쥐불놀이
• 부스럼 예방을 위한 - 부럼 깨기
• 액운을 물리치고 복을 기원하는 - 달집(나무더미) 태우기

안심Touch

[동 지]

• 1년 중 밤이 가장 긴 날

• 팥죽을 먹고 부적을 쓰며 귀신을 쫓는다는 풍습

[한 식]

• 동지 이후 105일째가 되는 날로 대략 양력으로 4월 6일 무렵이다.

• 찬 음식을 먹는 풍습이 있다.

[판소리]

• 소리꾼, 고수, 관중이 함께 즐기는 공연

• 춘향가, 심청가, 흥부가, 수궁가 등이 유명하다.

핵심 포인트

• **세시풍속(歲時風俗)** : 해 세, 때 시, 바람 풍, 풍속 속
  과거 농경사회 때 해마다 되풀이되는 관습적이고 민속적인 풍속이다.

─ 부록 ─

기출복원문제

공사공단 공기업 전공 [필기]

기계직 600제
필수 이론
(한국사 포함)

(주)시대고시기획
(주)시대교육

www.**sidaegosi**.com

시험정보 · 자료실 · 이벤트
합격을 위한 최고의 선택

시대에듀

www.**sdedu**.co.kr

자격증 · 공무원 · 취업까지
BEST 온라인 강의 제공

기출복원문제

01 한 변의 길이가 a인 정사각형 유관의 수력반경(R_h)은?

① $4a$ ② $2a$

③ a ④ $\dfrac{a}{2}$

⑤ $\dfrac{a}{4}$

02 경계층은 보기 중에서 어떤 요소와 가장 관련이 큰가?

① 점성의 정도   ② 음속의 정도

③ 압력의 정도   ④ 양력의 정도

⑤ 추력의 정도

03 관마찰계수(f)에 대한 설명으로 알맞지 않은 것은?

① 다르시-바이스바흐 방정식을 활용한다.

② 층류일 때는 레이놀즈수만의 함수이다.

③ 상대조도와 레이놀즈수의 함수이다.

④ 하겐-푸아죄유(Hagen-Poiseuille)의 방정식을 활용한다.

⑤ 상대조도와 레이놀즈수의 함수는 T-S선도로 구할 수 있다.

04 층류와 난류를 구분하는 척도인 무차원수는?

① 마하수

② 웨버수

③ 프루드수

④ 오일러수

⑤ 레이놀즈수

05 사각위어의 수로 폭(b)을 설계하기 위한 식은?(단, y : 수로의 깊이)

① $b = y$

② $b = 2y$

③ $b = 4y$

④ $b = \dfrac{1}{2}y$

⑤ $b = \dfrac{2}{3}y^2$

06 동점성계수의 기본 단위는?

① Stokes

② poise

③ m^3/s

④ J/s

⑤ $N \cdot m$

07 개수로(Open Channel)를 흐르는 유체의
유량(Q)을 측정할 때 사용되는 것은?

① 위 어
② 노 즐
③ 오리피스
④ 마노미터
⑤ 벤투리미터

08 원형 관 흐름에서 원래 원형 관의 지름을
3배로 하고 유속을 일정하게 유지했을 경우
유량(Q) 변화는?

① 1배
② 3배
③ 6배
④ 9배
⑤ 10배

09 국제단위계(SI)에서 사용되는 온도 척도인
[℃]와 영국 단위계에서 사용되는 온도 척도
인 [℉]가 서로 같게 되는 온도 A는?

$$(A)[℃] = (A)[℉]$$

① −273
② −40
③ 0
④ 100
⑤ 373

10 다음 중 열역학적 성질을 설명한 것으로
알맞지 않은 것은?

① 밀도는 단위체적당 질량을 의미한다.
② 비중량은 단위체적당 무게를 의미한다.
③ 비체적이란 단위질량당 체적을 의미
한다.
④ 비열이란 단위질량의 물체를 단위온도
만큼 올리는 데 필요한 열량을 의미한다.
⑤ 비중이란 어떤 물질이 동일한 양일 때
수은과 비교하여 얼마나 무거운지를
비교하는 것을 의미한다.

11 다음 중 해면에서 국소대기압의 평균값을
의미하는 표준대기압인 1[atm]과 동일하게
사용되는 값이 아닌 것은?

① 760[mmHg]
② 10.332[mAq]
③ 101.325[kPa]
④ 1.01325[bar]
⑤ 10.332[kgf/cm^2]

12 열역학의 현상들을 표현하는 법칙들 중에서
비가역의 법칙으로 Clausius가 "열은 그
자신만으로는 저온체에서 고온체로 이동할
수 없다"라고 설명한 법칙은?

① 열역학 제0법칙
② 열역학 제1법칙
③ 열역학 제2법칙
④ 열역학 제3법칙
⑤ 열역학 제4법칙

13 증기 원동소의 기본 사이클로 2개의 단열과 정과 2개의 정압과정으로 이루어진 랭킨사이클의 작동 순서는?

① 보일러 → 과열기 → 터빈 → 복수기 → 급수펌프
② 보일러 → 과열기 → 터빈 → 급수펌프 → 복수기
③ 보일러 → 과열기 → 복수기 → 터빈 → 급수펌프
④ 과열기 → 보일러 → 터빈 → 복수기 → 급수펌프
⑤ 과열기 → 보일러 → 복수기 → 터빈 → 급수펌프

14 Carnot 열기관이 367[℃]인 고온의 열원으로부터 500[kJ]의 열을 받고 47[℃]인 저온체에 열을 방출한다. 이 열기관의 열효율은?

① 25[%] ② 30[%]
③ 40[%] ④ 50[%]
⑤ 75[%]

15 표면장력의 차원으로 알맞은 것은?

① MT^{-2}
② ML^{-3}
③ LT^{-1}
④ L^2T^{-1}
⑤ $ML^{-1}T^{-2}$

16 냉장고 문을 열어두면 방의 온도는?

① 떨어진다.
② 높아진다.
③ 유지된다.
④ 떨어지다가 다시 높아진다.
⑤ 높아지다가 다시 떨어진다.

17 열간가공과 냉간가공을 구분하는 것은?

① 비 중 ② 용융점
③ 어는점 ④ 재결정온도
⑤ 냉각속도

18 탄소강의 5대 합금 원소는?

① C, Si, Mn, P, S
② C, Si, Mn, P, Sn
③ C, Si, Mn, B, Zn
④ C, S, Mg, Ni, Sn
⑤ C, S, Mg, Zn, Sn

19 경도시험에서 136[°]인 다이아몬드의 피라미드 압입자를 사용하는 것은?

① 쇼어 경도
② 비커스 경도
③ 브리넬 경도
④ 로크웰 경도
⑤ 모스 경도

20 열처리의 방법 중 강을 경화시킬 목적으로
실시하는 열처리는?

① 담금질
② 뜨 임
③ 불 림
④ 풀 림
⑤ 항온변태

21 표준 고속도강의 합금 비율은?

① W−10[%], Cr−5[%], V−2[%]
② W−10[%], Cr−4[%], V−2[%]
③ W−18[%], Cr−4[%], V−1[%]
④ W−18[%], Cr−2[%], V−1[%]
⑤ W−20[%], Cr−10[%], V−1[%]

22 백주철을 열처리하여 시멘타이트를 분해시
킴으로써 단조를 가능하게 만든 주철은?

① 회주철
② 가단주철
③ 칠드주철
④ 고규소주철
⑤ 구상흑연주철

23 정련된 용강을 노 내에서 Fe−Mn, Fe−Si,
Al 등으로 완전 탈산시킨 강은?

① 킬드강
② 캡트강
③ 림드강
④ 세미킬드강
⑤ 세미캡트강

24 금속 침투법 중 칼로라이징은 어떤 금속을
침투시킨 것인가?

① B
② Cr
③ Al
④ Zn
⑤ Si

25 타격부분이 둥근 구면인 특수 해머를 모재의
표면에 지속적으로 충격을 가함으로써 재료
내부에 있는 잔류응력을 완화시키면서 표면
층에 소성변형을 주는 방법은?

① 피 닝
② 숏피닝
③ 버니싱
④ 슈퍼피니싱
⑤ 샌드블라스트

26 스테인리스강의 종류에 속하지 않는 것은?

① 페라이트계 스테인리스강
② 석출경화계 스테인리스강
③ 시멘타이트계 스테인리스강
④ 마텐자이트계 스테인리스강
⑤ 오스테나이트계 스테인리스강

27 아연을 5~20[%] 첨가한 것으로 금색에 가까워 금박 대용으로 사용하며 특히 화폐, 메달 등에 주로 사용되는 황동은?

① 톰 백
② 실루민
③ 문쯔메탈
④ 배빗메탈
⑤ 쾌삭황동

28 순철에서는 A_2 변태점에서 일어나며 원자 배열의 변화 없이 자기의 강도만 변화되는 자기변태의 온도는?

① 723[℃]
② 768[℃]
③ 910[℃]
④ 968[℃]
⑤ 1,410[℃]

29 담금질 강의 조직이 잔류 오스테나이트에서 전부 오스테나이트 조직으로 바꾸기 위해 재료를 오스테나이트 영역까지 가열한 후 0[℃] 이하로 급랭시키는 작업은?

① 시효변형
② 심랭처리
③ 침탄법
④ 질화법
⑤ 에이징작업

30 절삭가공에서 짧은 시간에 발생, 성장, 분열, 탈락의 주기를 반복하는 현상으로 연강이나 스테인리스강, 알루미늄과 같이 재질이 연하고 공구 재료와 친화력이 큰 재료를 가공할 때 주로 발생하는 현상은?

① 경사면(Crater) 마멸
② 여유면(Flank) 마멸
③ 가공경화 현상
④ 시효경화 현상
⑤ 빌트업 에지(Built-up Edge)

31 나사나 기어를 제조하기에 적합한 가공법은?

① 전 조
② 인 발
③ 압 출
④ 압 인
⑤ 프레스

32 주물사의 구비조건으로 알맞지 않은 것은?

① 통기성이 좋아야 한다.
② 열전도도가 높아야 한다.
③ 용탕이 빨리 응고되지 않아야 한다.
④ 화학적 변화가 일어나지 않아야 한다.
⑤ 주물표면과의 접착력이 좋으면 안 된다.

33 밀링가공의 하향절삭에 대한 설명으로 알맞지 않은 것은?

① 공구의 수명이 길다.
② 표면 거칠기가 좋다.
③ 백래시 제거장치가 필요하다.
④ 일감을 단단히 고정해야 한다.
⑤ 작업 시야가 좋아 가공하기 편하다.

34 용접의 결함과 원인을 각각 짝지은 것 중 틀린 것은?

① 오버랩 : 용접전류가 너무 낮을 때
② 언더컷 : 용접전류가 너무 낮을 때
③ 기공 : 건조되지 않은 용접봉을 사용했을 때
④ 용입불량 : 이음설계가 불량할 때
⑤ 슬래그혼입 : 용접부위에 청소가 불량할 때

35 밀링에서 지름 100[mm] 커터로 재료를 2,000[rpm]으로 절삭한다면, 이때 절삭속도는 약 몇 [m/min]인가?(단, $\pi = 3$으로 계산한다)

① 0.2
② 0.6
③ 1
④ 1.5
⑤ 2

36 다이캐스팅 주조법의 특징으로 알맞지 않은 것은?

① 충진 시간이 다소 길다.
② 주형의 영구적 사용이 가능하다.
③ 주물조직이 치밀하며 강도가 크다.
④ 정밀도가 높은 표면을 얻을 수 있다.
⑤ 냉각속도가 빨라서 생산속도가 빠르다.

37 선반작업 시 발생하는 3분력의 크기가 큰 순서로 알맞은 것은?

① 주분력 = 배분력 = 이송분력
② 주분력 = 배분력 > 이송분력
③ 주분력 > 배분력 > 이송분력
④ 이송분력 > 주분력 > 배분력
⑤ 배분력 > 이송분력 > 주분력

38 래핑작업의 특징으로 알맞지 않은 것은?

① 가공 면이 매끈하다.
② 랩제가 잔류하기 쉽다.
③ 가공면의 내마모성이 좋다.
④ 정밀도가 높은 제품을 가공한다.
⑤ 랩 재료는 반드시 공작물보다 연한 것을 사용한다.

39 CNC 공작기계의 일상점검 내용 중 매일 점검사항이 아닌 것은?

① 외관 점검
② 유량 점검
③ 작동 점검
④ 압력 점검
⑤ 회로 점검

40 밀링에서 이송속도 F[mm/min]를 나타내는 식은?(단, f : 날당 이송[mm/tooth], Z : 날 수, N : 회전수[rpm])

① $F = \dfrac{fN}{Z}$

② $F = f \times Z \times N$

③ $F = \dfrac{fN^2}{Z}$

④ $F = 2f \times Z \times N$

⑤ $F = \dfrac{ZN^2}{f}$

41 유압잭의 원리가 되는 것은?

① 보일의 법칙
② 샤를의 법칙
③ 파스칼의 법칙
④ 스토크스의 법칙
⑤ 베르누이의 법칙

42 유압기기에 대한 특징으로 알맞지 않은 것은?

① 큰 출력을 발생시킬 수 있다.
② 공압기기에 비해 응답성이 우수하다.
③ 피스톤 펌프는 비용적형 유압펌프에 속한다.
④ 작동유의 종류에는 석유계열의 오일, 합성유 등이 사용된다.
⑤ 유압실린더는 작동유의 압력을 직선 왕복운동으로 변환시키는 기기다.

43 유체를 한 방향으로만 흐르고 역방향으로는 흐르지 않게 할 때 사용하는 밸브는?

① 체크밸브
② 스톱밸브
③ 감압밸브
④ 글로브밸브
⑤ 유량제어밸브

44 지름이 D_1인 피스톤 A에 힘 F_1이 작용할 때, 지름이 D_2인 피스톤 B에 작용하는 압력 (P)은?

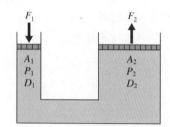

① $\dfrac{2F_1}{\pi D_1^2}$

② $\dfrac{2F_1}{3\pi D_1^2}$

③ $\dfrac{4F_1}{\pi D_1^2}$

④ $\dfrac{3F_1}{4\pi D_1^2}$

⑤ $\dfrac{F_1}{8\pi D_1^2}$

45 펌프(Pump)에서 송출량과 송출압력이 주기적으로 변하는 현상은?

① 수막 현상
② 폐입 현상
③ 맥동 현상
④ 캐비테이션 현상
⑤ 스탠딩웨이브 현상

46 응력−변형률 선도에서 훅의 법칙이 성립되는 구간은?

① 비례한도　　② 탄성한도
③ 항복점　　　④ 극한강도
⑤ 파단구간

47 전단탄성계수(G)와 종탄성계수(E), 체적탄성계수, 푸아송 수(m)와의 관계를 잘못 나타낸 것은?

① $mE= 2G(m+1)$

② $mE= 3K(m-2)$

③ $mE= 4G(K-3)$

④ $G= \dfrac{mE}{2(m+1)}$

⑤ $G= \dfrac{E}{2(1+\nu)}$

48 균일 단면봉에 축 방향의 인장하중이 작용할 때, 푸아송의 비(Poisson's Ratio) ν의 크기로 알맞지 않은 것은?

① $\nu= \dfrac{1}{m}$

② $\nu= \dfrac{\varepsilon'}{\varepsilon}$

③ $\nu= \dfrac{PL}{AE}$

④ $\nu= \dfrac{\text{가로 변형률}}{\text{세로 변형률}}$

⑤ $\nu= \dfrac{\delta l}{d\lambda}$

49 피치 4[mm]인 3줄 나사를 1회전시켰을 때의 리드는?

① 4[mm]
② 6[mm]
③ 12[mm]
④ 16[mm]
⑤ 20[mm]

50 평벨트 전동에서 긴장측 장력이 600[N]이고 이완측 장력이 250[N]일 때 벨트의 유효장력[N]은?

① 150
② 250
③ 300
④ 350
⑤ 500

51 원통 코일 스프링의 스프링 상수에 대한 설명으로 알맞지 않은 것은?

① 코일 스프링의 권선수에 반비례한다.
② 코일 스프링의 전단탄성계수에 비례한다.
③ 코일 스프링 평균지름의 제곱에 반비례한다.
④ 코일을 감는 데 사용한 소선의 탄성계수에 비례한다.
⑤ 코일을 감는 데 사용한 소선 지름의 네제곱에 비례한다.

52 사각나사의 리드각이 λ이고, 나사면의 마찰계수가 μ, 마찰각이 ρ인 사각나사가 외부에서 작용하는 힘이 없이도 스스로 풀리지 않는 자립 조건은?

① $\rho \geq \lambda$
② $\rho \leq \lambda$
③ $\rho > \lambda$
④ $\rho < \lambda$
⑤ ρ나 λ와 상관없다.

53 다이를 회전시키면서 봉이나 관, 선재의 지름을 감소시키면서 원통형의 제품을 제작하는 단조 가공법은?

① 펀 칭
② 코이닝
③ 블랭킹
④ 엠보싱
⑤ 스웨이징

54 펀치와 다이 표면에 새겨진 모양을 판재에 각인하는 프레스 가공법으로 압인가공으로도 불린다. 주로 주화나 메탈 장식품을 만들 때 사용하는 가공법은?

① 비 딩
② 코이닝
③ 롤 링
④ 헤 밍
⑤ 컬 링

55 탄소강 판재를 사용해서 이음매가 없는 밥
그릇 모양의 몸체를 만드는 가공법은?

① 비 딩
② 컬 링
③ 스피닝
④ 엠보싱
⑤ 플랜징

56 이음매 없는 강관을 제조할 때 사용하는
가공법은?

① 인발가공
② 압출가공
③ 프레스가공
④ 드로잉가공
⑤ 만네스만 가공

57 KS의 부문별 분류 기호로 맞지 않는 것은?

① KS A : 기본
② KS B : 기계
③ KS C : 전기
④ KS D : 전자
⑤ KS Q : 품질경영

58 2종류 이상의 선이 같은 장소에서 중복될
경우 가장 우선되는 선의 종류는?

① 중심선
② 절단선
③ 치수선
④ 치수 보조선
⑤ 무게 중심선

59 목재, 섬유류, 종이 등에 의한 화재의 급수에
해당하는 것은?

① A급
② B급
③ C급
④ D급
⑤ E급

60 인장강도가 750[MPa]인 용접 구조물의 안
전율은?(단, 허용응력은 250[MPa]이다)

① 3
② 5
③ 8
④ 12
⑤ 15

61 신라시대 관리나 귀족에게 고을 단위로 지급했던 급여적 성격으로 해당 지역의 농지세를 대신 받거나 그 고을의 백성을 동원할 수 있었던 것은?

① 방 납
② 녹 읍
③ 대동법
④ 직전법
⑤ 진대법

62 조선시대 때 6조 직계제를 처음 시행한 왕은?

① 태 종
② 세 종
③ 성 종
④ 단 종
⑤ 흥선대원군

63 조선의 인조가 남한산성에서 45일 간 항전하다 청나라 태종에게 항복한 자리에 세운 비석은?

① 마운령비
② 단양적성비
③ 백두산정계비
④ 삼전도비
⑤ 사택지적비

64 우리나라 최초의 서원은?

① 소수서원
② 도산서원
③ 돈암서원
④ 문회서원
⑤ 자운서원

65 여운형 등이 일본의 항복으로 우리나라의 건국준비를 위하여 좌익·우익세력들과 함께 1945년 8월 17일에 결성한 조직은?

① 진단학회
② 독립협회
③ 한국광복군
④ 동양척식주식회사
⑤ 조선건국준비위원회

66 민며느리제의 풍속을 지닌 고대 국가는?

① 부 여
② 옥 저
③ 동 예
④ 마 한
⑤ 고구려

67 고구려 장수왕의 업적으로 틀린 것은?

① 평양 천도
② 영토 확장
③ 남하 정책
④ 태학 설립
⑤ 남북조와 교류

68 세계에서 가장 오래된 금속활자로 만든 서적은?

① 목민심서
② 팔만대장경
③ 상정고금예문
④ 직지심체요절
⑤ 무구정광대다라니경

69 서재필과 이상재 등이 1896년 설립한 단체로 만민공동회를 주관한 이곳은?

① 신민회
② 신간회
③ 독립협회
④ 농광회사
⑤ 대한독립군

70 우리나라 최초의 보통 선거일은?

① 4. 27
② 5. 10
③ 6. 15
④ 7. 4
⑤ 10. 4

기출복원문제

제 **2** 회

01 물방울을 1[km] 상공에서 떨어뜨린다면 이 물방울의 속도변화는?

① 일정하게 떨어진다.
② 점점 빨라진다.
③ 점점 느려진다.
④ 일정하다가 느려진다.
⑤ 느려지다 다시 빨라진다.

02 유체의 점성을 측정하는 점도계 중에서 스토크스(Stokes) 법칙과 관련이 있는 것은?

① 회전식 점도계
② 낙구식 점도계
③ Ostwald 점도계
④ Saybolt 점도계
⑤ 세관 점도계

03 지름이 40[mm]인 관(Tube)에 연결된 밸브의 손실계수가 5이고 관마찰계수(f)가 0.025일 때, 이 밸브에 의한 손실수두에 해당하는 관의 상당길이[m]는?

① 2   ② 4
③ 6   ④ 8
⑤ 10

04 압력탱크의 내부에 설치된 압력계의 지침이 4[kgf/cm^2]이고 이때의 대기압이 740 [mmHg]라면 절대압력은?

① 4.02[kgf/cm^2]
② 5.006[kgf/cm^2]
③ 6.02[kgf/cm^2]
④ 7.006[kgf/cm^2]
⑤ 8.02[kgf/cm^2]

05 지름이 50[mm]인 수평의 원관에 20[℃]의 물이 2[m/s]의 속도로 일정하게 흐르고 있다. 이 흐름의 레이놀즈수와 흐름의 종류로 알맞은 것은?(물의 동점성계수, $\nu = 1.002 \times 10^{-6}$ [m^2/s])

① $Re = 8,000$, 층류
② $Re = 45,000$, 층류
③ $Re = 75,000$, 난류
④ $Re = 99,800$, 난류
⑤ $Re = 100,002$, 난류

06 안지름이 40[mm]인 원형 관 내부에 물이 4[m/s]로 흐르고 있다. 이때 유량(Q)은? (단, $\pi = 3$으로 계산한다)

① 0.024[m³/s]
② 0.048[m³/s]
③ 0.096[m³/s]
④ 0.0048[m³/s]
⑤ 0.0096[m³/s]

07 관(Tube) 내에서 유속 10[m/s]로 흐르는 물 안으로 피토관을 세웠을 때, 수주의 높이 [m]는?(단, 중력가속도, $g = 9.8$ [m/s²]으로 계산한다)

① 3
② 4.2
③ 5.1
④ 6.4
⑤ 8.3

08 내압을 받는 얇은 두께의 원통 내부의 압력 (P)가 세 배(3P)로 변경되었다. 변경된 후 원통의 길이방향 응력(σ_1)에 대한 원주방향 응력(σ_2)의 비 $\left(\dfrac{\sigma_2}{\sigma_1}\right)$는?

① 0.25
② 1
③ 2
④ 4
⑤ 6

09 20[℃]에서 20[mm]인 게이지 블록이 측정자와 접촉 후 22[℃]가 되었다면, 이 게이지 블록에 생긴 오차는 몇 [mm]인가?(단, 선팽창계수 = 1.0×10^{-6}/[℃])

① 2×10^{-5}
② 4×10^{-5}
③ 2×10^{-6}
④ 4×10^{-6}
⑤ 4.4×10^{-5}

10 양단이 고정된 30[℃]의 강관에 온도를 T로 상승시켜서 120[MPa]의 열응력이 발생되었다면, 이때의 온도 T는?(단, 강관의 탄성계수, $E = 200$[GPa], 선팽창계수 = 1.2×10^{-5}/[℃])

① 20[℃]
② 40[℃]
③ 60[℃]
④ 80[℃]
⑤ 90[℃]

11 가스터빈에 대한 설명으로 알맞지 않은 것은?

① 윤활유의 소비가 많은 편이다.
② 실제 가스터빈은 개방사이클이다.
③ 압축기, 터빈, 연소실로 이루어졌다.
④ 증기터빈에 비해 중량당 동력이 크다.
⑤ 공기는 산소공급과 냉각제 역할을 한다.

12 내연기관에서 도시열효율과 이론열효율, 제동(순)열효율 사이의 관계로 알맞은 것은?

① 이론열효율 < 도시열효율 < 제동열효율

② 이론열효율 = 도시열효율 > 제동열효율

③ 제동열효율 < 도시열효율 < 이론열효율

④ 제동열효율 < 이론열효율 < 도시열효율

⑤ 도시열효율 > 제동열효율 > 이론열효율

13 클라우시우스(Clausius)의 부등식을 표현한 것으로 알맞은 것은?

① $\oint \delta Q > 0$

② $\oint \delta Q < 0$

③ $\oint \frac{\delta T}{Q} \geq 0$

④ $\oint \frac{\delta Q}{T} \leq 0$

⑤ $\oint \frac{\delta Q}{T} \geq 0$

14 물질의 양에 따라 변화되는 종량적 상태량에 속하지 않는 것은?

① 부피
② 온도
③ 질량
④ 엔탈피
⑤ 내부에너지

15 냉동기가 280[K]에서 열을 흡수해서 350[K]에서 열을 방출한다면, 이 냉동기의 성능계수(ε)는?

① 2
② 3
③ 4
④ 4.5
⑤ 6

16 이상적인 냉동사이클의 기본 사이클로 알맞은 것은?

① 랭킨사이클
② 카르노사이클
③ 역카르노사이클
④ 사바테사이클
⑤ 브레이턴사이클

17 담금질한 강을 뜨임 열처리하는 이유는?

① 강도를 증가시키기 위해
② 경도를 증가시키기 위해
③ 취성을 증가시키기 위해
④ 연성을 증가시키기 위해
⑤ 내부응력을 증가시키기 위해

18 금속의 공통적 특성으로 틀린 것은?

① 열과 전기의 양도체이다.
② 금속 고유의 광택을 갖는다.
③ 이온화하면 음(−)이온이 된다.
④ 소성변형성이 있어 가공하기 쉽다.
⑤ 상온에서 고체이며 결정체이다(단, Hg 제외).

19 상온에서 소성변형을 일으킨 후에 열을 가하면 원래의 모양으로 돌아가는 성질을 가진 재료는?

① 내열금속
② 재진재료
③ 비정질합금
④ 초소성합금
⑤ 형상기억합금

20 방전가공에서 전극재료의 조건으로 맞지 않는 것은?

① 공작물보다 경도가 높을 것
② 방전이 안전하고 가공속도가 클 것
③ 기계가공이 쉽고 가공정밀도가 높을 것
④ 가공에 따른 가공전극의 소모가 적을 것
⑤ 가공을 쉽게 하기 위해서 재질이 연할 것

21 탄소강을 담금질하였을 때 재료의 크기에 따라 내부와 외부의 냉각속도 차이로 인해 경화되는 깊이가 달라져서 조직과 경도와 같은 기계적 성질이 변하는 현상은?

① 가공경화
② 질량효과
③ 시효경화
④ 상베낭의 원리
⑤ 바우싱거 효과

22 분사 가공의 일종으로 직경이 작은 구를 압축 공기로 분사시키거나, 중력으로 낙하시켜 재료 표면을 연마 혹은 녹 제거하는 가공법은?

① 배럴링
② 텀블링
③ 숏피닝
④ 액체호닝
⑤ 샌드블라스트

23 모세관 현상을 이용하여 표면결함을 검사하는 방법은?

① 육안검사
② 침투탐상검사
③ 자분탐상검사
④ 방사선탐상검사
⑤ 초음파탐상검사

24 항온담금질 열처리법의 종류에 해당되지 않는 것은?

① 마퀜칭
② 마템퍼링
③ 오스포밍
④ 항온뜨임
⑤ 오스템퍼링

25 고온에서 재료에 일정 크기의 하중을 작용시키는 것을 나타낸 크리프곡선은 어떠한 변수들 간의 관계인가?

① 응력과 시간의 관계
② 변위와 연신율의 관계
③ 변형량과 시간의 관계
④ 응력과 변형률의 관계
⑤ 온도와 비체적의 관계

26 Fe−C상태도에서 공정반응에 의해 생성된 조직은?

① 펄라이트
② 페라이트
③ 소르바이트
④ 레데뷰라이트
⑤ 오스테나이트

27 다음 중 적열취성의 원인이 되는 것은?

① 인
② 황
③ 탄 소
④ 수 소
⑤ 질 소

28 다음에서 공통적으로 설명하고 있는 표면경화법은?

- 강을 NH_3 가스 중에 500~550[℃]로 20 ~ 100시간 정도 가열한다.
- 경화 깊이를 깊게 하기 위해서는 시간을 길게 하여야 한다.
- 표면층에 합금 성분인 Cr, Al, Mo 등이 단단한 경화층을 형성하며, 특히 Al은 경도를 높여 준다.

① 질화법
② 침탄법
③ 크로마이징
④ 화염경화법
⑤ 고주파열처리

29 드릴 작업에서 너트나 볼트 머리가 접하는 자리면을 편평하게 만드는 작업은?

① 리 밍
② 태 핑
③ 카운터 보링
④ 스폿 페이싱
⑤ 카운터 싱킹

30 가공물의 표면에서 작은 알갱이를 고속으로 투사하여 피로강도를 증가시키는 가공법은?

① 숏피닝
② 방전가공
③ 배럴가공
④ 초음파가공
⑤ 플라스마가공

31 다이캐스트 주조법에 대한 설명으로 알맞지 않은 것은?

① 주형을 영구적으로 사용할 수 있다.
② 주물조직이 다소 거칠고 강도가 약하다.
③ 냉각속도가 빨라서 생산 속도가 빠르다.
④ 용융금속이 응고될 때까지 압력을 가한다.
⑤ 고속으로 충진할 수 있으며 충전 시간이 매우 짧다.

32 노즐로부터 분사되는 압축공기에 연마제를 함께 고속으로 재료의 표면에 분사시켜 매끈한 다듬질면을 만드는 가공법은?

① 래 핑
② 보 링
③ 호 닝
④ 액체호닝
⑤ 슈퍼피니싱

33 리벳작업을 할 때 코킹을 반드시 해 주어야 하는 목적으로 가장 알맞은 것은?

① 기밀 유지
② 부식 방지
③ 패킹재료 삽입
④ 파손 방지
⑤ 강도 향상

34 피측정물과 표준자와는 측정방향에 있어서 1직선 위에 배치하여야 한다는 것은?

① 훅의 법칙
② 아베의 원리
③ 테일러의 원리
④ 헤르츠의 법칙
⑤ 동차성의 원리

35 모, 면직물, 펠트 등을 여러 장 겹쳐서 원판을 만든 다음 회전시키면서 공작물의 표면을 매끈하고 광택이 나게 만드는 가공방법은?

① 버핑가공
② 형상가공
③ 테이퍼가공
④ 폴리싱가공
⑤ 스크레이핑

36 버니어 캘리퍼스의 길이 측정이 그림과 같을 때 측정값[mm]은?(단, 아들자는 39[mm]를 20등분한 것이다)

※ 아들자 9번째 눈금과 일치

① 10.45 ② 10.50
③ 12.40 ④ 12.45
⑤ 14.50

37 공작물을 회전시키면서 이송을 하고, 숫돌을 일감표면에 약한 압력으로 누르면서 다듬질 할 면을 따라 매우 작고 빠른 진동을 주어 가공하는 방법은?

① 래 핑
② 호 닝
③ 드릴링
④ 슈퍼피니싱
⑤ 액체호닝

38 선반으로 가능한 작업이 아닌 것은?

① 홈가공
② 총형가공
③ 널링가공
④ 절단가공
⑤ 평면가공

39 선반용 바이트에서 칩 브레이커(Chip Breaker)의 주된 역할은?

① 절삭 칩의 비산을 막는 장치
② 절삭 칩을 길게 만들기 위한 장치
③ 절삭 칩을 칩통으로 유도하는 장치
④ 절삭 칩을 짧게 끊어내기 위한 장치
⑤ 바이트의 열변형을 방지하기 위한 장치

40 유압회로에서 한쪽 흐름에는 배압을 만들고, 다른 방향은 자유 흐름이 되도록 만들어 주는 밸브는?

① 체크밸브
② 감압밸브
③ 교축밸브
④ 유량제어밸브
⑤ 카운터밸런스밸브

41 유압 작동유의 점도가 높을 때 발생하는 현상으로 알맞지 않은 것은?

① 효율이 저하된다.
② 에너지(압력) 손실이 작아진다.
③ 유압기기의 작동이 불활성 된다.
④ 캐비테이션(공동현상)이 발생한다.
⑤ 유압유 내부 마찰이 커지고 온도가 상승된다.

42 베인펌프의 특징으로 알맞지 않은 것은?

① 소음이 적다.
② 보수가 용이하다.
③ 기동토크가 크다.
④ 베인(깃)의 수명이 짧다.
⑤ 토출 압력의 맥동이 작다.

43 유체의 압력을 감소시켜 동력을 절감시키기 위해 사용하는 밸브는?

① 감압밸브
② 체크밸브
③ 교축밸브
④ 릴리프밸브
⑤ 카운터밸런스밸브

44 펌프가 운전할 때 발생하는 캐비테이션에 대한 설명으로 알맞지 않은 것은?

① 펌프와 흡수면 사이 거리가 너무 멀 때 발생한다.
② 유체 압력이 포화 증기압 이하로 내려갈 때 발생한다.
③ 유체에 녹아 있던 기체가 기포로 빠져나오면서 발생한다.
④ 유체의 증기압보다 높은 압력이 발생하는 펌프 주위에서 주로 발생한다.
⑤ 기포가 관 벽을 때리면서 소음이나 진동, 깃의 손상 등이 발생하고 펌프의 성능과 효율을 저하시킨다.

45 펌프에서 수격현상을 방지하기 위한 대책으로 알맞지 않은 것은?

① 급정지를 하지 않는다.
② 펌프에 플라이휠을 설치한다.
③ 송출관로에 공기실을 설치한다.
④ 송출관 내의 유속을 가능한 줄인다.
⑤ 유량조절밸브를 펌프의 입구부에 설치한다.

46 베어링에 의해 지지되고 있는 축이 40[N·m]의 비틀림 모멘트와 30[N·m]의 굽힘 모멘트를 동시에 받을 때, 상당 굽힘 모멘트 [N·m]는?

① 20[N·m]　　② 40[N·m]
③ 50[N·m]　　④ 60[N·m]
⑤ 80[N·m]

47 노치부가 있는 재료의 응력집중계수가 2인 기계부품이 인장하중을 받고 있다. 노치부에 작용하는 응력이 40[MPa]일 때의 공칭응력[MPa]은?

① 5　　　　　② 10

③ 20　　　　 ④ 40

⑤ 50

48 단면이 원형인 중실축(Solid Shaft)의 길이와 지름을 모두 2배로 할 때, 같은 크기의 비틀림 모멘트에 대한 비틀림 각도는 원래 축의 몇 배가 되는가?

① $\frac{1}{8}$배　　② $\frac{1}{4}$배

③ $\frac{1}{2}$배　　④ 2배

⑤ 4배

49 묻힘키에서 회전토크(T)가 작용하여 키가 전달될 때, 키의 길이(l)가 축 지름(d)의 2배이다. 이때 키의 폭(b)과 지름(d)의 관계는?(단, 축과 키의 재료와 전달되는 회전토크는 모두 같다)

① $b = \dfrac{d}{\pi}$　　② $b = 2\pi d$

③ $b = \dfrac{\pi d}{3}$　　④ $b = \dfrac{\pi d}{12}$

⑤ $b = \dfrac{\pi d}{16}$

50 볼트와 너트의 풀림 방지 방법으로 알맞지 않은 것은?

① 로크 너트에 의한 방법

② 아이 볼트에 의한 방법

③ 스프링 와셔에 의한 방법

④ 분할 핀을 사용하는 방법

⑤ 플라스틱 플러그에 의한 방법

51 400[rpm]으로 전동축을 지지하고 있는 미끄럼 베어링에서 저널의 지름 $d = 6$[cm], 저널의 길이 $l = 10$[cm]이고 4.2[kN]의 레이디얼 하중이 작용할 때, 베어링 압력은 몇 [MPa]인가?

① 0.5　　　　② 0.6

③ 0.7　　　　④ 0.8

⑤ 0.9

52 지름 60[mm]의 축에 350[rpm]으로 50[kW]를 전달하려고 할 때, 허용전단응력을 고려하여 적용 가능한 묻힘키(Sunk Key)의 최소 길이(l)는 약 몇 [mm]인가?(단, 키의 허용전단응력 $\tau = 40$[N/mm^2], 키의 규격(폭×높이) $b \times h = 12$[mm]×10[mm]이다)

① 80

② 85

③ 90

④ 95

⑤ 100

53 딥 드로잉으로 만들어진 컵의 두께의 균일도
　　를 높이기 위한 작업은?

① 허 빙
② 압 인
③ 랜 싱
④ 코이닝
⑤ 아이어닝

54 원기둥 형상의 재료를 상하로 위치한 다이
　　사이에 놓고 압축시켜 소재의 길이를 줄이고
　　지름을 크게 만드는 가공법은?

① 업세팅
② 배럴링
③ 스피닝
④ 드로잉
⑤ 하이드로포밍

55 판재를 프레스로 절단하고 남은 부분이 제품
　　이 되는 가공법은?

① 펀 칭
② 압 인
③ 블랭킹
④ 코이닝
⑤ 플랜징

56 딥 드로잉 가공에서 성형품의 측면에 나타
　　나는 외관 결함으로 성형재료의 표면에 유
　　동 궤적을 나타내는 줄무늬가 생기는 성형
　　불량은?

① 제팅현상
② 플래시현상
③ 플로마크현상
④ 웰드마크현상
⑤ 싱크마크현상

57 베어링의 호칭이 "6026"일 때 안지름은 몇
　　[mm]인가?

① 26
② 52
③ 100
④ 130
⑤ 150

58 도면에서 A3 제도용지의 크기는?

① 841×1,189
② 594×841
③ 420×594
④ 297×420
⑤ 210×297

59 SI 국제단위계에 포함되지 않는 것은?

① J(줄)
② K(켈빈)
③ A(암페어)
④ cd(칸델라)
⑤ kg(킬로그램)

60 산업안전보건법에 따른 안전·보건표지의 색채 및 용도에서 인화성 물질, 산화성 물질, 방사성 물질 등 경고표지의 바탕색은?

① 빨 강
② 녹 색
③ 노 랑
④ 자 주
⑤ 검 정

61 청동기 시대의 특징으로 알맞지 않은 것은?

① 반달돌칼
② 가락바퀴
③ 비파형동검
④ 벼농사 시작
⑤ 거친무늬 거울

62 "삼천만 동포에 읍고함"이라는 성명서를 발표한 대한민국임시정부 주석을 역임한 인물은?

① 김 구
② 손병희
③ 신채호
④ 이상설
⑤ 김상옥

63 1909년 10월 중국 하얼빈 역에서 이토 히로부미를 권총으로 사살한 독립 운동가는?

① 안중근
② 안창호
③ 윤봉길
④ 이봉창
⑤ 민영환

64 정암 조광조의 개혁안에 해당하지 않는 것은?

① 위훈 삭제
② 과거제 실시
③ 소격서 폐지
④ 현량과 실시
⑤ 경연의 활성화

65 고려시대 승려로 수도를 평양으로 옮기자는 서경천도운동을 주도한 인물은?

① 의 천
② 묘 청
③ 서 희
④ 최충헌
⑤ 김부식

66 을사조약의 무효 주장을 위해 고종이 파견한 특사 3인에 속하는 인물은?

① 김홍집
② 이상설
③ 김기수
④ 신채호
⑤ 민영환

67 일제 강점기 민족의 혼을 중시하였고 한국통사를 저술한 인물은?

① 신채호
② 안창호
③ 이승훈
④ 나석주
⑤ 박은식

68 두루마리로 만들어진 세계 최고(最古)의 목판인쇄본은?

① 속장경
② 직지심경
③ 초조대장경
④ 팔만대장경
⑤ 무구정광대다라니경

69 고종이 명성황후가 시해되자 러시아 공사관으로 거처를 옮긴 사건을 일컫는 말은?

① 몽 진
② 아관파천
③ 진망공처
④ 궁대실거
⑤ 인도민정

70 을미의병 시기 본인의 재산으로 의병을 일으킨 우리나라 최초의 평민 의병장은?

① 만 적
② 전봉준
③ 신돌석
④ 곽재우
⑤ 최익현

01 유체기계에 사용되는 축류펌프에 대한 특징으로 알맞지 않은 것은?

① 축류펌프에는 볼류트펌프와 터빈펌프가 있다.

② 농업용 양수 및 배수, 상하수도용 펌프로 널리 사용된다.

③ 주요 구성요소로는 안내 날개, 케이싱, 임펠러, 베어링 등이 있다.

④ 프로펠러 모양인 임펠러의 회전으로 유체가 원주 방향에서 축 방향으로 유입된다.

⑤ 축류펌프용 임펠러는 2~8개의 날개로 되어 있는데 유량이 많아지면 날개 수를 늘린다.

02 아음속을 초음속의 속도로 변화시킬 수 있는 노즐은?

① 축소노즐

② 확대노즐

③ 축소-확대노즐

④ 일정한 단면적의 노즐

⑤ 스텐인리스 재질의 노즐

03 유체의 모세관(Capillary Tube) 현상에 대한 설명으로 알맞지 않은 것은?

① 모세관이란 직경이 작은 관을 의미한다.

② 액면으로부터의 모세관 높이는 표면장력의 크기에 비례한다.

③ 액면으로부터의 모세관 높이는 모세관의 지름의 크기에 반비례한다.

④ 물분자와 유리벽 사이의 접착력이 액체의 응집력보다 더 작을 때 발생한다.

⑤ 물속에 모세관을 세로로 넣으면 관 내부의 액체 표면이 외부 액체의 표면보다 높거나 낮아지는 현상이다.

04 표면장력의 차원표시로 알맞은 것은?

① MT^{-2}

② MLT^{-1}

③ $ML^{-1}T^{-2}$

④ L^2T^{-1}

⑤ ML^{-3}

05 다음 중 베르누이 방정식을 충족시키기 위해 가정한 조건으로 알맞지 않은 것은?

① 정상유동이다.
② 비점성 유동이다.
③ 비압축성 유동이다.
④ 유체 입자는 유선을 따라서 유동한다.
⑤ 유체는 전 구간을 고속으로 유동한다.

06 체적탄성계수의 특징으로 알맞지 않은 것은?

① 압력의 단위와 같다.
② 압력에 따라 증가한다.
③ 체적탄성계수의 역수는 압축률이다.
④ 등온변화에서의 체적탄성계수 $K = kP$ 이다.
⑤ 체적탄성계수란 유체가 힘을 받을 때 압축되는 정도를 수치로 나타낸 것이다.

07 노즐의 입구와 출구 간 압력 차이가 발생하면 더 이상 출구를 빠져나가는 유량이 증가하지 않고 일정하게 유지되는 현상은?

① 초 킹
② 롤 백
③ 후 류
④ 박 리
⑤ 볼텍스

08 비행기가 뜰 때 주변의 방해하는 힘에 대한 설명으로 알맞지 않은 것은?

① 항력은 항력계수의 크기에 반비례한다.
② 중력은 비행기를 지면 방향으로 누르는 힘이다.
③ 항력은 공기에 저항하는 힘으로 추력을 방해한다.
④ 추력은 비행기가 앞으로 나가려는 힘으로 추력이 클수록 양력도 커진다.
⑤ 양력은 유체의 흐름 방향에서 수직으로 작용하는 힘으로 비행기를 뜨게 하는 힘이다.

09 열역학 2법칙에 대한 설명으로 알맞지 않은 것은?

① 비가역과정을 제시한 법칙이다.
② 엔트로피의 개념을 정의한 법칙이다.
③ 에너지의 변환에 대한 방향성을 제시한다.
④ 클라우시우스가 열역학 2법칙에 대하여 정의하였다.
⑤ 열효율이 $100[\%]$인 기관을 만들 수 있다는 것을 밝힌 법칙이다.

10 물의 빙점과 비등점 사이에서 사용되는 카르
노사이클의 효율은?

① 15.6[%]
② 26.8[%]
③ 28.4[%]
④ 34.1[%]
⑤ 40.2[%]

11 카르노사이클에 대한 설명으로 알맞은 것
은?

① 2개의 가역 단열과정, 2개의 가역 등
온과정으로 구성된다.
② 2개의 가역 단열과정, 2개의 가역 정
적과정으로 구성된다.
③ 2개의 가역 정압과정, 2개의 가역 정
적과정으로 구성된다.
④ 2개의 가역 정압과정, 2개의 가역 단
열과정으로 구성된다.
⑤ 2개의 가역 단열과정, 2개의 비가역
정적과정으로 구성된다.

12 최고 압력이 일정할 때 이론상 열효율이
가장 높은 사이클의 순서로 알맞은 것은?

① 디젤 > 오토 > 사바테
② 디젤 > 사바테 > 오토
③ 사바테 > 오토 > 디젤
④ 사바테 > 디젤 > 오토
⑤ 오토 > 디젤 > 사바테

13 가스터빈에 대한 설명으로 알맞지 않은 것
은?

① 고속회전이 가능하다.
② 발생 토크의 변동이 작다.
③ 동일 출력에서 소형이며 경량이다.
④ 열효율이 높고 연료소비율이 작다.
⑤ 압축기, 연소기, 터빈으로 구성된다.

14 냉매가스에 대한 설명으로 알맞지 않은 것은?

① 자연냉매로는 암모니아와 이산화탄
소 등이 있다.
② 134a, 404a, 407c, 410a 등이 많이
사용되고 있다.
③ HFC(Hydro Fluoro Carbon)의 대
체물질로 CFC가 만들어졌다.
④ 전세계적으로 수소불화탄소(HFCs)
의 사용규제에 합의하고 있다.
⑤ CFC는 Chloro Fluoro Carbon의 약
자로 지구 온난화에 영향을 미친다.

15 공기 1[kg]이 100[kPa], 4[m³]인 상태에
서 400[kPa], 8[m³]로 변화하였고, 이때
의 내부에너지 증가가 140[kJ]이었다면,
엔탈피 증가량[kJ]은?

① 850[kJ]
② 1,450[kJ]
③ 2,940[kJ]
④ 3,400[kJ]
⑤ 4,260[kJ]

16 열역학적 영구기관에 대한 설명으로 알맞지 않은 것은?

① 제1종 영구기관은 열역학 2법칙에 위배된다.

② 제1종 영구기관은 열효율이 100[%] 이상인 기관이다.

③ 제2종 영구기관은 열역학 2법칙에 위배된다.

④ 제2종 영구기관은 열효율이 100[%] 인 기관이다.

⑤ 영구기관이란 한 번 외부에서 동력을 받으면 추가 에너지 없이도 운동을 지속하는 가상의 기관이다.

17 용융된 강의 냉각속도가 가장 빠를 때 나타나는 조직은?

① 펄라이트

② 소르바이트

③ 마텐자이트

④ 트루스타이트

⑤ 오스테나이트

18 액체 상태의 용융된 금속이 냉각될 때 처음의 액상과는 다른 조성의 액상과 고상으로 변하는 반응은?

① 공정반응

② 공석반응

③ 포정반응

④ 편정반응

⑤ 포석반응

19 면심입방격자(FCC)에 속하는 금속원소가 아닌 것은?

① Al   ② Ag

③ Cu   ④ Pb

⑤ Cr

20 방사선투과검사에 대한 설명으로 알맞지 않은 것은?

① 미세한 표면의 균열도 검출이 가능하다.

② 라미네이션 불량은 쉽게 검출이 불가능하다.

③ 모든 재질의 내부 결함 검사에 적용할 수 있다.

④ 검사 결과를 필름에 영구적으로 기록할 수 있다.

⑤ 주변 재질과 비교하여 1[%] 이상의 흡수차를 나타내는 경우도 검출할 수 있다.

21 마그네슘(Mg)의 특성을 설명한 것 중 틀린 것은?

① 주조 시 생산성이 좋다.

② 비강도가 Al합금보다 떨어진다.

③ 구상흑연주철의 첨가제로 사용된다.

④ 비중이 1.74 정도로 실용 금속 중 가장 가볍다.

⑤ 항공기, 자동차부품, 전기기기, 선박, 광학기계, 인쇄제판 등에 이용된다.

22 다음 중 전기 전도율이 가장 높은 금속은?

① Zn
② Ni
③ W
④ Pb
⑤ Fe

23 경금속과 중금속을 구분하는 경계는?

① 1
② 2
③ 4.5
④ 6
⑤ 8

24 200~300[℃]에서는 철의 표면에 푸른 산화피막이 형성되기 때문에 인장강도와 경도 값이 상온일 때보다 커지는 반면, 연신율이나 성형성은 오히려 작아져서 취성이 커지는 현상은?

① 적열취성
② 청열취성
③ 저온취성
④ 상온취성
⑤ 침투취성

25 탄소강에 백점과 헤어크랙 불량을 발생시키는 원인 금속은?

① 규소(Si)
② 황(S)
③ 수소(H_2)
④ 니켈(Ni)
⑤ 티타늄(Ti)

26 C와 Si의 함유량에 따른 주철 조직의 변화를 나타낸 그래프는?

① TTT 곡선
② S-N 곡선
③ 마우러 조직도
④ Fe-C 평형상태도
⑤ 응력-변형률 곡선

27 주철의 흑연화를 촉진하는 원소로 알맞지 않은 것은?

① Al
② Si
③ Ni
④ Ti
⑤ Mn

28 다음 중 불변강의 종류에 속하지 않은 것은?

① 인 바
② 엘린바
③ 슈퍼인바
④ 델타메탈
⑤ 퍼멀로이

29 불활성 가스 텅스텐 아크용접(TIG용접)의 특징으로 알맞지 않은 것은?

① 보호가스가 투명해서 가시용접이 가능하다.
② 가열 범위가 작아서 용접으로 인한 변형이 작다.
③ 용제가 불필요하고 깨끗한 외관의 비드를 만든다.
④ 피복 아크용접에 비해 용접부의 연성 및 강도가 우수하다.
⑤ 위보기 용접자세는 부적합하며 후판 용접에 적합한 용접법이다.

30 3개가 1조인 핸드탭에서 1번 탭의 가공량으로 알맞은 것은?

① 20[%]
② 25[%]
③ 30[%]
④ 55[%]
⑤ 60[%]

31 용탕에 원심력이 작용하여 주형의 내벽에 용탕이 압착된 상태에서 응고가 되면서 주물을 얻는 주조법은?

① 셸몰드법
② 원심주조법
③ 소실주조법
④ 다이캐스팅법
⑤ 인베스트먼트법

32 밀링작업에서 하향절삭과 비교한 상향절삭의 특성으로 틀린 것은?

① 백래시 제거 장치가 없어도 된다.
② 공구날의 마모가 빨라서 수명이 짧다.
③ 가공 시야성이 좋아서 가공이 편하다.
④ 하향절삭에 비해 가공면이 깨끗하지 못하다.
⑤ 날끝이 일감을 치켜 올리므로 일감을 단단히 고정해야 한다.

33 잘못 녹은 용융된 금속이 모재와 어울리지 못하고 모재에 덮인 상태의 결함은?

① 기 공
② 언더컷
③ 오버랩
④ 스패터
⑤ 슬래그혼입

34 스터드용접(Stud Welding)에 대한 설명
으로 틀린 것은?

① 아크용접으로 분류된다.
② 탭 작업, 구멍 뚫기 등이 필요 없이 모
재에 볼트나 환봉을 용접할 수 있다.
③ 용접 후 냉각속도가 비교적 느리므로
용착금속부 또는 열영향부가 경화되
는 경우가 적다.
④ 철강 재료 외에 구리, 황동, 알루미늄,
스테인리스강에도 적용이 가능하다.
⑤ 자동적으로 단시간에 용접부를 가열,
용융하여 용접하는 방법으로 용접변
형이 극히 적다.

35 NC프로그램의 어드레스(Adress)에 따른
수행기능을 연결한 것으로 알맞지 않은 것
은?

① G-준비기능
② M-보조기능
③ F-이송기능
④ T-공구기능
⑤ S-절삭기능

36 선반 작업에서 가늘고 긴 가공물을 절삭하기
위하여 꼭 필요한 부속품은?

① 면 판
② 돌리개
③ 맨드릴
④ 방진구
⑤ 에이프런

37 분말야금기술을 활용해서 만든 공구재료로
코발트(Co)를 결합제로 사용하여 텅스텐
카바이드(WC)로부터 만들어진 경질인 합
금의 명칭은?

① 고속도강
② 초경합금
③ 소결합금
④ 세라믹재료
⑤ 초소성합금

38 공급된 가스 혼합물과 가열된 가공 재료의
표면과의 상호작용으로 가스 혼합물 성분의
일부가 가공 재료의 표면에 코팅(Coating)
되는 가공법은?

① 스퍼터링(Sputtering)
② 전기도금(Electroplating)
③ 이방성 식각(Anisotropic Etching)
④ 화학적 기상증착법(Chemical Vapor
Deposition)
⑤ 물리적 기상증착법(Physical Vapor
Deposition)

39 기어를 절삭하는 방법으로 알맞지 않은 것
은?

① 형판에 의한 방법
② 래크 커터에 의한 방법
③ 호닝머신에 의한 방법
④ 총형 커터에 의한 방법
⑤ 피니언 커터에 의한 방법

40 수나사를 가공할 수 있는 공구로 알맞은 것은?

① 탭
② 리 머
③ 다이스
④ 바이스
⑤ 지 그

41 유체 관로를 유동하는 작동유체에 기포가 발생했을 때, 이 기포를 없애기 위해 넣어주는 첨가제는?

① 청정재
② 소포제
③ 유성 향상제
④ 유동성 강하제
⑤ 점도지수 향상제

42 유체가 흐르는 양인 유량(Q)을 측정하는 기기로 알맞지 않은 것은?

① 노 즐
② 위 어
③ 오리피스
④ 벤투리미터
⑤ 시차액주계

43 축압기의 역할로 알맞지 않은 것은?

① 충격 흡수
② 압력의 보상
③ 유체의 점도지수 향상
④ 유압의 보조 에너지원
⑤ 유압 회로 내 맥동의 제거 및 완화

44 베인펌프에 대한 설명으로 알맞은 것은?

① 송출량이 불규칙하다.
② 비용적형 회전펌프이다.
③ 실린더 내에서 유체를 가압하여 송출한다.
④ 회전자인 로터의 회전에 의해 유체를 송출한다.
⑤ 임펠러를 회전시켜 발생하는 원심력으로 송출한다.

45 엑추에이터(실린더)의 출구 측 관로에 유량 제어밸브를 설치하여 릴리프밸브의 설정 압력으로 유량을 제어함으로써 속도를 제어하는 회로는?

① 미터인 회로
② 미터아웃 회로
③ 게이트회로
④ 자기유지회로
⑤ 블리드 오프 회로

46 세장비가 30인 경우는 단주로, 100 이상인 경우는 장주로 구분한다. 이때 세장비(λ)를 구할 수 있는 것은?(단, l : 기둥 길이, I : 단면 2차 모멘트, A : 단면적)

① $\lambda = \dfrac{l}{\sqrt{A}}$

② $\lambda = \dfrac{l}{\sqrt{I}}$

③ $\lambda = \dfrac{I}{\sqrt{\dfrac{l}{A}}}$

④ $\lambda = \dfrac{l}{\sqrt{\dfrac{I}{A}}}$

⑤ $\lambda = \dfrac{I}{\sqrt{A}}$

47 사각형 단면의 양단 고정보에 힘이 중앙점에 작용할 경우의 최대 굽힘 모멘트($M_{\max}$)는?

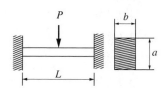

① PL

② $\dfrac{PL^2}{2}$

③ $\dfrac{PL}{4}$

④ $\dfrac{PL}{8}$

⑤ $\dfrac{PL^2}{12}$

48 막대의 한쪽 끝이 고정되고 다른 끝에 집중하중이 작용할 때, 막대의 양단에서의 변형과 위치에 따른 그 효과를 설명한 원리는?

① 라미(Lami)의 원리

② 훅(Hooke)의 원리

③ 테일러(Taylor)의 원리

④ 생베낭(Saint-Venant)의 원리

⑤ 램버스오스굿(Ramberg-Osgood)의 원리

49 바흐(Bach)에 의해 고안된 축공식에 대한 설명으로 알맞지 않은 것은?

① 연강 재질의 축을 기준으로 한다.

② 축의 기준 길이는 1[m]로 한다.

③ 비틀림으로 변형된 각도를 규정한다.

④ 비틀림각(θ)이 0.45° 이내가 되도록 설계하는 조건이다.

⑤ 축 지름을 구할 때 사용하는데 주로 마력[PS]과 동력[kW] 단위로 구한다.

50 용접 길이가 100[mm]이고 판 두께가 4 [mm]인 모재를 맞대기 용접하여 그림과 같이 비드(Bead)가 형성되었다면 이 용접부에 가할 수 있는 최대 인장하중[N]은?(단, 용접부의 허용인장응력은 40[N/mm²], 안전율은 1로 계산한다)

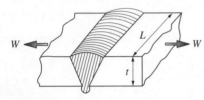

① 4,000
② 8,000
③ 14,000
④ 16,000
⑤ 18,000

51 강판의 인장응력을 σ_t, 강판의 두께가 t, 리벳의 지름이 d, 리벳의 피치가 p인 한줄 겹치기 리벳이음에서 리벳의 구멍 사이가 절단될 때 리벳이음의 강도(P)는?

① $P = pt\sigma$

② $P = pdt$

③ $P = \dfrac{pt\sigma}{2d}$

④ $P = \dfrac{(p-d)t\sigma}{2}$

⑤ $P = (p-d)t\sigma$

52 완전한 맞대기 용접이음의 굽힘 모멘트(M_b) = 12,000[N·mm]가 작용하고 있을 때 최대 굽힘 응력은 약 몇 [N/mm²]인가?(단, $l = 300$[mm], $t = 25$[mm])

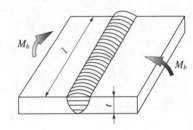

① 0.324
② 0.344
③ 0.384
④ 0.424
⑤ 0.524

53 금속강화법으로 금속을 구부리거나 두드려서 변형을 가하면서 금속을 단단하게 만드는 방법은?

① 합금경화
② 고용경화
③ 시효경화
④ 이상경화
⑤ 가공경화

54 물체에 외력을 가해 굽힘 가공을 한 후, 외력을 제거하면 원래의 형상으로 돌아가려는 현상은?

① 제팅현상
② 스프링 백
③ 플래시현상
④ 싱크마크현상
⑤ 웰드마크현상

55 얇은 판재를 서로 반대 형상으로 만들어진 펀치와 다이로 눌러 성형시키는 가공법으로 주로 올록볼록한 형상의 제품 제작에 사용하는 가공법은?

① 엠보싱
② 코이닝
③ 업세팅
④ 배럴링
⑤ 스웨이징

56 제강공정을 거쳐 만들어진 용강을 주형에 넣고 강괴를 만든 다음, 양쪽에서 구동되는 롤러 사이를 통과시켜 슬래브나 블룸, 빌릿을 만드는 제조법은?

① 셸몰드법
② 열간압연법
③ 자유단조법
④ 연속주조법
⑤ 프레스가공법

57 국가별 산업 표준을 나타내는 기호로 알맞지 않은 것은?

① 한국-KS
② 독일-DIN
③ 미국-ANSI
④ 프랑스-SNV
⑤ 영국-BS

58 실물보다 크게 확대해서 그리는 배척을 표시한 것으로 알맞은 것은?

① NS
② 1:1
③ 2:1
④ 1:2
⑤ 1:5

59 응급처치의 구명 4단계 순서로 알맞은 것은?

① 기도유지 → 지혈 → 쇼크방지 → 상처의 치료
② 기도유지 → 쇼크방지 → 지혈 → 상처의 치료
③ 기도유지 → 상처의 치료 → 쇼크방지 → 지혈
④ 지혈 → 상처의 치료 → 쇼크방지 → 기도유지
⑤ 지혈 → 상처의 치료 → 기도유지 → 쇼크방지

60 인간과 인공지능 간의 첫 체스 대결에서 승리했던 인공지능 프로그램은?

① 맥 핵
② 시 리
③ 왓 슨
④ 빅스비
⑤ 자스비

61 고대국가인 동예에 대한 설명으로 알맞지 않은 것은?

① 단 궁
② 책 화
③ 반어피
④ 예서제
⑤ 족외혼

62 근초고왕의 명으로 일본에 건너가 왜왕에게 말 두필을 선물하고 승마와 말 기르는 방법을 전수한 백제의 학자는?

① 담 징
② 의 천
③ 아직기
④ 혜 초
⑤ 왕 인

63 신라시대 녹읍을 부활시킨 왕은?

① 신문왕
② 경덕왕
③ 지증왕
④ 문무왕
⑤ 선덕여왕

64 1510년 삼포왜란 이후 조선시대 국방대책 논의를 위해 설치한 임시기구였으나 임진왜란 후 국난 수습을 위해 최고 기관으로 성장한 이곳은?

① 홍문관
② 의정부
③ 사간원
④ 비변사
⑤ 사헌부

65 다음 중 연합국이 처음으로 한국의 광복을 약속한 것은?

① 얄타회담
② 포츠담 선언
③ 카이로 선언
④ 미소공동위원회
⑤ 모스크바 3상 외상회의

66 "씨름", "빨래터"가 대표작으로 간결하고 소탈하며 농촌의 생활상을 주로 그린 조선시대 화가는?

① 정 선
② 안 견
③ 이 암
④ 신윤복
⑤ 김홍도

67 고종이 광무개혁으로 점진적으로 개혁하고자 한 내용으로 알맞지 않은 것은?

① 무관학교 설립
② 황제의 권한 강화
③ 아래로부터의 개혁
④ 기술 교육기관 설립
⑤ 양전 사업을 통한 지계 발급

68 신민회의 창립위원이자 아(我)와 비아(非我)의 투쟁을 주장한 인물로 조선상고사를 저술한 인물은?

① 김 구
② 이승훈
③ 손병희
④ 신채호
⑤ 이육사

69 도산 안창호 선생이 평양에 설립한 중등 교육기관은?

① 무관학교
② 돈의학교
③ 삼흥학교
④ 오산학교
⑤ 대성학교

70 조선이 일제와 불평등 조약인 강화도 조약을 체결하게 된 계기가 된 사건은?

① 을미사변
② 아관파천
③ 거문도 사건
④ 운요호 사건
⑤ 위정척사운동

제 **4** 회 기출복원문제

01 수조에 지름비율 A : B : C가 1 : 2 : 3인 모
세관을 동일 높이로 엎어놓았을 때, 모세관
속으로 올라간 물의 높이 비율은?

① A : B : C = 1 : 1 : 1
② A : B : C = 1 : 2 : 3
③ A : B : C = 4 : 3 : 2
④ A : B : C = 3 : 2 : 1
⑤ A : B : C = 6 : 3 : 2

02 다음 중 에너지의 차원으로 알맞은 것은?

① $ML^{-1}T^{-2}$
② ML^2T^{-2}
③ LT^{-1}
④ ML^{-3}
⑤ MLT^{-2}

03 지름이 일정한 수평의 원형 관 내부를 층류
유동으로 유체가 이동할 때 압력의 변화는
어떻게 되는가?

① 선형으로 증가한다.
② 선형으로 감소한다.
③ 급격하게 증가한다.
④ 포물선으로 감소한다.
⑤ 포물선으로 증가한다.

04 압력용기에 내압이 작용할 때, 축 방향의
응력은 원주 방향 응력의 몇 배인가?(단,
압력용기의 두께는 지름(D)의 10[%] 이내
로 얇다. 평균 반지름 : r, 두께 : t이다)

① 0.5배
② 1배
③ 2배
④ 2.5배
⑤ 4배

05 유량이 20[m³/s]이고 유효낙차가 100[m]인
댐에 적합한 수력터빈의 출력은?(단, 수력터
빈의 효율은 80[%]이고, $\gamma = 9,800$[N/m³]
이다)

① 12.54[MW]
② 14.25[MW]
③ 15.68[MW]
④ 16.26[MW]
⑤ 18.59[MW]

06 평판유동이 완전 발달한 층류일 때 평균 속도는 최대 속도의 몇 배인가?

① 0.4
② 0.54
③ 0.667
④ 0.72
⑤ 0.814

07 압력이 P, 비열비가 k인 이상기체를 단열 상태에서 압축시킬 때 체적탄성계수는?

① k
② P
③ kP
④ $\dfrac{P}{k}$
⑤ $\dfrac{k}{P}$

08 유체의 흐름을 측정하는 유량측정기기에 속하지 않는 것은?

① 노 즐
② 위 어
③ 피토관
④ 오리피스
⑤ 벤투리미터

09 증기를 작동유체로 사용하는 기관에서 수증기를 물로 상변화시킬 수 있는 열교환 장치는?

① 터 빈
② 보일러
③ 복수기
④ 급수펌프
⑤ 팽창밸브

10 압축비가 일정할 때 이론 열효율이 가장 높은 사이클을 순서대로 나열한 것은?

① 오토 > 디젤 > 사바테
② 오토 > 사바테 > 디젤
③ 오토 = 사바테 > 디젤
④ 디젤 > 오토 > 사바테
⑤ 디젤 > 사바테 > 오토

11 가스터빈기관의 이상적인 사이클은?

① 카르노사이클
② 사바테사이클
③ 랭킨사이클
④ 브레이튼사이클
⑤ 에릭슨사이클

12 슈테판-볼츠만 법칙과 관련된 열전달 방식
은?

① 전 도
② 대 류
③ 복 사
④ 압 축
⑤ 응 축

13 폴리트로픽 변화의 관계식이 $PV^n =$
const에서 $n=0$일 경우 어떤 변화가 일어나
는가?

① 정적 변화
② 정압 변화
③ 단열 변화
④ 등온 변화
⑤ 폴리트로픽 변화

14 고속으로 운전되는 디젤기관에 사용되는 사
이클은?

① 정적 사이클
② 정압 사이클
③ 사바테사이클
④ 에릭슨사이클
⑤ 브레이튼사이클

15 $P-V$선도와 $T-S$선도에 대한 설명으로
알맞지 않은 것은?

① $P-V$선도에서 면적은 일의 양을 나
타낸다.
② $P-V$선도에서 공업일은 확인이 가
능하나 절대일은 파악할 수 없다.
③ $T-S$선도는 온도와 엔트로피의 관계
를 나타낸 선도이다.
④ $T-S$선도에서 면적은 열의 양을 나
타낸다.
⑤ $T-S$선도에서 온도(T)는 세로축으
로 단위는 캘빈[K]이다.

16 디젤 노크의 방지대책으로 알맞지 않은 것
은?

① 압축비를 높게 한다.
② 세탄가를 낮게 한다.
③ 실린더 체적을 크게 한다.
④ 엔진의 회전속도와 착화온도를 낮게
한다.
⑤ 흡기온도와 실린더 외벽의 온도를 높
게 한다.

17 Al-Si계 합금의 조대한 공정조직을 미세화
하기 위하여 나트륨(Na), 수산화나트륨
(NaOH), 알칼리염류 등을 합금 용탕에 첨
가하여 10~15분간 유지하는 처리는?

① 시효처리 　　② 풀림처리
③ 개량처리 　　④ 구상화 풀림처리
⑤ 응력제거 풀림처리

18 회전하는 상자에 공작물과 숫돌입자, 공작액, 컴파운드 등을 함께 넣어 공작물이 입자와 충돌하는 동안에 그 표면의 요철을 제거하여 매끈한 가공면을 얻는 것은?

① 숏피닝
② 버니싱
③ 전해가공
④ 배럴가공
⑤ 슈퍼피니싱

19 강에 크로뮴(Cr)을 합금시키는 목적으로 알맞지 않은 것은?

① 강도 증가
② 자성 증가
③ 내열성 증가
④ 내식성 증가
⑤ 내마모성 증가

20 재료의 재결정에 대한 설명으로 알맞은 것은?

① 재결정은 강도와 연성을 저하시킨다.
② 가공도가 클수록 재결정 온도는 낮아진다.
③ 재결정 온도는 가열시간이 길수록 높아진다.
④ 결정입자의 크기가 작을수록 재결정 온도는 높아진다.
⑤ 재결정 온도는 일반적으로 24시간 안에 95[%] 이상의 재결정이 이루어지는 온도로 정의한다.

21 일반적으로 사용되는 용접부 비파괴시험의 기본기호로 틀린 것은?

① VT : 육안시험
② MT : 자분탐상시험
③ PT : 와전류탐상시험
④ RT : 방사선투과시험
⑤ UT : 초음파탐상시험

22 알루미늄(Al)의 비중으로 알맞은 것은?

① 1.7
② 2.7
③ 4.5
④ 8.9
⑤ 13.6

23 면심입방격자(FCC)의 단위격자 내 원자수는?

① 1개
② 2개
③ 3개
④ 4개
⑤ 6개

24 강을 소성가공이나 주조로 거칠어진 결정조직을 미세화하고 기계적, 물리적 성질 등을 개량하여 조직을 표준화하고 공랭하는 열처리법는?

① 풀 림
② 불 림
③ 담금질
④ 뜨 임
⑤ 마템퍼링

25 탄소함유량이 가장 적은 금속재료는?

① 주 철
② 순 철
③ 공석강
④ 펄라이트
⑤ 시멘타이트

26 고온에서 금속재료에 오랜 시간 외력을 걸어 놓으면 시간의 경과에 따라 서서히 그 변형이 증가하는 현상은?

① 크리프
② 스트레스
③ 응력 집중
④ 가공경화
⑤ 피로파괴

27 다음 중 선팽창계수가 큰 순서로 올바르게 나열한 것은?

① 알루미늄 > 구리 > 철 > 크로뮴
② 알루미늄 > 철 > 크로뮴 > 구리
③ 크로뮴 > 알루미늄 > 철 > 구리
④ 구리 > 철 > 알루미늄 > 크로뮴
⑤ 철 > 크로뮴 > 구리 > 알루미늄

28 표면경화 처리법 중에서 재료 표면에 탄소(C)를 침투시키는 침탄법에 대한 설명으로 알맞은 것은?

① 표면경화 시간이 길다.
② 침탄 후 수정이 불가능하다.
③ 침탄 후 열처리가 필요하다.
④ 침탄 후 변형이 크게 생긴다.
⑤ 고체침탄법, 액체침탄법, 기체침탄법이 있다.

29 용접 후 용착 금속부의 인장응력을 연화시키는데 효과적인 방법으로 구면 모양의 특수 해머로 용접부를 가볍게 때리는 것은?

① 코 킹
② 피 닝
③ 플러링
④ 방전가공
⑤ 샌드블라스트

30 마이크로미터의 딤블이 100등분 되어 있고, 스핀들 나사의 피치(p)가 0.5[mm]라면 이 측정기의 최소 측정값은?

① 0.001   ② 0.005

③ 0.01   ④ 0.05

⑤ 0.5

31 스터드 용접에 사용하는 것으로 모재와 스터드(Stud)가 통전할 수 있도록 연결해 주는 요소로 아크 공간을 대기와 차단하여 아크분위기를 보호하는 것은?

① 페 룰

② 펠 트

③ 유니언

④ 부 시

⑤ 아이볼트

32 공구 수명이 T [min], 절삭속도가 v [m/min], 공구와 공작물에 따른 지수가 n일 때, 테일러(Taylor)의 공구 수명식은?(단, C : 절삭깊이, 공구재질 등에 따른 상수값)

① $\dfrac{v^n}{T} = C$

② $\dfrac{T^n}{v} = C$

③ $vT^n = C$

④ $v^n T^n = C$

⑤ $vT^{\frac{1}{n}} = C$

33 게이지 블록 중 측정기의 정도 검사에 사용되는 표준용 게이지를 나타내는 등급은?

① AA급

② A급

③ B급

④ C급

⑤ D급

34 전조가공의 특징으로 알맞지 않은 것은?

① 가공속도가 빠르다.

② 소량 생산에 적합하다.

③ 강인한 조직을 얻을 수 있다.

④ 나사 가공이나 기어 제작에도 사용이 가능하다.

⑤ 절삭 칩이 발생하지 않아 표면이 깨끗하고 재료의 소실이 거의 없다.

35 금속 모형을 약 250~300[℃]로 가열한 후, 모형 위에 규소수지를 바르고 150 ~ 200mesh 정도의 SiO_2와 열경화성 합성수지를 배합한 주형재 속에 잠기게 하여 주형을 제작하는 방법은?

① 셀몰드법

② 원심주조법

③ 연속주조법

④ 인베스트먼트 주조법

⑤ 다이캐스트 주조법

안심Touch

36 강판으로 된 재료에 암나사 가공을 하는데
사용하는 것은?

① 탭　　　　② 스패너
③ 다이스　　④ 브로치
⑤ 스크레이퍼

37 인베스트먼트 주조법의 공정 순서로 알맞게
나열한 것은?

> ㄱ. 주물 완성
> ㄴ. 왁스모형
> ㄷ. 주형 제작
> ㄹ. 모형 조립(Pattern Tree)
> ㅁ. 가열(Heating)

① ㄴ → ㄷ → ㄹ → ㄱ → ㅁ
② ㄴ → ㄷ → ㄱ → ㄹ → ㅁ
③ ㄹ → ㄷ → ㄴ → ㄱ → ㅁ
④ ㄹ → ㄷ → ㄱ → ㄴ → ㅁ
⑤ ㄹ → ㄱ → ㄴ → ㄷ → ㅁ

38 버니싱(Burnishing)작업에 대한 설명으
로 알맞지 않은 것은?

① 표면거칠기가 우수하다.
② 피로한도를 높일 수 있다.
③ 정밀도가 높아 스프링 백을 고려하지
　 않아도 된다.
④ 1차 가공에서 발생한 자국, 긁힘 등을
　 제거할 수 있다.
⑤ 강구를 원통구멍에 압입하여 구멍의
　 표면을 가압 다듬질하는 방법이다.

39 연삭숫돌에서 눈메움 현상의 발생 원인으로
알맞지 않은 것은?

① 연삭 깊이가 클 때
② 조직이 너무 치밀할 때
③ 숫돌의 입자가 너무 클 때
④ 숫돌의 원주 속도가 너무 느릴 때
⑤ 연성이 너무 큰 재료를 연삭할 때

40 유압시스템 내부 작동유의 불순물 제거를
위해 사용하는 것은?

① 축압기
② 압력기
③ 체크밸브
④ 저장탱크
⑤ 스트레이너

41 실린더의 속도를 미터인회로를 통해 제어하
는 경우, 실린더에 인력(Tractive Force)
이 작용하면 실린더의 속도제어가 불가능해
진다. 이 때 제어할 수 있도록 해주는 밸브
는?

① 체크밸브
② 감압밸브
③ 분류밸브
④ 유량제어밸브
⑤ 카운터밸런스밸브

42 엑추에이터(실린더)의 공급 측 관로에 유량 제어밸브를 설치하여 릴리프밸브의 설정 압력으로 유량을 제어함으로써 속도를 제어하는 회로는?

① 시퀀스회로
② 미터인회로
③ 미터아웃회로
④ 무부하회로
⑤ 블리드오프회로

43 유압장치를 새로 설치할 때나 작동유를 교환할 때 관로 내부의 이물질을 제거하기 위한 청정 작업의 명칭은?

① 패킹 작업
② 리필 작업
③ 플러싱 작업
④ 실링 작업
⑤ 엠보싱 작업

44 유체가 유동하는 관로 내부의 압력이 상승할 때 관로 사이에 설치된 체크밸브나 릴리프밸브가 열리기 시작하고 일정한 흐름의 양이 확인되는 압력은?

① 배 압
② 서지 압력
③ 리시트 압력
④ 크랭킹 압력
⑤ 파일럿 압력

45 유체가 흐르는 관 내부를 작은 구멍이 뚫린 판으로 가로막아 유체가 이 좁은 구멍을 통과하게 함으로써 압력과 유속을 변화시키는 장치는?(단, 유동 단면적 감소 길이는 장치의 단면 치수에 비해 짧다)

① 초 크
② 포 트
③ 드레인
④ 개스킷
⑤ 오리피스

46 한 변의 길이가 L인 정사각형의 단면 X–X축에 대한 단면계수(Z)는?

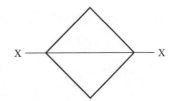

① L^3

② $\dfrac{\sqrt{2}}{4}L^3$

③ $\dfrac{5\sqrt{2}}{6}L^3$

④ $\dfrac{\sqrt{2}}{12}L^3$

⑤ $\dfrac{5\sqrt{2}}{12}L^3$

47 전단력 선도(SFD)와 굽힘 모멘트 선도(BMD)사이의 관계로 알맞은 것은?

① SFD선도와 BMD선도는 서로 관련이 없다.
② SFD선도는 BMD선도의 미분곡선이다.
③ SFD선도는 BMD선도의 적분곡선이다.
④ SFD선도와 BMD선도는 대칭관계이다.
⑤ SFD선도와 BMD선도는 서로 같다.

48 탄성한도 내에서 에너지의 흡수 능력을 수치로 표현한 레질리언스 계수(u)를 알맞게 표현한 것은?(단, σ : 작용응력, E : 세로탄성계수이다)

① $u = \dfrac{\sigma^2}{2E}$

② $u = \dfrac{2\sigma^2}{E}$

③ $u = \dfrac{\sigma}{E^2}$

④ $u = \dfrac{2\sigma^2}{3E}$

⑤ $u = \dfrac{3\sigma^2}{2E}$

49 공작기계의 리드 스크류와 같이 정밀한 운동을 전달할 때 사용하는 것으로 애크미(Acme)나사라고도 불리는 정밀가공이 용이한 나사는?

① 미터나사   ② 관용나사
③ 사각나사   ④ 톱니나사
⑤ 사다리꼴나사

50 두 축이 만나는 각이 수시로 변화하는 경우 사용가능한 축 이음장치로 동력 전달용으로 사용되는 것은?

① 유체 커플링
② 플랜지 커플링
③ 마찰 커플링
④ 유니버셜 조인트
⑤ 플렉시블 커플링

51 클러치 Type의 원판 브레이크의 접촉면 평균지름(D_m)이 60[mm]이고, 접촉면에 수직으로 작용하는 힘(Q)이 500[kgf], 회전 각속도(w)가 716.2[rpm], 접촉면 마찰계수(μ)가 0.3일 때 제동할 수 있는 최대 동력[PS]은?

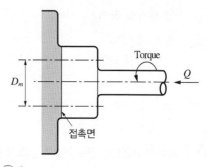

① 3
② 3.5
③ 4
④ 4.5
⑤ 5

52 축의 둘레에 원주방향으로 여러 개의 키 홈을 깎아 만든 것으로 축 방향으로 자유로운 미끄럼 운동이 가능하여 자동차 변속기의 축용 재료로 쓰이는 것은?

① 성크키
② 접선키
③ 반달키
④ 스플라인키
⑤ 세레이션키

53 두 개 또는 그 이상의 다이나 롤러 사이에 재료나 공구 또는 재료와 공구를 함께 회전시켜 재료 내외부에 공구의 표면 형상을 새기는 작업은?

① 단조가공
② 전조가공
③ 인발가공
④ 압출가공
⑤ 프레스가공

54 드로잉가공의 종류에 속하지 않는 것은?

① 아이어닝
② 스피닝
③ 딥 드로잉
④ 만네스만
⑤ 하이드로포밍

55 적외선과 자외선에 대한 설명으로 알맞지 않은 것은?

① 적외선은 X선보다 파장이 길다.
② 적외선은 가시광선보다 파장이 짧다.
③ 자외선의 파장은 가시광선보다 짧다.
④ 적외선은 작업자의 눈에 백내장을 일으킨다.
⑤ 적외선과 자외선은 모두 용접 작업 시에도 발생한다.

56 프레스가공의 일종으로 펀치와 다이를 이용해서 판금할 재료로부터 제품의 외형을 따내는 작업은?

① 인 발
② 펀 칭
③ 블랭킹
④ 플랜징
⑤ 엠보싱

57 일반 구조용 압연강재의 재료 기호는 'SS 400'으로 나타낸다. 이때 400이 의미하는 것은?

① 강재의 무게
② 강재의 비중
③ 강재의 부피
④ 강재의 최대 압축강도
⑤ 강재의 최저 인장강도

58 공작물을 가공하는 방법에 따른 표시기호로 알맞지 않은 것은?

① 보링 – B
② 호닝 – GH
③ 래핑 – FR
④ 주조 – C
⑤ 줄 다듬질 – FF

59 2016년 이세돌 9단과의 바둑대결에서 승리한 컴퓨터 프로그램은?

① 맥 핵
② 파파고
③ 왓 슨
④ 알파고
⑤ 디퍼블루

60 모토로라에 근무하던 마이클 해리에 의해 창안된 품질 향상 기법으로 통계학적으로 제품이 1백만개 생산될 때 3.4개(3.4ppm)의 불량품이 발생한다는 품질수준을 나타내는 것은?

① ISO 9000
② TS 16949
③ JIT
④ 6 시그마
⑤ TQM

61 팔만대장경판에 대한 설명으로 알맞지 않은 것은?

① 고려시대 최초의 대장경이다.
② 동아시아 불교의 경전을 집대성하였다.
③ 고려의 목판 인쇄술의 우수성을 보여주었다.
④ 경남 합천군 가야면의 해인사에 보관되어 있다.
⑤ 2007년 유네스코 세계기록유산으로 등재되었다.

62 조선시대 제작된 세계 최초의 강우량 측정기구는?

① 측우기
② 거중기
③ 자격루
④ 앙부일구
⑤ 혼천의

63 대동법에 대한 설명으로 알맞지 않은 것은?

① 광해군 때 실시하였다.
② 대동법으로 인해 공납과 방납의 폐단이 나타났다.
③ 부자와 가난한 사람에게 차등을 두어 세금을 내게 한 제도다.
④ 특산물 대신 쌀이나 베 등으로 납부하게 한 제도이다.
⑤ 17세기 후반 공납제도의 폐단을 막기 위해 김육이 주장하였다.

64 보물 제849호로 숙종 때 관상감에서 중국의 지도를 보고 1708년 모사한 서양식 세계지도로 전 세계를 타원형으로 나타낸 이 지도는?

① 팔도총도
② 동국여지승람
③ 대동여지도
④ 곤여만국전도
⑤ 혼일강리역대국도지도

65 고려의 국자감에 대한 설명으로 알맞지 않은 것은?

① 광종 때 처음 설치되었다.
② 유학부와 기술부가 있었다.
③ 992년에 세워진 국립 교육기관이다.
④ 기술학부는 율학과 서학, 산학 등을 공부하였다.
⑤ 유학부는 논어와 효경 등 유교 경전을 공부하였다.

66 1882년에 구식군대에 대한 차별과 개화정책에 대한 반발로 일어났으며, 청군의 개입으로 진압된 이 사건은?

① 임오군란
② 정미의병
③ 거문도 사건
④ 만적의 난
⑤ 운요호 사건

67 당시 학자들이 중국의 경전과 역사에는 능통하나 정작 우리나라의 역사를 잘 알지 못하는 것을 걱정하여 김부식이 쓴 저서는?

① 고려사
② 발해고
③ 동국통감
④ 삼국사기
⑤ 삼국유사

68 조선시대 국가의 행정을 체계화시키기 위해 통치 전반에 걸친 법령을 종합해서 만든 법전으로 세조 때 편찬을 시작해서 성종 때 완료하고 반포한 이것은?

① 속대전
② 경국대전
③ 대전회통
④ 대전통편
⑤ 조선경국전

69 조선의 제21대 왕인 영조의 업적으로 알맞지 않은 것은?

① 신문고 부활
② 속대전 편찬
③ 탕평비 건립
④ 균역법 실시
⑤ 규장각 설립

70 행정권과 입법권을 가진 기구로 1894년 6월
설치되었다. 신분제 폐지 등의 당시 개혁안
을 심의 및 통과시키는 것이 주요 업무였던
이 기관은?

① 비변사
② 중추원
③ 도병마사
④ 군국기무처
⑤ 도평의사사

기출복원문제

01 거리가 L만큼 떨어진 두 평판 사이의 유체 유동에 대한 설명으로 알맞지 않은 것은?

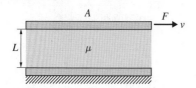

① 힘 F는 뉴턴의 점성력이다.
② 힘 F가 클수록 속도 v는 비례하여 커진다.
③ 거리 L이 커질수록 필요한 힘 F가 커진다.
④ 점성계수 μ가 클수록 필요한 힘 F가 커진다.
⑤ 평판 면적 A가 커질수록 필요한 힘 F가 커진다.

02 관로 내부를 흐르는 유체의 속도를 측정하기 위해 제작된 장치가 아닌 것은?

① 피토관
② 벤투리미터
③ 열선속도계
④ 시차액주계
⑤ 초음파유속계

03 기압계에 수은을 사용하는 이유로 알맞은 것은?

① 비중이 크기 때문에
② 비중량이 작기 때문에
③ 비중량이 크기 때문에
④ 점성계수가 작기 때문에
⑤ 동점성계수가 크기 때문에

04 액체 속에 잠긴 경사면의 도심에 작용하는 힘(F)의 크기는?(단, 단면적 : A, 액체비중량 : γ, 면의 도심까지의 깊이 : $\overline{h}$)

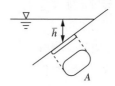

① $\gamma\overline{h}$
② γA
③ $\gamma\overline{h}A$
④ $2\gamma\overline{h}A$
⑤ $\dfrac{1}{2}\gamma\overline{h}A$

05 다음 중 유선(Stream Line)을 가장 올바르게 설명한 것은?

① 에너지가 같은 점을 이은 선이다.
② 유체 입자가 시간에 따라 움직인 궤적이다.
③ 정상유동 때의 유동을 나타내는 곡선이다.
④ 비정상유동 때의 유동을 나타내는 곡선이다.
⑤ 유체 입자의 속도 벡터와 접선이 되는 가상 곡선이다.

06 다음 중 유체의 속도구배와 전단응력이 선형적으로 비례하는 유체를 설명한 가장 알맞은 용어는?

① 점성유체
② 뉴턴유체
③ 비점성 유체
④ 비압축성 유체
⑤ 정상유동유체

07 다음 그림과 같이 유속 10[m/s]인 물을 분류하기 위해 평판을 3[m/s]의 속도로 접근할 때 필요한 힘은 약 몇 [N]인가?(단, 분류의 단면적은 0.01[m²]이다)

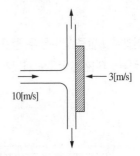

① 1,180
② 1,350
③ 1,500
④ 1,690
⑤ 1,840

08 골프공 표면의 딤플(Dimple)이 항력에 미치는 영향에 대한 설명으로 잘못된 것은?

① 딤플이란 표면의 굴곡이다.
② 딤플은 경계층의 박리를 지연시킨다.
③ 딤플이 골프공의 전체적인 항력을 감소시킨다.
④ 딤플은 압력저항보다 점성저항을 줄이는데 효과적이다.
⑤ 딤플이 층류 경계층을 난류 경계층으로 천이시키는 역할을 한다.

09 이상기체의 교축과정(Throttling Process)에 대한 설명으로 가장 옳지 않은 것은?

① 단열과정이다.
② 온도 변화가 없다.
③ 압력 변화가 없다.
④ 비가역 단열과정이다.
⑤ 엔탈피 변화가 없다.

10 역카르노사이클로 작동하는 냉동기의 증발기 온도가 270[K]이고, 응축기 온도가 370[K]일 때 냉동사이클의 성적계수는?

① 1.4   ② 1.7
③ 2.4   ④ 2.7
⑤ 3.5

11 다음 그림은 오토사이클의 $T-S$ 선도를 나타낸다. 열효율을 바르게 나타낸 것은?

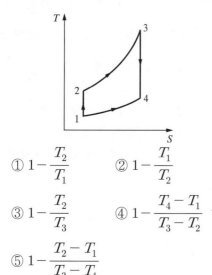

① $1 - \dfrac{T_2}{T_1}$ ② $1 - \dfrac{T_1}{T_2}$

③ $1 - \dfrac{T_2}{T_3}$ ④ $1 - \dfrac{T_4 - T_1}{T_3 - T_2}$

⑤ $1 - \dfrac{T_2 - T_1}{T_3 - T_4}$

12 디젤기관의 디젤노크의 발생을 줄이는 방법으로 옳지 않은 것은?

① 실린더 체적을 크게 한다.
② 압축비와 세탄가를 높인다.
③ 연소실 벽의 온도를 낮춘다.
④ 발화성이 좋은 연료를 사용한다.
⑤ 발화까지의 연료 분사량을 감소시킨다.

13 천연가스를 연료로 사용하는 발전소의 발전 용량이 100[MW]이다. 보일러는 527[℃]에서 운전되며 응축기에서는 27[℃]로 보일러수를 배출한다. 카르노사이클에 의한 보일러의 초당 연료 소비량은(저위발열량은 20×10^6[J/kg])?

① 6[kg/s]
② 8[kg/s]
③ 10[kg/s]
④ 15[kg/s]
⑤ 20[kg/s]

14 공기조화의 4대 요소로 알맞은 것은?

① 온도, 기류, 습도, 청정도
② 습도, 조도, 건조도, 청정도
③ 기류, 조도, 습도, 건조도
④ 온도, 기류, 조도, 건조도
⑤ 온도, 광도, 조도, 건조도

15 가솔린기관의 연료에서 옥탄가(Octane Number)는 무엇과 관계가 있으며, '옥탄가 90'에서 90은 무엇을 의미하는가?

① 연료의 발열량, 정헵탄 체적[%]
② 연료의 발열량, 이소옥탄 체적[%]
③ 연료의 내폭성, 정헵탄 체적[%]
④ 연료의 내폭성, 이소옥탄 체적[%]
⑤ 연료의 내폭성, 이소옥탄 중량[kg]

16 가연성 가스의 종류 중 불꽃의 온도가 가장 높은 것은?

① 부 탄
② 수 소
③ 메 탄
④ 프로판
⑤ 아세틸렌

17 쾌삭강에 절삭속도를 크게 해주기 위해 첨가하는 원소는?

① W
② Ag
③ Ni
④ S
⑤ Mn

18 Sn+Sb+Zn+Cu의 합금으로 내열성이 우수해서 주로 내연기관용 베어링 재료로 사용되며 배빗메탈로도 불리는 이 재료는?

① 캘 밋
② 톰 백
③ 라우탈
④ 화이트메탈
⑤ 네이벌 황동

19 강의 인성을 증가시키며, 특히 노치 인성을 증가시켜 강의 고온 가공을 쉽게 할 수 있도록 하는 원소는?

① P
② Si
③ Mn
④ Pb
⑤ Cr

20 주철의 성질을 가장 올바르게 설명한 것은?

① 소성변형이 잘된다.
② 주조성이 우수하다.
③ 강보다 탄소함유량이 적다.
④ 인장강도가 강에 비하여 크다.
⑤ 탄소의 함유량이 2[%] 이하이다.

21 방사선투과검사의 장점에 대한 설명으로 틀린 것은?

① 라미네이션 불량의 검출이 가능하다.
② 미세한 표면균열의 검출은 불가능하다.
③ 모든 재질의 내부결함 검사에 적용할 수 있다.
④ 검사 결과를 필름에 영구적으로 기록할 수 있다.
⑤ 주변 재질과 비교하여 1[%] 이상의 흡수차를 나타내는 경우도 검출할 수 있다.

22 게이지용 강 재료가 갖추어야 할 조건으로 알맞지 않은 것은?

① 담금질 변형이 적어야 한다.
② HRC55 이상의 경도를 가져야 한다.
③ 열에 의한 변형의 정도가 적어야 한다.
④ 오랜 시간의 경과에도 치수 변화가 적어야 한다.
⑤ 열팽창계수는 구리와 유사해야 하며 취성이 커야 한다.

23 Mg-Al계 합금에 소량의 Zn과 Mn을 넣은 합금은?

① 자마크(Zamak) 합금
② 알클래드(Alclad) 합금
③ 엘렉트론(Elektron) 합금
④ 스텔라이트(Stellite) 합금
⑤ 하이드로날륨(Hydronalium) 합금

24 강의 오스테나이트 상태에서 냉각속도가 가장 빠를 때 나타나는 조직은?

① 펄라이트
② 소르바이트
③ 마텐자이트
④ 시멘타이트
⑤ 트루스타이트

25 쇼어 경도(H_S) 측정 시 산출 공식으로 맞는 것은?(단, h_0 : 추의 낙하 높이, h_1 : 추의 반발 높이)

① $H_S = \dfrac{10,000}{65} \times \dfrac{h_1}{h_0}$

② $H_S = \dfrac{65}{10,000} \times \dfrac{h_1}{h_0}$

③ $H_S = \dfrac{65}{20,000} \times \dfrac{h_0}{h_1}$

④ $H_S = \dfrac{10,000}{65} \times \dfrac{h_0}{h_1}$

⑤ $H_S = \dfrac{20,000}{65} \times \dfrac{h_0}{h_1}$

26 다음 〈보기〉와 같이 철강 재료에서 일어나는 반응은?

〈보 기〉
γ고용체 → α고용체 + Fe_3C

① 공정반응   ② 공석반응
③ 포정반응   ④ 편정반응
⑤ 포석반응

27 금속 표면에 스텔라이트나 초경합금 등의
재료를 융착시켜 제품의 표면에 경화층을
만드는 방법은?

① 숏피닝
② 질화법
③ 액체호닝
④ 하드페이싱
⑤ 금속침투법

28 사이안화법이라고도 하며 사이안화나트륨
(NaCN), 사이안화칼륨(KCN)을 주성분으
로 하는 용융염을 사용하여 침탄하는 방법은?

① 고체 침탄법
② 액체 침탄법
③ 가스 침탄법
④ 고주파 침탄법
⑤ 저주파 침탄법

29 선반 작업 시 발생하는 칩(Chip)의 종류에
속하지 않는 것은?

① 유동형 칩
② 전단형 칩
③ 균열형 칩
④ 열단형 칩
⑤ 분리형 칩

30 선반 가공에서 나사를 절삭하기 위해 나사
이송을 연결하거나 단속시키는 장치는?

① 클러치
② 주축대
③ 웜기어
④ 하프너트
⑤ 슬라이딩 기어

31 드릴로 뚫은 구멍의 정밀도 향상을 위하여
리머 공구로 구멍의 내면을 다듬는 작업은?

① 보 링
② 리 밍
③ 태 핑
④ 스폿페이싱
⑤ 카운터보링

32 호빙머신으로 가공할 수 없는 기어는?

① 웜기어
② 스퍼기어
③ 베벨기어
④ 헬리컬기어
⑤ 스파이럴 베벨기어

33 표준 드릴의 끝부분에 있는 두 개의 날이 이루는 날끝각의 크기는?

① 90°

② 95°

③ 118°

④ 120°

⑤ 125°

34 다음 그림은 길이 측정기로 사용되는 마이크로미터이다. 다음 그림에서 마이크로미터가 나타내는 측정값은?

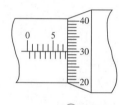

① 5.3   ② 7.5

③ 7.8   ④ 8.5

⑤ 8.8

35 구리합금 전극 사이에 모재를 겹쳐 놓고 전극으로 가압하면서 전류를 통할 때 발생하는 저항열로 접촉 부위를 접합시키는 방법으로 주로 자동차나 가전제품 등 얇은 판의 접합에 사용되는 용접법은?

① 점용접

② 심용접

③ 프로젝션용접

④ 테르밋용접

⑤ 일렉트로슬래그용접

36 선반 가공에서 공작물의 지름이 10[cm]이고 절삭속도가 314[m/min]일 때, 선반의 주축 회전수[rpm]는?(단, 원주율은 3.14이다)

① 500

② 1,000

③ 1,500

④ 2,000

⑤ 3,000

37 연삭 작업에서 변형된 숫돌바퀴의 모양을 바로잡기 위하여 수정하는 작업은?

① 눈무딤

② 눈메움

③ 드레싱

④ 트루잉

⑤ 역변형

38 M10×1.5 탭을 가공하기 위한 드릴링 작업 기초구멍으로 다음 중 가장 적합한 것은?

① 6.0[mm]

② 7.5[mm]

③ 8.5[mm]

④ 9.0[mm]

⑤ 9.5[mm]

39 다음 그림과 같이 선반으로 공작물의 테이퍼를 가공할 때 심압대를 편위시켜 가공하려고 한다. 얼마만큼의 심압대를 이동시켜야 하는가?

단위 : [mm]

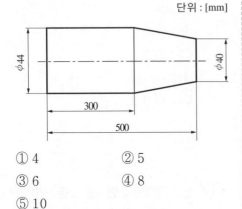

① 4   ② 5
③ 6   ④ 8
⑤ 10

40 유압기기의 관로에서 유체가 탱크로 돌아오는 현상을 나타내는 용어는?

① 서 징
② 토출량
③ 드레인
④ 누 설
⑤ 채터링

41 다음 중 수용성 절삭유에 속하는 것은?

① 경 유
② 광 유
③ 유화유
④ 콩기름
⑤ 동식물유

42 유압회로에서 접속된 회로의 압력을 설정된 압력으로 유지시켜 주는 밸브는?

① 교차(Cross)밸브
② 릴리프(Relief)밸브
③ 교축(Throttling)밸브
④ 시퀀스(Sequence)밸브
⑤ 카운터밸런스(Counter Balance)밸브

43 다음 중 오일의 점성을 이용하여 진동을 흡수하거나 충격을 완화시킬 수 있는 유압장치는?

① 압력계
② 유량계
③ 쇽업소버
④ 토크 컨버터
⑤ 진동개폐밸브

44 다음 기어펌프에서 발생하는 폐입현상을 방지하기 위한 방법으로 가장 적절한 것은?

① 베인을 교환한다.
② 오일을 보충한다.
③ 베어링을 교환한다.
④ 피스톤을 교환한다.
⑤ 릴리프 홈이 적용된 기어를 사용한다.

45 다음 그림은 배관도면에 표시된 밸브의 도시 기호를 나타낸 것이다. 이 밸브의 명칭은?

① 볼밸브
② 체크밸브
③ 앵글밸브
④ 글로브밸브
⑤ 버터플라이밸브

46 축(세로)방향 단면적 A의 물체에 인장하중을 가하였을때, 인장방향 변형률이 ε이면 단면적의 변화량은?(단, 이 물체의 푸아송비는 0.5이다)

① εA
② $2\varepsilon A$
③ $3\varepsilon A$
④ $4\varepsilon A$
⑤ $5\varepsilon A$

47 단면적 500[mm²], 길이 100[mm]의 봉에 50[kN]의 길이방향 하중이 작용했을 때, 탄성영역에서 늘어난 길이는 2[mm]이다. 이 재료의 탄성계수는?

① 3[GPa]
② 5[GPa]
③ 10[GPa]
④ 14[GPa]
⑤ 20[GPa]

48 다음 그림과 같은 외팔보에 균일분포하중 w가 전 길이에 걸쳐 작용할 때 자유단의 처짐량(δ)은 얼마인가?(단, E : 탄성계수, I : 단면 2차 모멘트이다)

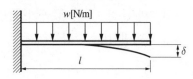

① $\dfrac{wl^3}{3EI}$ ② $\dfrac{wl^4}{6EI}$

③ $\dfrac{wl^4}{8EI}$ ④ $\dfrac{wl^3}{12EI}$

⑤ $\dfrac{wl^4}{24EI}$

49 다음 나사 중 먼지, 모래 등이 들어가기 쉬운 곳에 주로 사용되는 나사는?

① 볼 나사
② 사각 나사
③ 톱니 나사
④ 둥근 나사
⑤ 사다리꼴 나사

50 오일리스 베어링(Oilless Bearing)의 특징을 설명한 것으로 틀린 것은?

① 친환경적인 기계요소이다.
② 다공질이므로 강인성이 높다.
③ 대부분 분말 야금법으로 제조한다.
④ 기름 보급이 곤란한 곳에 적당하다.
⑤ 너무 큰 하중이나 고속 회전부에는 부적당하다.

51 미끄럼을 방지하기 위하여 안쪽 표면에 이가 있는 벨트로 정확한 속도가 요구되는 경우에 사용되는 전동벨트는?

① V벨트   ② 링크벨트
③ 평벨트   ④ 레이스벨트
⑤ 타이밍벨트

52 레이디얼 볼 베어링의 호칭기호가 '6304'일 때, 한계속도계수(DN)값이 120,000[mm·rpm]이라면, 이 베어링의 최고 사용 회전수[rpm]는?

① 3,000   ② 4,500
③ 6,000   ④ 7,500
⑤ 8,000

53 딥 드로잉 공정의 결함에 대한 설명으로 알맞지 않은 것은?

① 딥 드로잉은 일명 오므리기 가공으로 평판에서 이음부 없이 중공의 용기를 만드는 프레스 가공법이다.
② 플랜지부에 방사상으로 융기된 형상을 플랜지부 주름(Wrinkling)이라고 한다.
③ 컵 바닥 부근의 인장력에 의해 수직 벽에 생기는 균열을 파열(Tearing)이라고 한다.
④ 플랜지가 컵 속으로 빨려 들어가면서 수직 벽에서 융기된 현상을 이어링(Earing)이라고 한다.
⑤ 펀치와 다이 표면이 매끄럽지 못하거나 윤활이 불충분하면 제품 표면에 스크래치(Scratch)가 발생한다.

54 금형의 파팅 라인(Parting Line)이나 이젝터 핀(Ejector Pin) 등의 틈에서 흘러 나와 고화 또는 경화된 얇은 조각의 수지가 생기는 사출 성형불량의 명칭은?

① 플래시 현상
② 싱크마크 현상
③ 플로마크 현상
④ 웰드마크 현상
⑤ 가공경화 현상

55 다음 중 짧은 거리를 운동하며 큰 힘을 내는 기계에 사용되는 운동기구는?

① 와트기구
② 토글기구
③ 크랭크기구
④ 펜토그래프
⑤ 스카치요크기구

56 SI 단위와 기호로 잘못 짝지어진 것은?

① 힘 - 뉴턴[N]
② 에너지 - 줄[J]
③ 주파수 - 헤르츠[Hz]
④ 전기저항 - 옴[Ω]
⑤ 전기량, 전하 - 와트[W]

57 베어링의 호칭번호 6203Z에서 Z가 뜻하는 것은?

① 한쪽 실드
② 리테이너 없음
③ 보통 틈새
④ 등급 표시
⑤ 베어링 안지름

58 주조로 제조하는 하우징의 재료로 사용되는 회주철품의 KS 기호는?

① SM
② SS
③ GC
④ SCN
⑤ SF

59 드릴링 머신 작업 시 안전 사항에서 틀린 것은?

① 장갑을 끼고 작업을 하지 않는다.
② 가공물을 손으로 잡고 드릴링하지 않는다.
③ 공작물 고정 바이스는 테이블에 고정한다.
④ 구멍 뚫기가 끝날 무렵에는 이송을 빠르게 한다.
⑤ 얇은 판의 구멍 뚫기에는 나무 보조판을 사용한다.

60 유류 및 가스로 인한 화재는 분류상 어디에 속하는가?

① A급 화재
② B급 화재
③ C급 화재
④ D급 화재
⑤ E급 화재

61 정조의 업적으로 알맞지 않은 것은?

① 화성 축조
② 규장각 설립
③ 서얼의 등용
④ 신문고 부활
⑤ 장용영 설치

62 조선시대의 발행된 서적과 그 저술자의 연결이 잘못된 것은?

① 지봉유설 – 이수광
② 성호사설 – 이익
③ 농사직설 – 정약용
④ 금양잡록 – 강희맹
⑤ 동의수세보원 – 이제마

63 백성들이 유교의 충과 효, 절개를 어떻게
생활에서 실천하며 살 것인가에 대해 상세히
설명해 놓은 책으로 세종 때 편찬된 이것은?

① 삼국유사
② 삼국사기
③ 용비어천가
④ 삼강행실도
⑤ 훈민정음 해례본

64 조선이 서양의 여러 나라들과 통상을 하고,
그 나라들의 기술을 배워 나라의 기반을
튼튼히 해야 한다는 내용이 담겨있는 책으로
2차 수신사로 일본에 갔던 김홍집이 가져온
이 책은?

① 한국통사
② 조선책략
③ 독사신론
④ 구황촬요
⑤ 서유견문

65 조선 숙종 때 청나라와의 국경선 문제를
해결하기 위하여 백두산에 '서위압록, 동위
토문'을 기록하고 세운 비석은?

① 척화비
② 황초령비
③ 마운령비
④ 백두산정계비
⑤ 중원고구려비

66 통일신라시대의 관리 선발 제도로 학문의
성취 정도를 '삼품'으로 나누어 관직 수여에
참고한 것은?

① 취 재
② 복 시
③ 전시과
④ 현량과
⑤ 독서삼품과

67 고려 때 보각국사 일연이 지은 역사서로
고구려, 백제, 신라의 3국과 고조선에서 고
려까지 우리 민족의 흥망성쇠를 다룬 것은?

① 사 기
② 삼국유사
③ 삼국사기
④ 제왕운기
⑤ 동명왕편

68 조선후기의 실학자 중에서 중상학파에 속하
지 않는 인물은?

① 홍대용
② 박지원
③ 유형원
④ 유수원
⑤ 박제가

69 조선시대 삼사에 속하는 기관으로 알맞게 묶인 것은?

① 승정원, 사간원, 사헌부
② 승정원, 의정부, 사간원
③ 홍문관, 승정원, 사간원
④ 홍문관, 사헌부, 사간원
⑤ 홍문관, 사헌부, 의정부

70 조선 18대 왕 현종 때, 17대 왕 효종이 승하하자 16대 왕 인조의 부인인 자의대비가 상복을 몇 년 입을지에 대한 서인과 남인의 싸움은?

① 1차 예송논쟁
② 2차 예송논쟁
③ 임오군란
④ 이자겸의 난
⑤ 서경천도운동

기출복원문제 정답 및 해설

제 **1** 회

01	02	03	04	05	06	07	08	09	10	11	12	13	14
⑤	①	⑤	⑤	②	①	①	④	②	⑤	⑤	③	①	④

15	16	17	18	19	20	21	22	23	24	25	26	27	28
①	②	④	①	②	①	③	②	①	③	①	③	①	②

29	30	31	32	33	34	35	36	37	38	39	40	41	42
②	⑤	①	②	④	②	②	①	③	②	⑤	②	③	③

43	44	45	46	47	48	49	50	51	52	53	54	55	56
①	③	③	①	③	③	③	④	③	①	⑤	②	③	⑤

57	58	59	60	61	62	63	64	65	66	67	68	69	70
④	②	①	①	②	①	④	①	⑤	②	④	④	③	②

01
$$R_h = \frac{A}{P} = \frac{a^2}{4a} = \frac{a}{4}$$

02 경계층은 점성의 정도와 관련이 크다.

03 상대조도와 레이놀즈수의 함수는 무디선도에서 구할 수 있다.

04
- 레이놀즈수(Re) : "무차원 수"로 층류와 난류를 구분하는 척도
- $Re = \dfrac{관성력}{점성력} = \dfrac{\rho v L}{\mu} = \dfrac{vL}{\nu}$

  여기서, ρ : 밀도, v : 속도, L : 유동의 특성길이, ν : 동점성계수, μ : 점성계수

05 **사각위어의 수로 폭(b) 설계**

$b = 2y$

여기서, y : 수로의 깊이

[사각위어]

06 • 동점성계수 : [St(Stokes)]
• 점성계수 : [poise]
• 유량 : $[m^3/s]$
• 동력 : [J/s]
• 일(에너지) : [N · m]

07 • 개수로(Open Channel, 開水路) : 열릴 개, 물 수, 길 로
• 위어(Weir) : 유체의 흐름을 측정하거나 제어하는 장치

08 $Q = Av$

$A_1 v_1 = A_2 v_2$, 유속이 일정$(v_1 = v_2)$하므로 $\dfrac{\pi d_1^2}{4} = \dfrac{\pi d_2^2}{4}$

$d_2 = 3d_1$ 이므로 $d_2^2 = (3d_1)^2 = 9d_1^2 \rightarrow A_2 = 9A_1$

$Q_2 = A_2 v_2 = 9A_1 v_1$ 이므로 처음 지름에 비해 유량은 9배가 된다.

09 $°F = \dfrac{9}{5} °C + 32$, 여기서 $°F$와 $°C$를 T라 놓으면

$T = \dfrac{9}{5} T + 32$

$T - \dfrac{9}{5} T = 32$

$-\dfrac{4}{5} T = 32$

$T = 32 \times \left(-\dfrac{5}{4} \right)$

$T = -40$

10 **비중(Specific Gravity)** : 어떤 물질의 질량과 표준물질(4℃ 물 또는 1기압하 0℃의 공기)과의 비

$s = \dfrac{\rho_x}{\rho_w} = \dfrac{\gamma_x}{\gamma_w}$

11 표준대기압, 1[atm] = 760[mmHg]
= 10.332[mAq]
= 101.325[kPa]
= 1.01325[bar]

12 • 열역학 제0법칙 : 열평형의 법칙(온도계의 원리가 되는 법칙)
$Q = mC(T_2 - T_1)$
• 열역학 제1법칙 : 에너지보존의 법칙
$Q = \Delta q + W$
여기서, Δq : 내부에너지 변화량, W : 일량

- 열역학 제2법칙 : 비가역의 법칙(일은 그 양만큼 열로 발생되나 열은 모두 일로 변환이 불가함)
- 열역학 제3법칙 : 어떤 방법으로도 계를 절대온도 0Kelvin 온도에 이르게 할 수 없다.

13
- 랭킨사이클 : 증기기관의 이상 사이클, 보일러와 터빈, 복수기(Condenser)와 급수펌프로 구성된 사이클
- 랭킨사이클의 작동 순서

> 보일러 → 과열기 → 터빈 → 복수기 → 급수펌프

14 **카르노사이클의 열효율**

$$\eta = \left[1 - \frac{T_2(\text{저온, 절대온도})}{T_1(\text{고온, 절대온도})}\right] \times 100[\%]$$

$$= \left[1 - \frac{273 + 47}{273 + 367}\right] \times 100[\%]$$

$$= \left[1 - \frac{320}{640}\right] \times 100[\%]$$

$$= 50[\%]$$

15 ① 표면장력
② 밀 도
③ 속 도
④ 동점성계수
⑤ 압 력

16 냉동기의 구성요소인 증발기를 통해 응축기에서 흡수한 열량을 외부로 방출하기 때문에 냉장고 문을 열어두면 방의 온도는 올라간다.

17 **재결정온도** : 냉간가공과 열간가공을 구분하는 온도다.
1시간 안에 95[%] 이상 새로운 재결정이 만들어지는 온도이다. 금속이 재결정되면 불순물이 제거되어 더 순수한 결정을 얻어낼 수 있는데, 재결정은 금속의 순도나 조성, 소성변형의 정도, 가열시간에 큰 영향을 받는다. 보통 Fe(철)의 재결정온도는 350~450[℃]이다.

18 **철강의 5대 합금 원소**
- C(탄소)
- Si(규소, 실리콘)
- Mn(망간)
- P(인)
- S(황)

19 • 비커스 경도(H_V)

압입자에 1~120[kg]의 하중을 걸어 자국의 대각선 길이로 경도를 측정한다. 하중을 가하는 시간은 캠의 회전속도로 조절한다. 압입자로는 136[°]인 다이아몬드 피라미드 형태를 사용한다.

• $H_V = \dfrac{P(하중)}{A(압입\ 자국의\ 표면적)}$

20 담금질(Quenching)은 강을 Fe-C상태도의 A_3 및 A_1변태선에서 약 30~50[℃] 더 높은 온도로 가열한 후 급랭시켜 오스테나이트에서 마텐자이트 조직으로 만들어 강도와 경도를 크게 만드는 작업이다.

21 **표준 고속도강의 합금 비율**
• W(텅스텐) : 18[%]
• Cr(크로뮴) : 4[%]
• V(바나듐) : 1[%]

22 **가단주철** : 백주철을 고온에서 장시간 열처리하여 시멘타이트 조직을 분해하거나 소실시켜 조직의 인성과 연성을 개선한 주철로 가단성이 부족했던 주철을 강인한 조직으로 만들기 때문에 단조작업을 가능하게 한다.

23 **킬드강** : 평로, 전기로에서 제조된 용강을 Fe-Mn, Fe-Si, Al 등으로 완전히 탈산시킨 강으로 상부에 작은 수축관과 소수의 기포만이 존재하며 탄소 함유량이 0.15~0.3[%] 정도인 강

24 표면경화법의 일종인 금속 침투법에서 칼로라이징은 표면에 Al(알루미늄)을 침투시킨 것이다.

25 **피닝(Peening)** : 타격부분이 둥근 구면인 특수 해머를 모재의 표면에 지속적으로 충격을 가함으로써 재료 내부에 있는 잔류응력을 완화시키면서 표면층에 소성변형을 주는 방법

26 **스테인리스강의 분류**

구 분	종 류	주요성분	자 성
Cr계	페라이트계 스테인리스강	Fe + Cr 12[%] 이상	자성체
	마텐자이트계 스테인리스강	Fe + Cr 13[%]	자성체
Cr+Ni계	오스테나이트계 스테인리스강	Fe + Cr 18[%] + Ni 8[%]	비자성체
	석출경화계 스테인리스강	Fe + Cr + Ni	비자성체

27 **톰백** : 아연을 5~20[%] 첨가한 것으로 금색에 가까워 금박 대용으로 사용하며 특히 화폐, 메달 등에 주로 사용되는 황동

28 **Fe의 변태점의 종류**
- A_0변태점(210[℃]) : 시멘타이트의 자기변태점
- A_1변태점(723[℃]) : 철의 동소변태점(=공석변태점)
- A_2변태점(768[℃]) : 철의 자기변태점
- A_3변태점(910[℃]) : 철의 동소변태점, 체심입방격자(BCC) → 면심입방격자(FCC)
- A_4변태점(1,410[℃]) : 철의 동소변태점, 면심입방격자(FCC) → 체심입방격자(BCC)

29 심랭처리는 담금질 강의 경도를 증가시키고 시효변형을 방지하기 위한 열처리 조작으로, 담금질 강의 조직이 잔류 오스테나이트에서 전부 오스테나이트 조직으로 바꾸기 위해 재료를 오스테나이트 영역까지 가열한 후 0[℃] 이하로 급랭시킨다.

30 **구성인선(Built Up Edge, 빌트업 에지)**
연강이나 스테인리스강, 알루미늄과 같이 재질이 연하고 공구 재료와 친화력이 큰 재료를 절삭가공할 때, 칩과 공구의 윗면 사이의 경사면에 발생되는 높은 압력과 마찰열로 인해 칩의 일부가 공구의 날 끝에 달라붙어 마치 절삭 날과 같이 공작물을 절삭하는 현상이다.
이것은 공작물의 치수정밀도를 떨어뜨리고 탈락될 때 절삭공구의 일부도 같이 떨어져 공구의 수명을 단축시킨다.

31 **전조가공(Form Rolling)**
두 개 또는 그 이상의 다이나 롤러 사이에 재료나 공구, 또는 재료와 공구를 함께 회전시켜 재료 내·외부에 공구의 표면 형상을 새기는 특수 압연법이다.

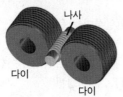

32 주물사는 열전도도가 낮아서 용탕이 빨리 응고되지 않아야 한다.

33 하향절삭은 커터 날과 일감의 이송방향이 같아서 날이 가공물을 누르는 형태이므로 가공물 고정이 간편하다.

34 언더컷은 용접전류가 너무 높아서 입열량이 많아졌을 때 주로 발생한다.

35 $v = \dfrac{\pi dn}{1,000} = \dfrac{3 \times 100[\text{mm}] \times 2,000}{1,000} = 0.6[\text{m/min}]$

36 다이캐스팅 주조법의 충진 시간은 짧다.

37 선반작업 시 발생하는 3분력의 크기 순서

> 주분력 > 배분력 > 이송분력

38 래핑작업은 랩제가 잔류하지 않아서 표면이 매끈하다.

39 회로 점검은 연간점검주기에 속한다.

40 **테이블의 이송속도, F**

$$F = f \times Z \times N$$

여기서, F : 테이블의 이송속도[mm/min]
f : 밀링 커터날 1개의 이송
[mm/tooth]
Z : 밀링 커터날의 수
N : 밀링 커터의 회전수[rpm]

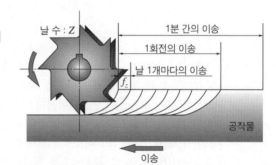

41 **파스칼(Pascal)의 원리**
밀폐된 용기 속에 있는 액체에 압력을 가하면 그 액체가 접하고 있는 모든 방향으로 같은 크기의 힘인 "압력"이 전달되며, 그 압력은 벽에 수직으로 작용한다. 이것은 유압잭의 원리로도 사용된다.

42 피스톤 펌프는 용적형 유압펌프에 속한다.

43 **체크밸브** : 유체가 한쪽 방향으로만 흐르고 반대쪽으로는 흐르지 못하도록 할 때 사용하는 밸브로 기호로는 다음과 같이 2가지로 표시한다.

> —▷|— , —▷|◁—

44 파스칼의 원리에 의해 $P_1 = P_2$ 이므로

$$P_1 = \frac{F_1}{A_1} = \frac{F_1}{\dfrac{\pi D_1^{\,2}}{4}} = \frac{4F_1}{\pi D_1^{\,2}}$$

45 **맥동 현상(서징 현상, Surging)**
펌프가 운전할 때 압력계의 눈금이 요동치면서 토출량이 변하여 흡입과 토출배관에서 진동과 소음이 주기적으로 발생하는 현상

46 응력–변형률 곡선

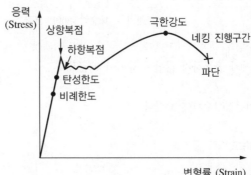

- 비례한도(Proportional Limit) : 응력과 변형률 사이에 선형적 비례관계가 성립하는 구간으로 응력이 최대인 점. 이 범위 내에서 훅의 법칙이 적용된다.
- 탄성한도(Elastic Limit) : 하중을 제거하면 시험편의 원래 치수로 돌아가는 구간
- 항복점(Yield Point) : 인장시험에서 하중이 증가하여 어느 한도에 도달하면, 하중을 제거해도 원위치로 돌아가지 않고 변형이 남게 되는 그 순간의 하중
- 극한강도(Ultimate Strength) : 재료가 파단되기 전에 외력에 버틸 수 있는 최대의 응력
- 네킹구간(Necking) : 극한강도를 지나면서 재료의 단면이 줄어들면서 길게 늘어나는 구간
- 파단점 : 재료가 파괴되는 점

47 전단탄성계수(G), 종탄성계수(E), 체적탄성계수(K), 푸아송 수(m) 사이의 관계

$$mE = 2G(m+1) = 3K(m-2)$$

$$G = \frac{mE}{2(m+1)} = \frac{E}{2(1+\nu)}$$

48 푸아송 비(Poisson's Ratio), (ν)

봉 재료가 축 방향의 인장하중을 받으면 길이가 늘어나지만 직경은 줄어들게 되는데, 이를 축 방향의 변형률에 대한 직경 방향의 변형률의 비로 나타낸 것

$$\text{푸아송의 비,} \quad \nu = \frac{1}{m} = \frac{\varepsilon'(\text{가로(횡) 변형률})}{\varepsilon(\text{세로(종) 변형률})} = \frac{\frac{\delta}{d}}{\frac{\lambda}{l}} = \frac{\delta l}{d \lambda}$$

여기서, δ : 횡 변형량, λ : 종 변형량

49 나사의 리드(L) : 나사를 1회전시켰을 때 축 방향으로 진행한 거리, P : 피치, n : 나사의 줄 수

$$L = nP[\text{mm}] = 3 \times 4 = 12[\text{mm}]$$

50 유효장력, $P_e = T_t(\text{긴장측 장력}) - T_s(\text{이완측 장력})$

$$= 600[\text{N}] - 250[\text{N}]$$
$$= 350[\text{N}]$$

51 코일 스프링의 스프링 상수는 "평균지름의 세제곱에 반비례한다"가 맞는 표현이다.
원통 코일 스프링의 스프링 상수(k)

$$k = \frac{P}{\delta} = \frac{P}{\frac{8nPD^3}{Gd^4}} = \frac{Gd^4 \cdot P}{8nPD^3} = \frac{Gd^4}{8nD^3}$$

52 **나사가 풀리지 않는 자립 조건**

나사의 마찰각(ρ) ≧ 나사의 리드각(λ)

53 **스웨이징** : 다이를 회전시키면서 봉이나 관, 선재의 지름을 감소시키면서 원통형의 제품을 제작하는 단조 가공법이다.

54 **코이닝** : 펀치와 다이 표면에 새겨진 모양을 판재에 각인하는 프레스 가공법으로 압인가공으로도 불린다. 주로 주화나 메탈 장식품을 만들 때 사용한다.

55 **스피닝(Spinning)** : 선반의 주축에 제품과 같은 형상의 다이를 장착한 후 심압대로 소재를 다이와 밀착시킨 후 함께 회전시키면서 강체 공구나 롤러로 소재의 외부를 강하게 눌러서 축에 대칭인 원형의 제품을 만드는 박판(얇은 판) 성형 가공법이다.

56 **만네스만 강관 제조법**
속이 찬 빌릿이나 봉재에 1,200[℃]의 열을 가한 후 2개의 롤러에 재료를 물려 넣으면 재료 내부에 인장력이 작용하여 중심부에 구멍(공극)이 생기는데 이 구멍에 맨드릴(심봉)을 내밀어서 원하는 크기와 두께의 강관을 제조하는 방법

57 **KS D** : 금속

58 **두 종류 이상의 선이 중복되는 경우 선의 우선순위**

숫자나 문자 > 외형선 > 숨은선 > 절단선 > 중심선 > 무게 중심선 > 치수 보조선

59 목재나 섬유류, 종이는 A급 화재로 분류된다.

60 **안전율(S)** : 외부 하중에 견딜 수 있는 정도를 수치로 나타낸 것으로 극한강도를 허용응력으로 나눈 것이다.
$$S = \frac{극한강도(\sigma_u)}{허용응력(\sigma_a)} = \frac{750[\text{MPa}]}{250[\text{MPa}]} = 3$$

[한국사는 별도 해설 없음]

01	02	03	04	05	06	07	08	09	10	11	12	13	14
①	②	④	②	④	④	③	③	②	④	①	③	④	②
15	16	17	18	19	20	21	22	23	24	25	26	27	28
③	③	④	③	⑤	①	②	⑤	②	④	③	④	②	①
29	30	31	32	33	34	35	36	37	38	39	40	41	42
④	①	②	④	①	②	①	①	④	⑤	④	⑤	②	③
43	44	45	46	47	48	49	50	51	52	53	54	55	56
①	④	⑤	②	③	①	⑤	②	③	③	⑤	①	①	①
57	58	59	60	61	62	63	64	65	66	67	68	69	70
④	④	①	③	②	①	①	②	②	②	⑤	⑤	②	③

01 액체를 상공에서 떨어뜨리면 하강속도는 일정하다.

02
- 스토크스 법칙을 기초로 만들어진 점도계 : 낙구식 점도계
- 스토크스(Stokes) : 영국의 물리학자이자 수학자로 유체 저항의 법칙을 발견하였다. 이것은 물체가 점성이 있는 유체로부터 받는 점성저항인 저항력(F)를 정립한 법칙이다.

03 $L_e = \dfrac{5 \times 0.04[\mathrm{m}]}{0.025} = 8$

$L_e = \dfrac{K(\text{밸브 손실계수}) \times d(\text{관의 지름})}{f(\text{관마찰계수})}$

04 "절대압력 = 대기압 + 게이지압력"

대기압 $= 740[\mathrm{mmHg}] \times \dfrac{1.0332[\mathrm{kgf/cm^2}]}{760[\mathrm{mmHg}]} \fallingdotseq 1.006[\mathrm{kgf/cm^2}]$

따라서, 절대압력 $= 1.006 + 4 = 5.006[\mathrm{kgf/cm^2}]$

05 $Re = \dfrac{2 \times 0.05}{1.002 \times 10^{-6}} \fallingdotseq 99,800$

4,000 이상이므로 난류이다.

06 $Q = Av$

$= \dfrac{3 \times (0.04[\mathrm{m}])^2}{4} \times 4[\mathrm{m/s}] = 0.0048[\mathrm{m^3/s}]$

446

07

$$v = \sqrt{2gh}$$

$$h = \frac{v^2}{2g} = \frac{10^2}{2 \times 9.8} = 5.1$$

08

$$\frac{\text{원주방향 응력}}{\text{길이방향(축방향) 응력}} = \frac{\dfrac{(3P)D}{2t}}{\dfrac{(3P)D}{4t}} = \frac{12PDt}{6PDt} = 2$$

09

- 열팽창에 따른 길이 변화

$$= 20[\text{mm}] \times (22[\text{℃}] - 20[\text{℃}]) \times (1.0 \times 10^{-6})$$

$$= 40[\text{mm}] \times (1.0 \times 10^{-6})$$

$$= 4 \times 10^{-5}$$

- 열팽창에 따른 치수 변화

게이지 블록의 원래 길이 × (나중 온도 − 처음 온도) × 열팽창계수

10 **열응력,** $\sigma = E\alpha \triangle t$

$$120[\text{MPa}] = (200 \times 10^9) \times (1.2 \times 10^{-5}) \times (T - 30[\text{℃}])$$

$$T - 30[\text{℃}] = \frac{120 \times 10^6 [\text{Pa}]}{(200 \times 10^9) \times (1.2 \times 10^{-5})}$$

$$T - 30\text{℃} = \frac{120 \times 10^6 [\text{Pa}]}{240 \times 10^4}$$

$$T = 50 + 30 = 80[\text{℃}]$$

11 가스터빈은 마찰부분이 적기 때문에 윤활유 소비가 적은 편이다.

12 **내연기관 열효율 높은 순서**

이론열효율 > 도시열효율 > 제동열효율

13 **클라우시우스(Clausius)의 부등식**

$$\oint \frac{\delta Q}{T} \leq 0$$

14 **강도성 상태량의 종류**

- v(비체적)
- ρ(밀도)
- T(온도)
- P(압력)

종량성 상태량의 종류
- V(부피)
- H(엔탈피)
- S(엔트로피)
- m(질량)
- u(내부에너지)

15 냉동기의 성능계수, $\varepsilon = \dfrac{T_L}{T_H - T_L} = \dfrac{280}{350 - 280} = 4$

16 이상적인 냉동사이클의 기본 사이클 : 역카르노사이클

17 **뜨임(Tempering)** : 담금질 한 강을 A_1변태점(723[℃]) 이하로 가열 후 서랭하는 것으로 담금질로 경화된 재료에 연성, 인성을 부여하고 내부응력을 제거한다.

18 금속을 이온화하면 양(+)이온이 된다.

19 **형상기억합금**
항복점을 넘어서 소성변형된 재료는 외력을 제거해도 원래의 상태로의 복원이 불가능하지만, 형상기억합금은 고온에서 일정 시간 유지함으로써 원하는 형상으로 기억시키면 상온에서 외력에 의해 변형되어도 기억시킨 온도로 가열만 하면 변형 전 형상으로 되돌아오는 합금이다.

20 **방전가공에서 전극재료의 조건**
- 공작물보다 경도가 낮을 것
- 방전이 안전하고 가공속도가 클 것
- 기계가공이 쉽고 가공정밀도가 높을 것
- 가공에 따른 가공전극의 소모가 적을 것
- 가공을 쉽게 하게 위해서 재질이 연할 것
- 재료의 수급이 원활하고 가격이 저렴할 것

21 **질량효과**
탄소강을 담금질하였을 때 강의 질량(크기)에 따라 내부와 외부의 냉각속도 차이로 인해 경화되는 깊이가 달라져서 조직과 경도와 같은 기계적 성질이 변하는 현상이다. 담금질 시 질량이 큰 제품일수록 내부에 존재하는 열이 많기 때문에 천천히 냉각된다.

22 샌드블라스트는 압축 분사 가공의 일종이다. 재료 표면에 모래를 압축 공기로 분사시키거나, 중력으로 낙하시켜 표면을 연마하거나 녹 제거를 하는 가공법으로 가장 대표적으로는 주물제품의 표면을 깨끗이 하는 마무리 작업에 사용한다.

23 침투탐상검사(PT ; Penetrant Test)

검사하려는 대상물의 표면에 침투력이 강한 형광성 침투액을 도포 또는 분무하거나 표면 전체를 침투액 속에 침적시켜 표면의 흠집 속에 침투액이 스며들게 한 다음 이를 백색 분말의 현상액을 뿌려 침투액을 표면으로부터 빨아내서 결함을 검출하는 방법
침투액이 형광물질이며 형광침투탐상시험이라고도 한다.

24 항온 열처리의 종류

- 항온풀림
- 항온뜨임
- 항온담금질
  - 오스템퍼링
  - 마템퍼링
  - 마퀜칭
  - 오스포밍
  - MS퀜칭

25 크리프(Creep)곡선

고온에서 재료에 일정 크기의 하중(정하중)을 작용시키면 시간이 경과함에 따라 변형이 증가하는 현상을 나타낸 곡선으로 이것은 변형량과 시간과의 관계를 나타낸다.

26 Fe-C계 평형상태도에서의 3개 불변반응

종 류	반응온도	탄소함유량	반응 내용	생성 조직
공석반응	723[℃]	0.8[%]	γ고용체 $\leftrightarrow$ α고용체 + Fe_3C	펄라이트 조직
공정반응	1,147[℃]	4.3[%]	융체(L) $\leftrightarrow$ γ고용체 + Fe_3C	레데뷰라이트 조직
포정반응	1,494[℃] (1,500[℃])	0.18[%]	δ고용체 + 융체(L) $\leftrightarrow$ γ고용체	오스테나이트 조직

27 적열취성(赤熱 - 붉을 적, 더울 열, 철이 빨갛게 달궈진 상태)

S(황)의 함유량이 많은 탄소강이 900[℃] 부근에서 적열(赤熱)상태가 되었을 때 파괴되는 성질로 철에 S의 함유량이 많으면 황화철이 되면서 결정립계 부근의 S이 망상으로 분포되면서 결정립계가 파괴된다.
적열취성을 방지하려면 Mn(망간)을 합금하여 S을 MnS로 석출시키면 된다. 이 적열취성은 높은 온도에서 발생하므로 고온취성이라고도 한다.

28 질화법

암모니아(NH_3)가스 분위기(영역) 안에 재료를 넣고 500[℃]에서 50~100시간을 가열하면 재료 표면에 Al, Cr, Mo 원소와 함께 질소가 확산되면서 강 재료의 표면이 단단해지는 표면경화법이다. 내연기관의 실린더 내벽이나 고압용 터빈날개를 표면경화할 때 주로 사용된다.

29 스폿 페이싱은 볼트나 너트의 머리가 체결되는 바닥 표면을 편평하게 만드는 작업이다.

30 **숏피닝**
강이나 주철제의 작은 강구(볼)를 금속 표면에 고속으로 분사하여 표면층을 냉간가공에 의한 가공경화
효과로 경화시키면서 압축 잔류응력을 부여하여 금속 부품의 피로수명을 향상시키는 표면경화법

31 다이캐스트 주조법은 용융금속을 금형 틀 안으로 주입시킨 후 가압하기 때문에 기공이 적고 주물조직
이 치밀하며 강도가 크다.

32 **액체호닝** : 물과 혼합한 연마제를 압축공기를 이용하여 노즐로 가공할 표면에 고속으로 분사시켜
공작물의 표면을 매끄럽게 다듬는 가공법이다.

33 • 기밀(氣密) : 공기 기, 빽빽할 밀, 공기가 새어나가지 않음
• 코킹(Caulking) : 물이나 가스 저장용 탱크를 리베팅한 후 기밀(기체 밀폐)과 수밀(물 밀폐)을
유지하기 위해 날 끝이 뭉뚝한 정(코킹용 정)을 사용하여 리벳 머리와 판의 이음부의 가장자리를
때려 박음으로써 틈새를 없애는 작업

34 **아베의 원리**
측정오차를 줄이기 위해서는 측정하는 방향을 피측정물과 표준자와 일직선 위에 놓아야 한다는
원리이다. 만일 표준자와 피측정물이 동일 축 선상에 없을 경우 측정오차가 발생한다.

35 **버핑가공**
모, 면직물, 펠트 등을 여러 장 겹쳐서 적당한 두께의 원판을 만든 다음 이것을 회전시키면서 이
사이에 미세한 연삭입자가 혼합된 윤활제를 공급하여 공작물의 표면을 매끈하고 광택이 나게 만드는
가공방법

36 • 아들자의 0의 눈금을 기준, 어미자의 좌측 치수를 읽는다. : 10[mm]
• 어미자와 아들자의 눈금이 일치하는 곳을 찾아서 소수점으로 읽는다. : 0.45[mm]
• 이들을 합치면 측정값은 10.45[mm]이다.

37 **슈퍼피니싱(Super Finishing)**
입도와 결합도가 작은 숫돌을 공작물에 대고 누르면서 분당 수백~수천의 진동과 수 [mm]의 진폭을
가함과 동시에 왕복운동을 시키면서 공작물을 회전시켜서 가공면을 단시간에 매우 평활한 면으로
다듬는 가공방법

38 평면가공은 밀링가공으로 작업이 가능하다.

39 칩 브레이커는 선반가공 시 연속적으로 발생되는 유동형 칩으로 인해 작업자가 다치는 것을 막기
위하여 칩을 짧게 절단시켜 주는 안전장치로 바이트의 경사면에 돌출부를 만들어두면 이 부분을

지나는 칩이 절단됨으로써 작업자를 보호한다. 따라서 칩 브레이커란 바이트에 만들어놓은 돌기 부분으로 이해하면 된다.

40 카운터밸런스밸브는 유압회로에서 한쪽 흐름에는 배압을 만들고, 다른 방향은 자유 흐름이 되도록 만들어 주는 밸브다. 또한 이 밸브의 내부에는 체크밸브가 필수로 설치된다.

41 유압 작동유의 점도가 높으면 유동저항이 커져서 에너지(압력) 손실이 커진다.

42 베인펌프는 기동토크가 작다.

43 감압밸브는 유체의 압력을 감소시켜 동력을 절감시키기 위해 사용하는 밸브다.

44 캐비테이션은 펌프와 흡수면 사이의 거리가 너무 멀거나 유체의 증기압보다 낮은 압력이 발생하는 펌프 주위에서 주로 발생한다. 펌프의 흡입측 밸브에서는 절대로 유량조절을 하지 않는다.
캐비테이션 : 유체가 관 속을 유동할 때 유체의 압력이 포화 증기압(기포가 발생하는 압력) 이하로 내려가면 유체에 녹아 있던 기체가 기포로 빠져나오면서 유체 내부에 공동(액체 중 존재하는 기체 공간)이 생기는 현상으로 유체의 증기압보다 낮은 압력이 발생하는 펌프 주위에서 주로 발생한다. 이때 발생한 기포가 관 벽을 때리면서 소음이나 진동, 깃의 손상 등이 발생하고 펌프의 성능과 효율을 저하시킨다.

45 수격현상은 관내를 흐르는 유체의 유속이 급히 바뀌면 유체의 운동에너지가 압력에너지로 변하면서 관내 압력이 비정상적으로 상승하여 배관이나 펌프에 손상을 주는 현상
방지대책으로는 관경을 굵게 하여 가능한 한 유속을 낮추고, 펌프 회전축에 플라이휠을 설치하여 펌프의 급격한 속도 변화를 방지해야 하며, 유량조절밸브를 펌프 토출측 직후에 설치하고 적당한 밸브제어를 한다.

46
$$\text{상당 굽힘 모멘트}(M_e) = \frac{1}{2}(M + \sqrt{M^2 + T^2})$$
$$= \frac{1}{2}(30 + \sqrt{30^2 + 40^2})$$
$$= \frac{1}{2}(30 + 50)$$
$$= 40[\text{N} \cdot \text{m}]$$

상당 굽힘 모멘트(M_e) 및 상당 비틀림 모멘트(T_e) 구하는 식

상당 굽힘 모멘트(M_e)	상당 비틀림 모멘트(T_e)
$M_e = \frac{1}{2}(M + \sqrt{M^2 + T^2})$	$T_e = \sqrt{M^2 + T^2}$

47

- 응력집중계수$(k) = \dfrac{\sigma_{\max}(\text{최대응력})}{\sigma_n(\text{공칭응력})}$

- $k = \dfrac{\sigma_{\max}}{\sigma_n}$, $2 = \dfrac{40 \times 10^6 [\text{Pa}]}{\sigma_n}$

$$\sigma_n = \dfrac{40 \times 10^6 [\text{Pa}]}{2} = 20 \times 10^6 [\text{Pa}] = 20 [\text{MPa}]$$

48 $\theta = \dfrac{TL}{GI_P} = \dfrac{TL}{G\dfrac{\pi d^4}{32}}$

여기서, $\dfrac{L}{d^4}$만을 고려하여 $\dfrac{L}{d^4}$에서 길이와 지름을 2배로 하면

$\dfrac{2}{2^4} = \dfrac{2}{16} = \dfrac{1}{8}$배

49 묻힘키가 파손되지 않는 길이(l) 공식에 대입하면

$l = \dfrac{\pi d^2}{8b}$이고, 여기서, $l = 2d$이므로

$2d = \dfrac{\pi d^2}{8b}$

$\therefore \ b = \dfrac{\pi d^2}{16d} = \dfrac{\pi d}{16}$

50 **볼트와 너트의 풀림 방지법**
- 철사를 사용하는 방법
- 와셔를 사용하는 방법
- 분할 핀을 사용하는 방법
- 로크 너트를 사용하는 방법
- 멈춤나사를 사용하는 방법
- 자동 죔 너트를 사용하는 방법
- 플라스틱 플러그를 사용하는 방법

51 최대 베어링하중$(W) =$베어링 압력$(P)\times$저널의 지름$(d)\times$저널의 길이(l)
$$4,200[\text{N}] = P \times 60[\text{mm}] \times 100[\text{mm}]$$
$$P = \dfrac{4,200[\text{N}]}{6,000[\text{mm}^2]} = 0.7\,[\text{N/mm}^2]$$

52 묻힘키(성크키)가 전단하중만 받을 경우에는 축 지름의 길이만으로 파손되지 않을 키의 길이를 다음 식을 통해 구할 수 있다.
전단하중만 받을 때 파손되지 않을 키의 길이$(L) = 1.5d$
$L = 1.5d$, 키의 지름이 60[mm]이므로 이 키가 파괴되지 않으려면 키의 길이는 최소 90[mm](1.5×60)

는 되어야 한다.

53 **아이어닝(Ironing)** : 딥 드로잉된 컵 형상의 판재 두께를 균일하게 감소시키는 프레스 가공법으로 아이어닝 효과라고도 불린다. 제품 용기의 길이를 보다 길게 하는 장점이 있으나 지나친 아이어닝 가공은 제품을 파단시킬 수 있다.

54 **배럴링과 업세팅의 차이점**

소재의 옆면이 볼록한 모양의 명칭 = 배럴링		정상 Upsetting
배럴링 현상을 없애는 방법 • 다이를 예열한다. • 윤활제를 사용한다.	배럴링 (Barreling)	

55 펀칭은 판재를 펀칭으로 절단하고 남은 부분이 제품이 되는 가공. 잘린 부분은 스크랩이다. 블랭킹은 프레스 가공의 일종으로 펀치와 다이를 이용해서 판금할 재료로부터 제품의 외형을 따내는 작업이다. 따낸(잘린) 부분이 제품이므로 재료 손실이 커서 비효율적이다.

56 **플로마크현상** : 딥 드로잉 가공에서 성형품의 측면에 나타나는 외관 결함으로 성형재료의 표면에 유동 궤적을 나타내는 줄무늬가 생기는 불량이다.

57 볼 베어링의 안지름번호는 앞에 2자리를 제외한 뒤 숫자로서 확인할 수 있다. 04부터는 5를 곱하면 그 수치가 안지름이 된다.
※ 호칭번호가 6026인 경우
• 6 : 단열홈형 베어링
• 0 : 특별경하중형
• 26 : 베어링 안지름번호 $26 \times 5 = 130$[mm]

58 **제도용지의 크기**

용지 크기	A0	A1	A2	A3	A4
a × b(세로×가로)	841×1,189	594×841	420×594	297×420	210×297

59 SI 기본단위(국제단위계)

길 이	질 량	시 간	온 도	전 류	물질량	광 도
m (미터)	kg (킬로그램)	sec (세컨드)	K (켈빈)	A (암페어)	mol (몰)	cd (칸델라)

60 안전표지에서 인화성 물질, 산화성 물질, 방사성 물질 등 경고표지의 바탕색은 노란색을 사용한다.

[한국사는 별도 해설 없음]

기출복원문제 정답 및 해설

01	02	03	04	05	06	07	08	09	10	11	12	13	14
①	③	④	①	⑤	④	①	①	⑤	②	①	②	④	③
15	16	17	18	19	20	21	22	23	24	25	26	27	28
③	①	⑤	④	⑤	①	②	①	③	②	③	③	⑤	④
29	30	31	32	33	34	35	36	37	38	39	40	41	42
⑤	④	②	③	③	③	⑤	④	②	④	③	③	②	⑤
43	44	45	46	47	48	49	50	51	52	53	54	55	56
③	④	②	④	④	④	④	④	⑤	③	⑤	④	①	④
57	58	59	60	61	62	63	64	65	66	67	68	69	70
④	③	①	①	④	③	②	④	③	⑤	③	④	⑤	④

01 볼류트펌프와 터빈펌프는 원심펌프에 속한다.

02 축소-확대노즐은 아음속을 초음속의 속도로 변화시킬 수 있다. 대표적인 축소-확대노즐은 벤튜리관 이다.

[축소-확대노즐 – 벤튜리관]

03 물분자와 유리벽 사이의 접착력이 액체의 응집력보다 더 클 때 발생한다.

04 ② 운동량
③ 응 력
④ 동점성계수
⑤ 밀 도

05 베르누이 방정식을 충족시키기 위해 가정한 조건에 유체의 속도 정도는 고려되지 않는다.

06 등온변화에서의 체적탄성계수 $K = P$이다.

07 초킹(Choking)이란 노즐의 입구와 출구 간 압력 차이가 발생하면 유체 유동이 일어난다. 이 때 두 지점간의 압력차가 커질수록 유량은 더욱 증가한다. 그러다가 출구 쪽 압력이 더 감소하여 압력차가 입구 측의 '기존 압력' 대비 일정 비율 이상에 도달하면, 더 이상 출구를 빠져나가는 유량이 증가하지 않고 일정하게 유지되는 현상이다.

08 항력은 항력계수의 크기에 비례한다.

항력, $D = C_D \times \dfrac{\rho v^2}{2} A$

여기서, C_D : 항력계수(저항계수)
  v : 속도[m/s]
  A : 운동방향의 투영면적[m^2]

09 열효율이 100[%]인 기관은 만들 수 없다는 것을 나타낸 법칙이다.

10 $\eta = 1 - \dfrac{Q_L}{Q_H} = 1 - \dfrac{T_L}{T_H}$

$= 1 - \dfrac{273[℃] + 0[℃]}{273[℃] + 100[℃]}$

$= 1 - \dfrac{273}{373}$

$= \dfrac{100}{373} \times 100[\%] ≒ 26.8[\%]$

11 카르노사이클은 2개의 가역 단열과정과 2개의 가역 등온과정으로 구성된다.

12 최고 압력이 일정할 때 이론상 열효율이 가장 높은 사이클

디젤 > 사바테 > 오토

13 가스터빈은 열효율이 낮고 연료소비율이 크다.

14 CFC의 대체물질로 HCFC, HFC가 만들어졌다.

15 $\triangle H = \triangle U + (P_2 V_2 - P_1 V_1)$

$= 140[kJ] + ((400 \times 8) - (100 \times 4))[kJ]$

$= 140[kJ] + (3,200 - 400)[kJ]$

$= 2,940[kJ]$

16 제1종 영구기관은 열역학 1법칙에 위배된다.

17 강의 담금질 조직의 냉각속도가 빠른 순서

> 오스테나이트 > 마텐자이트 > 트루스타이트 > 소르바이트 > 펄라이트

18 편정반응은 냉각 중 액상이 처음의 액상과는 다른 조성의 액상과 고상으로 변하는 반응
① 공정반응 : 두 개의 성분 금속이 용융 상태에서는 하나의 액체로 존재하나 응고 시에는 일정
   온도에서 일정한 비율로 두 종류의 금속이 동시에 정출되어 나오는 반응
② 공석반응 : 하나의 고상에서 다른 2개의 고상이 나오는 반응
③ 포정반응 : 액상과 고상이 냉각될 때는 또 다른 하나의 고상으로 바뀌나 반대로 가열될 때는
   하나의 고상이 액상과 또 다른 고상으로 바뀌는 반응
⑤ 포석반응 : 냉각 중 두 개의 고상이 처음의 두 고상과는 다른 조성의 고상으로 변하는 반응

19 Cr(크로뮴)은 체심입방격자(BCC)에 속한다.

20 방사선투과검사(Radiographic Testing)에서 미세한 표면의 균열은 검출되지 않는다.

21 마그네슘의 비강도는 알루미늄보다 크다.
마그네슘의 특징
• 용융점은 650[℃]이다.
• 조밀육방격자 구조이다.
• 주조 시의 생산성이 좋다.
• Al에 비해 약 35[%] 가볍다.
• 비중이 1.74로 실용 금속 중 가장 가볍다.
• 소성가공성이 낮아서 상온변형은 곤란하다.
• 항공기, 자동차부품, 구상흑연주철의 첨가제로 사용된다.
• 대기 중에서 내식성이 양호하나, 산이나 염류(바닷물)에는 침식되기 쉽다.

22 **열 및 전기 전도율이 높은 순서**
Ag > Cu > Au > Al > Mg > Zn > Ni > Fe > Pb > Sb
은   구   금   알   마   아   니   철   납   주
※ 열전도율이 높을수록 고유저항은 작아진다.

23 경금속과 중금속을 구분하는 비중의 경계는 일반적으로 4.5이다.

24 청열취성(靑熱 – 푸를 청, 더울 열, 철이 산화되어 푸른빛으로 달궈져 보이는 상태)
탄소강은 200~300[℃]에서 인장강도와 경도 값이 상온일 때보다 커지는 반면, 연신율이나 성형성은
오히려 작아져서 취성이 커지는 현상이다. 이 온도범위(200~300[℃])에서는 철의 표면에 푸른
산화피막이 형성되기 때문에 청열취성이라고 불린다. 따라서 탄소강은 200~300[℃]에서는 가공을
피해야 한다.

25　수소(H_2)가스는 백점과 헤어크랙 불량의 원인이 된다.
　　① 규소 : 유동성 증가, 용접성과 가공성 저하, 결정립의 조대화
　　② 황 : 편석과 적열취성의 원인, 절삭성을 좋게 함
　　④ 니켈 : 내식성 및 내산성을 증가
　　⑤ 티타늄 : 가볍고 강력하여 항공기 재료로 사용함, 부식에 대한 저항성이 큼

26　마우러 조직도는 C와 Si의 함유량에 따른 주철 조직의 변화를 나타낸 그래프이다.

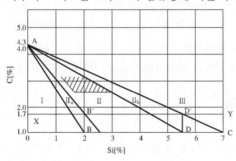

27　**주철의 흑연화 촉진제**
　　Al, Si, Ni, Ti 등

28　델타메탈은 황동의 일종이다.

29　TIG용접은 모든 용접자세가 가능하며, 박판용접에 적합하다.

30　핸드탭은 일반적으로 3개가 1조이다.

탭 번호	가공량 및 정밀도
1번 탭	55[%]로 황삭
2번 탭	25[%] 중삭
3번 탭	20[%] 가공 정삭

31　원심주조법은 사형이나 금형주형에 용탕(쇳물)을 주입한 후 대략 300~3,000[rpm]으로 고속으로
　　회전시키면, 용탕에 원심력이 작용하여 주형의 내벽에 용탕이 압착된 상태에서 응고가 되면서
　　주물을 얻는 주조법이다.

32　절삭된 칩이 절삭해야 할 공작물 위에 쌓이게 되어 상향절삭이 하향절삭보다 가공 시야성이 좋지
　　못하다.

33　오버랩(Overlap)은 용융된 금속이 용입이 되지 않은 상태에서 표면을 덮어버린 불량이다.

34　스터드용접은 용접부가 비교적 작기 때문에 냉각속도가 빠르다.

35 S코드는 주축기능으로 주축의 회전수 및 절삭속도를 지령한다.
예 S1800 : 1,800[rpm]으로 주축 회전

36 방진구는 선반 작업에서 공작물의 지름보다 20배 이상의 가늘고 긴 공작물(환봉)을 가공할 때 공작물이 휘거나 떨리는 현상인 진동을 방지하기 위해 베드 위에 설치하여 공작물을 받쳐주는 부속장치이다. 단, 이동식 방진구는 왕복대(새들) 위에 설치한다.

37 초경합금(소결 초경합금)은 1,100[℃]의 고온에서도 경도 변화 없이 고속절삭이 가능한 절삭공구로 WC, TiC, TaC 분말에 Co나 Ni을 추가한 후 1,400[℃] 이상의 고온으로 가열하면서 프레스로 소결시켜 만든다.

38 화학적 기상증착법은 공급된 가스 혼합물과 가열된 가공 재료의 표면과의 상호작용으로 가스 혼합물 성분의 일부가 가공 재료의 표면에 코팅(Coating)되는 가공법이다.

39 기어는 호빙머신에 의한 방법으로 절삭한다.

40 **나사 가공용 공구**
 • 암나사 가공 : 탭
 • 수나사 가공 : 다이스

다이스

41 소포제란 유체 내부에 존재하는 기포를 유면으로 빠르게 부상시켜서 제거할 수 있도록 하는 물질이다. 소포제로는 주로 휘발성이 적고 확산력이 다소 큰 성분들이 사용된다.

42 시차액주계는 유속을 측정하는 장치다.

43 **축압기의 역할**
 • 충격 흡수
 • 압력의 보상
 • 유압 회로 내 맥동의 제거 및 완화
 • 유압 에너지의 축적으로 보조 에너지원으로 사용
 단, 축압기는 유속을 증가시키지는 않는다. 유속은 관의 직경을 변화시킴으로써 변경시킬 수 있다.

44 베인펌프는 회전자인 로터(Rotor)에 방사형으로 설치된 베인(Vane ; 깃)이 캠링의 내부를 회전하면서 베인과 캠링 사이에 폐입된 유체를 흡입구에서 출구로 송출하는 펌프이다.

베인펌프의 특징
- 소음이 적다.
- 보수가 용이하다.
- 기동토크가 작다.
- 호환성이 우수하다.
- 압력저하량이 적다.
- 베인(깃)의 수명이 짧다.
- 토출 압력의 맥동이 작다.
- 단위 무게 당 용량이 커서 형상치수가 작다.

45 미터아웃 회로는 엑추에이터(실린더)의 출구 측 관로에 유량제어밸브를 설치하여 릴리프밸브의 설정 압력으로 유량을 제어함으로써 속도를 제어하는 회로이다. 회로 내부의 전체 압력이 높아서 효율은 낮은 편이다.

46 **세장비(λ)**

기둥의 길이 l과 최소 회전 반지름 r과의 비로써 좌굴을 알아보기 위해 사용되며 세장비가 크면 좌굴이 잘 일어난다. 세장비의 크기에 따라 단주와 장주로 구분된다.

$$\lambda = \frac{l(기둥\ 길이)}{r(최소\ 회전\ 반경)} = \frac{l}{\sqrt{\dfrac{I}{A}}}$$

여기서, A : 기둥의 단면적, I : 관성 모멘트(단면 2차 모멘트)

47 사각형 단면의 양단 고정보에 힘이 중앙점에 작용할 경우 최대 굽힘 모멘트를 구하는 식은 아래와 같다.

$$M_{\max} = \frac{PL}{8}$$

48 생베낭의 원리는 막대의 한쪽 끝이 고정되고 다른 끝에 집중 하중이 작용할 때, 막대의 양단에서 국부변형이 발생하고 양단에서 멀어질수록 그 효과가 감소된다는 원리이다.

49 **바흐의 축공식** : 연강 축의 길이 1[m]당 비틀림으로 변형된 각도가 0.25° 이내가 되도록 설계한다.

50 인장응력, $\sigma = \dfrac{F}{A} = \dfrac{F}{t \times l}$

$$40[\text{N/mm}^2] = \frac{F}{4[\text{mm}] \times 100[\text{mm}]}$$

$$\therefore F = 16,000[\text{N}]$$

51　한줄 겹치기 이음에서 리벳 구멍 사이가 절단된다는 것은 이 구멍 사이의 부분이 외력에 견디므로
　　응력 계산 시 단면적이 되어야 함을 의미한다.
　　따라서 이 부분의 단면적은 $(p-d)t$로 계산이 가능하다.
　　응력을 구하는 식에 대입해 보면,
　　리벳의 이음강도(P)는 응력을 구하는 식에서 유도할 수 있다.

$$\sigma = \frac{P}{A}, \quad \sigma = \frac{P}{(p-d)t}$$

$$\therefore \ P = (p-d)t\sigma$$

52　최대 굽힘 모멘트, $M_{max} = \sigma_{max} \times Z$ (단면계수)

　　사각단면의 단면계수 $= \dfrac{bh^2}{6}$

　　여기서 길이 $b = l$, 높이 $h = t$를 대입한다.

　　최대 굽힘 응력, $\sigma_{max} = \dfrac{6M_{max}}{lt^2}$

$$= \frac{6 \times 12,000[\text{N} \cdot \text{mm}]}{300[\text{mm}] \times (25[\text{mm}])^2} = 0.384[\text{N/mm}^2]$$

53　가공경화란 금속을 가공하거나 소성변형시킴으로써 경도를 증가시키는 방법이다. 가공경화 현상은
　　철사를 손으로 잡고 구부렸다-폈다를 반복하면 결국에 끊어지는 것으로 많은 책들에서 설명하고
　　있다.

54　스프링 백은 탄성복원으로써 재료를 굽힘 가공을 한 후, 외력을 제거했을 때 초기 상태로 복원되려는
　　성질이다. 물체를 변형시킨 후 물체 내부에 탄성이 어느 정도 남아있느냐에 따라 그 크기가 결정되는데
　　이는 물체의 복원력에 비례한다. 예를 들어 탄성 영역에서는 모든 재료의 복원력은 100[%]이나
　　찰흙 반죽은 표면을 누른 후 힘을 제거해도 복원되지 않으므로 스프링 백은 거의 발생하지 않는다.

스프링 백

55　엠보싱은 얇은 판재를 서로 반대 형상으로 맞물리게 만들어진 펀치와 다이 사이에 넣고 가압하여
　　성형시키는 가공법으로 주로 올록볼록한 형상의 제품 제작에 사용한다.

56 **연속주조법**

제선공정과 제강공정을 거쳐 만들어진 용강(Molton Steel)을 주형에 넣고 강괴를 만든 다음, 연속하는 롤러장치인 연속 주조기를 통과시켜 슬래브나 블룸, 빌릿을 만드는 제조법이다. 순차적으로 생산하므로 제품의 외관이 좋으며 대량 생산이 가능하다.

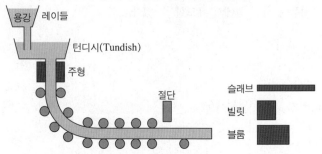

57 프랑스는 NF를 기호로 사용한다.
SNV는 스위스의 기호이다.

58 배척은 실물보다 크게 확대해서 그리는 것으로 2:1, 20:1의 형태로 표시한다.

59 **응급처치의 구명 4단계**

- 1단계 - 기도유지 : 질식을 막기 위해 기도 개방 후 이물질 제거, 호흡이 끊어지면 인공호흡을 한다.
- 2단계 - 지혈 : 상처 부위의 피를 멈추게 하여 혈액 부족으로 인한 혼수상태 예방
- 3단계 - 쇼크방지 : 호흡곤란이나 혈액 부족을 제외한 심리적 충격에 의한 쇼크 예방
- 4단계 - 상처의 치료 : 환자의 의식이 있는 상태에서 치료를 시작하며, 충격을 해소시켜야 한다.

60 **인공지능과 인간의 첫 대결** : 1967년 체스 프로그램인 '맥핵'과 철학자 드레퓌스와의 대결에서 인공지능이 승리했다.

[한국사는 별도 해설 없음]

기출복원문제 정답 및 해설

제 **4** 회

01	02	03	04	05	06	07	08	09	10	11	12	13	14
⑤	②	②	①	③	③	③	③	③	②	④	③	②	③
15	16	17	18	19	20	21	22	23	24	25	26	27	28
②	②	③	④	②	②	③	②	④	②	②	①	①	③
29	30	31	32	33	34	35	36	37	38	39	40	41	42
②	②	①	③	②	②	①	①	③	③	③	⑤	⑤	②
43	44	45	46	47	48	49	50	51	52	53	54	55	56
③	④	⑤	④	②	①	⑤	④	④	④	③	④	⑤	③
57	58	59	60	61	62	63	64	65	66	67	68	69	70
⑤	③	④	④	①	①	②	④	①	①	④	②	⑤	④

01 A : B : C의 지름비가 $1 : 2 : 3$인 모세관의 올라간 물의 높이 비율은 $6 : 3 : 2$이다.

02 ① 응력 ③ 속도 ④ 밀도 ⑤ 힘

03 지름이 일정한 수평의 원형 관 내부를 층류 유동으로 유체가 이동할 때 압력은 선형으로 감소한다.

04 축 방향의 응력이 원주 방향의 응력보다 $\frac{1}{2}$이 작으므로 0.5배이다.

절단 방향에 따른 단면적과 응력

구 분	축 방향 절단 시 응력 (축 방향 응력)	원주 방향 절단 시 응력 (원주 방향 응력)
단면적 (A)	$A = \pi dt$	$A = 2tL$ 길이 L 두께 t
응 력	$\sigma = \dfrac{PD}{4t}$	$\sigma = \dfrac{PD}{2t}$

05 출력, $P = \gamma Q H \eta$
$$= 9,800 \times 20 \times 100 \times 0.8$$
$$= 15.68[\text{MW}]$$

06 최대 속도, $v_{\max} = \dfrac{3}{2} v_{ave}$

$v_{ave} = \dfrac{2}{3} v_{\max} \fallingdotseq 0.667 v_{\max}$

07 기체를 압축할 때는 단열과정으로 보며 이때의 체적탄성계수, $K = kP$가 적용되고, 액체를 압축할 때는 등온과정으로 보며 이때의 체적탄성계수, $K = P$를 적용한다.

08 피토관은 유속측정기기에 속한다.

09 복수기(Condenser)는 터빈을 돌리고 빠져나온 물과 증기가 섞인 유체를 차가운 물을 담고 유동하고 있는 파이프 주변을 지나게 하며, 이 유체는 냉각되면서 물이 된다.

10 압축비가 일정할 때 이론 열효율이 가장 높은 사이클
오토 > 사바테 > 디젤

11 브레이튼사이클은 가스터빈기관의 이상 사이클로 George Brayton이 1870년 자신의 석유연소 왕복기관을 구동시키기 위해 처음 개발한 사이클이다.
① 카르노사이클 : 열기관의 이상 사이클
② 사바테사이클 : 디젤기관의 기본 사이클로 정압 사이클과 정적 사이클로 이루어진 사이클로써 복합 사이클 또는 정적·정압 사이클로도 불린다.
③ 랭킨사이클 : 증기기관의 이상 사이클로 전기를 발생시키는 'Power Cycle'에 속한다. 보일러와 터빈, 복수기(Condenser)와 급수펌프로 구성된 사이클
⑤ 에릭슨사이클 : 2개의 정압과정과 2개의 등온과정으로 이루어짐

12 슈테판-볼츠만 법칙(Stefan-Boltzman Law)은 태양의 흑체가 단위 면적당 만들어내는 방출에너지 (E)는 절대온도의 4제곱에 비례한다는 흑체의 단위 면적당 복사에너지(E)를 정의했다.
$E = \sigma T^4$
여기서, σ : 슈테판-볼츠만 상수($5.67 \times 10^{-8}[\mathrm{Wm^{-2}K^{-4}}]$), T : 절대온도

13 폴리트로픽 변화의 관계식이 $PV^n = \mathrm{const}$에서 $n = 0$일 경우 정압변화가 일어난다.

14 사바테사이클은 고속 디젤기관의 기본 사이클로 정압 사이클과 정적 사이클로 이루어진 사이클로써 복합 사이클 또는 정적·정압 사이클로도 불린다.

15 $P - V$선도에서 공업일과 절대일을 모두 확인할 수 있다.

16 디젤 노크를 방지하려면 세탄가를 높게 한다.

17 Al에 Si(규소, 실리콘)가 고용될 수 있는 한계는 공정온도인 577[℃]에서 약 1.6[%]이고, 공정점은 12.6[%]이다. 이 부근의 주조조직은 육각판의 모양으로, 크고 거칠며 취성이 있어서 실용성이 없는데, 나트륨이나 수산화나트륨, 플루오르화 알칼리, 알칼리 염류 등을 용탕 안에 넣으면 조직이 미세화되며, 공정점과 온도가 14[%], 556[℃]로 이동하는데 이 처리를 개량처리라고 한다.

18 배럴가공(Barrel Finishing)은 회전하는 통 속에 가공물과 숫돌입자, 가공액, 컴파운드 등을 모두 넣고 회전시킴으로써 가공물이 입자와 충돌하는 동안에 공작물 표면의 요철(凹凸)을 제거하여 매끈한 가공면을 얻는 가공법이다.

19 **탄소강에 크로뮴(Cr)이 합금될 때의 영향**
- 강도와 경도를 증가시킨다.
- 탄화물을 만들기 쉽게 한다.
- 내식성, 내열성, 내마모성을 증가시킨다.

20 **재결정의 일반적인 특징**
- 가공도가 클수록 재결정 온도는 낮아진다.
- 재결정 온도는 가열시간이 길수록 낮아진다.
- 재결정은 강도를 저하시키나 연성은 증가시킨다.
- 결정입자의 크기가 작을수록 재결정 온도는 낮아진다.
- 재결정 온도는 일반적으로 1시간 안에 95[%] 이상의 재결정이 이루어지는 온도로 정의한다.

21 침투탐상검사는 PT, 와전류탐상시험은 ET를 기호로 사용한다.

22 Al의 비중은 2.7이다.

23 면심입방격자의 단위격자 내 원자수는 4개이다.
Fe의 결정구조의 종류 및 특징

종 류	성 질	원 소	단위격자	배위수	원자충진율
체심입방격자(BCC) (Body Centered Cubic)	• 강도가 크다. • 용융점이 높다. • 전성과 연성이 작다.	W, Cr, Mo, V, Na, K	2개	8	68[%]
면심입방격자(FCC) (Face Centered Cubic)	• 전기전도도가 크다. • 가공성이 우수하다. • 장신구로 사용된다. • 전성과 연성이 크다. • 연한 성질의 재료이다.	Al, Ag, Au, Cu, Ni, Pb, Pt, Ca	4개	12	74[%]
조밀육방격자(HCP) (Hexagonal Close Packed lattice)	• 전성과 연성이 작다. • 가공성이 좋지 않다.	Mg, Zn, Ti, Be, Hg, Zr, Cd, Ce	2개	12	74[%]

24 **불림(Normalizing)** : 담금질 정도가 심하거나 결정입자가 조대해진 강, 소성가공이나 주조로 거칠어진 조직을 표준화 조직으로 만들기 위하여 A_3점(968[℃])이나 Acm(시멘타이트)점보다 $30\sim50[℃]$ 이상의 온도로 가열 후 공랭시킨다.

25　순철은 탄소함유량이 0.02[%] 이하인 금속재료를 말한다.

26　크리프(Creep)는 고온에서 재료에 일정 크기의 하중(정하중)을 작용시키면 시간이 경과함에 따라
　　변형이 증가하는 현상이다. 이것은 변형량과 시간과의 관계를 나타낸다.

27　**선팽창계수가 큰 순서**

납(Pb) > 마그네슘(Mg) > 알루미늄(Al) > 구리(Cu) > 철(Fe) > 크로뮴(Cr)

28　침탄법은 표면경화 처리 후 추가 열처리 작업이 필요하다.
　　침탄법의 특징
　　• 표면경화 시간이 짧다.
　　• 침탄 후 수정이 가능하다.
　　• 침탄 후 열처리가 필요하다.
　　• 고체침탄법과 기체침탄법이 있다.
　　• 침탄 후 경화에 의해 변형이 생긴다.

29　**피닝** : 타격부분이 구면인 특수 해머를 사용하여 모재의 표면에 지속적으로 충격을 가해줌으로써
　　재료 내부에 있는 잔류응력을 완화시키며 표면층에 소성변형을 주는 방법

30　최소 측정값 $= \dfrac{\text{나사의 피치}}{\text{딤블의 등분수}} = \dfrac{0.5[\text{mm}]}{100} = 0.005[\text{mm}]$

31　페룰(Ferrule)은 모재와 스터드가 통전할 수 있도록 연결해 주는 요소로 아크 공간을 대기와 차단하여
　　아크분위기를 보호한다. 아크열을 집중시켜주며 용착금속의 누출을 방지하고 작업자의 눈도 보호해
　　준다.

32　**테일러(Tayer)의 공구 수명식**

$$vT^n = C$$

　　여기서, v : 절삭속도, T : 공구 수명, C : 절삭깊이, 공구재질 등에 따른 상수값,
　　　　　　n : 공구와 공작물에 따른 지수

33　측정기의 정도 검사에는 표준용 A(0)급을 사용한다.

게이지 블록의 등급에 따른 분류

등 급	사용목적	사용내용	검사주기
AA(00)급	연구소용, 참조용	연구용, 학술용	3년
A(0)급	표준용	측정기의 정도 검사	2년
B(1)급	검사용	• 부품이나 공구 검사 • 게이지 제작	1년
C(2)급	공작용	• 공구 설치 • 측정기의 정도 조정	6개월

34 전조가공은 가공속도가 빨라서 대량 생산에 적합하다.

35 셀몰드법은 금속 모형을 약 250~300[℃]로 가열한 후, 모형 위에 규소수지를 바르고 150~200mesh 정도의 SiO_2와 열경화성 합성수지를 배합한 주형재 속에 잠기게 하여 주형을 제작한다.

36 강판으로 된 재료에 암나사 가공을 하는데 사용하는 공구는 탭이다.
핸드탭 : 일반적으로 3개가 1조이다.

탭 번호	가공량 및 정밀도
1번 탭	55[%]로 황삭
2번 탭	25[%] 중삭
3번 탭	20[%] 가공 정삭

37 인베스트먼트 주조법은 모형 조립 → 주형 제작 → 왁스 모형 → 주물 완성 → 가열 순으로 작업한다.
인베스트먼트 주조법
제품과 동일한 모형을 왁스(양초)나 파라핀(합성수지)으로 만든 후, 그 주변을 슬러리 상태의 내화재료로 도포한 다음 가열하여 주형을 경화시키면서 내부의 모형을 용융시켜 빼냄으로써 주형을 완성하는 주조법이다. 로스트 왁스법 또는 주물의 치수 정밀도가 좋아서 정밀 주조법으로도 불린다.

38 버니싱은 정밀도가 높지 않다.

39 숫돌의 이상 현상인 로우딩(Loading)은 눈메움 불량으로 숫돌 표면의 기공 안으로 칩이 메워져서 연삭성이 나빠지는 현상이다.
로우딩(눈메움)의 발생 원인
• 조직이 치밀할 때
• 연삭 깊이가 클 때
• 기공이 너무 작을 때
• 연성이 큰 재료를 연삭할 때
• 숫돌의 원주 속도가 너무 느릴 때

40 유압탱크에서 작동유를 유압장치 내부로 유입시킬 때 스트레이너를 통해 불순물을 거르게 한다.

41 카운터밸런스밸브은 압회로에서 한쪽 흐름에는 배압을 만들고, 다른 방향은 자유
흐름이 되도록 만들어 주는 밸브다. 또한 이 밸브의 내부에는 체크밸브가 필수로
설치된다.

42 미터인회로는 액추에이터(실린더)의 공급 측 관로에 유량제어밸브를 설치하여 릴리프밸브의 설정
압력으로 유량을 제어함으로써 속도를 제어하는 회로이다. 유량제어밸브를 통해 제어되는 압력은
7~10[Pa]정도이다.

43 플러싱은 유압장치를 새로 설치할 때나 작동유를 교환할 때 관로 내부의 이물질을 제거하기 위한
청정 작업이다.

44 크랭킹 압력은 유체가 유동하는 관로 내부의 압력이 상승할 때 관로 사이에 설치된 체크밸브나
릴리프밸브가 열리기 시작할 때의 압력을 말한다.

45 오리피스는 유체가 흐르는 관 내부를 작은 구멍이 뚫린 판으로 가로막아 유체가 이 좁은 구멍을
통과하게 함으로써 압력과 유속을 변화시킨다.

[오리피스]

46 한 변의 길이가 L인 정사각형의 단면 X–X축에 대한 단면계수$(Z) = \dfrac{\sqrt{2}}{12} L^3$

47 SFD선도는 BMD선도의 미분곡선이다.

48 탄성변형에너지의 레질리언스 계수,
$$u = \frac{\sigma^2}{2E}$$
여기서, E : 세로탄성계수

49 **사다리꼴나사**

사다리꼴나사는 공작기계의 이송용, 운동용으로 사용되며 애크미(Acme)나사라고도 불린다.
① 미터나사 : 미터계 나사로 나사산의 각도가 60[°]이다.
② 관용나사 : 인치계 나사로 나사산의 각도가 55[°]이다.
③ 사각나사 : 프레스 장치의 동력 전달용이나 축방향의 큰 하중을 받는 곳에 사용한다.
④ 톱니나사 : 힘을 한쪽 방향으로만 받는 곳에 사용한다.

50 **유니버셜 조인트(Universal Joint, 유니버셜 커플링)**
두 축이 같은 평면 내에 있으면서 그 중심선이 서로 30[°] 이내의 각도를 이루고 교차하는 경우에 사용되며 훅 조인트(Hook's Joint)라고도 불린다. 공작기계나 자동차의 동력전달기구, 압연 롤러의 전동축 등에 널리 쓰인다.

51 클러치 전달토크, $T = F \times \dfrac{D_m}{2} = \mu Q \dfrac{D_m}{2} = 0.3 \times 500[\mathrm{kgf}] \times \dfrac{60[\mathrm{mm}]}{2} = 4,500[\mathrm{kgf \cdot mm}]$ 를 토크를 구하는 식에 대입하면

$$T = 716,200 \times \frac{H_{\mathrm{PS}}}{N}$$

$$4,500[\mathrm{kgf \cdot mm}] = 716,200 \times \frac{H_{\mathrm{PS}}}{716.2}$$

$$\therefore \ H_{\mathrm{PS}} = \frac{4,500}{1,000} = 4.5[\mathrm{PS}]$$

52 스플라인키(Spline Key)는 축의 둘레에 원주방향으로 여러 개의 키 홈을 깎아 만든 것으로 세레이션 키 다음으로 큰 동력(토크)을 전달할 수 있다. 내구성이 크고 축과 보스와의 중심축을 정확히 맞출 수 있어서 축 방향으로 자유로운 미끄럼 운동이 가능하여 자동차 변속기의 축용 재료로 사용된다.

53 전조가공은 두 개 또는 그 이상의 다이나 롤러 사이에 재료나 공구 또는 재료와 공구를 함께 회전시켜 재료 내외부에 공구의 표면 형상을 새기는 특수 압연법이다.

54 **만네스만 강관 제조법**
속이 찬 빌릿이나 봉재에 1,200[℃]의 열을 가한 후 2개의 롤러에 재료를 물려 넣으면 재료 내부에 인장력이 작용하여 중심부에 구멍(공극)이 생기는데 이 구멍에 맨드릴(심봉)을 내밀어서 원하는 크기와 두께의 강관을 제조하는 방법

드로잉 가공의 종류
• 아이어닝(Ironing)
• 스피닝가공(Spinning)
• 하이드로포밍
• 딥 드로잉가공(Deep Drawing Work) : 오므리기 가공

55 적외선의 파장은 가시광선보다 길다.
- 자외선(Ultraviolet Ray) : 가시광선보다는 파장이 짧고 X선보다는 파장이 긴 전자기파의 일종
- 적외선(Infrared Ray) : 태양과 같은 발광물체에서 방출되는 빛을 스펙트럼으로 분산시켰을 때 적색 스펙트럼의 끝보다 더 바깥쪽에 있어서 적외선이라고 불리는데 파장은 가시광선보다 길다.

56 **블랭킹(Blanking)** : 프레스가공의 일종으로 펀치와 다이를 이용해서 판금할 재료로부터 제품의 외형을 따내는 작업이다. 따낸(잘린) 부분이 제품이므로 재료의 손실이 커서 비효율적이다.
② 펀칭 : 판재를 펀칭으로 절단하고 남은 부분이 제품이 되는 가공. 잘린 부분은 스크랩이다.

57 **일반 구조용 압연강재 - SS400의 경우**
- S : Steel
- S : 일반 구조용 압연재(general Structural purposes)
- 400 : 최저 인장강도 400[N/mm^2]

58
- 래핑 - GL
- 리머다듬질 - FR

59 알파고는 2016년 이세돌 9단과의 바둑대결에서 승리한 AI 프로그램이다.

60 **Six Sigma(6 시그마)**
모토로라에 근무하던 마이클 해리에 의해 창안된 품질 향상 기법으로 통계지식을 활용한 것이 특징이다. '6 시그마'란 통계학적으로 제품이 1백만개 생산될 때 3.4개(3.4ppm)의 불량품이 발생한다는 품질수준을 나타내는 용어이다.

[한국사는 별도 해설 없음]

01	02	03	04	05	06	07	08	09	10	11	12	13	14
③	②	①	③	⑤	②	④	④	③	④	④	③	②	①
15	16	17	18	19	20	21	22	23	24	25	26	27	28
④	⑤	④	④	③	②	①	⑤	③	③	①	②	④	②
29	30	31	32	33	34	35	36	37	38	39	40	41	42
⑤	④	②	⑤	③	③	①	②	④	③	②	③	③	②
43	44	45	46	47	48	49	50	51	52	53	54	55	56
③	⑤	②	①	③	④	④	②	⑤	③	④	①	②	⑤
57	58	59	60	61	62	63	64	65	66	67	68	69	70
①	③	④	②	④	③	④	②	④	⑤	②	③	④	①

01 유체의 유동에 많은 영향을 미치는 것은 뉴턴의 점성력이다.

뉴턴의 점성력 공식, $F = \eta \dfrac{\partial v}{\partial L} A$에서 보면,

평판 사이의 거리 L이 커질수록 점성력 F는 작아지고 평판의 이동에 필요한 힘도 작아지므로 ③번은 틀린 표현이다.

뉴턴의 점성력(F)

$$F = \eta \frac{\partial v}{\partial x} s$$

여기서, η : 점성률
v : 속도
x : 평판으로부터 떨어진 거리(해당 문제에서는 L)
s : y축에 투영한 넓이(해당 문제에서는 A)

02 벤투리미터는 유량 측정기이다.
① 피토관 : 유속 측정기
③ 열선속도계 : 유속 측정기
④ 시차액주계 : 유속 측정기
⑤ 초음파유속계 : 유속 측정기

03 수은의 비중은 물에 비해 13.6배 무거워서 다른 액체들보다 한정된 온도계 안에서 기압의 크기 차이의 표시가 가능하므로 기압계에 수은을 작동유체로 사용한다.

04 액체 속에 잠긴 경사면의 도심에 작용하는 힘,
$F = \gamma$(비중량)$\times \bar{h} \times A$(작용면적)

안심Touch

05 유선(Stream Line)은 유체 입자가 곡선을 따라 유동할 때, 모든 점에서 유체 입자의 속도 벡터의 방향과 접선이 되는 가상의 곡선을 이은 연속적인 선이다.

06 뉴턴유체는 유체의 속도구배와 전단응력이 선형적으로 비례하는 유체로 물이나 공기, 기름 등이 있다.

07 충격력,
$F = \rho A v^2$(여기서, 속도 v=10+3=13[m/s]로 작용)
  $= 1,000[kg/m^3] \times 0.01[m^2] \times (13[m/s])^2$
  $= 1,690[kg \cdot m/s^2]$
  $= 1,690[N]$

08 골프공 표면의 올록볼록한 모양인 딤플은 압력저항을 줄이는데 효과적이다.

09 교축과정은 압력이 급격히 떨어지는 현상이 발생되므로 교축과정 동안에는 압력 손실이 발생한다.
교축과정
노즐이나 오리피스와 같이 관의 직경이 급격히 작아지는 부분을 유체가 통과하면 압력도 급격히 떨어지면서 와류가 발생되어 압력 손실이 발생한다. 교축과정이 일어나는 동안에는 외부와의 일(W) 교환이 없으며 열도 차단되는 단열과정으로 간주한다.

10 성적계수, $\varepsilon_r = \dfrac{증발기}{응축기 - 증발기} = \dfrac{270}{370 - 270} = 2.7$

• 냉동사이클의 성적계수(성능계수) : 냉동효과를 나타내는 기준이 되는 수치
$$\varepsilon_r = \frac{저온체에서 흡수한 열량}{공급열량} = \frac{Q_2}{Q_1 - Q_2} = \frac{T_2}{T_1 - T_2} = \frac{증발기}{응축기 - 증발기}$$

11 오토사이클의 열효율,
$$\eta = \frac{Q_H - Q_L}{Q_H} = 1 - \frac{Q_L}{Q_H} = 1 - \frac{C_v(T_4 - T_1)}{C_v(T_3 - T_2)} = 1 - \frac{T_4 - T_1}{T_3 - T_2}$$

12 디젤노크를 방지하려면 실린더 외벽의 온도를 높게 한다.
디젤노크의 방지대책
• 실린더 체적을 크게 한다.
• 압축비와 세탄가를 높게 한다.
• 엔진의 회전속도와 착화온도를 낮게 한다.
• 흡기온도와 실린더 외벽의 온도를 높게 한다.

13 연료 소모량 공식에 적용할 효율을 구하기 위해 카르노사이클 열효율 공식에 대입한다.

• 카르노사이클의 열효율, $\eta = 1 - \dfrac{Q_L}{Q_H} = 1 - \dfrac{T_L}{T_H} = 1 - \dfrac{273[℃] + 27[℃]}{273[℃] + 527[℃]} = 0.625$

- 연료 소모량, $F = \dfrac{\text{보일러 용량}}{\text{저위발열량} \times \text{효율}} = \dfrac{100 \times 10^6\,[\text{J/s}]}{20 \times 10^6\,[\text{J/kg}] \times 0.625} = 8\,[\text{kg/s}]$

14 **공기조화의 4대 요소** : 온도, 기류, 습도, 청정도

15 **옥탄가 90** : 내폭성이 높은 연료인 이소옥탄의 체적이 90[%]이다.

16 **가연성 가스의 불꽃 온도[℃]**

가스 종류	아세틸렌	부 탄	수 소	프로판	메 탄
불꽃 온도	3,430[℃]	2,926[℃]	2,960[℃]	2,820[℃]	2,700[℃]

17 쾌삭강은 강 재료에 S(황)을 합금시켜 제조한다.

18 **화이트메탈** : Sn+Sb+Zn+Cu의 합금으로 내열성이 우수해서 주로 내연기관용 베어링 재료로 사용되며 배빗메탈로도 불린다.

19 강에 Mn을 첨가해주면 강의 인성을 증가시키며 고온 가공도 쉽게 할 수 있도록 해준다.

20 주철은 용융점이 낮고 유동성이 좋아서 주조성이 우수하다.

21 방사선투과검사(RT)는 내부결함의 검출에 용이한 비파괴검사법으로 기공이나 라미네이션 결함 등을 검출할 수 없다.
라미네이션
압연방향으로 얇은 층이 발생하는 내부결함으로 강괴 내에 수축공, 기공, 슬래그가 잔류하면 미압착된 부분이 생겨서 이 부분에 중공이 생기는 불량

22 게이지(측정기)용 강의 열팽창계수는 구리보다 작아야 하며 취성이 커야 한다.

23 **엘렉트론(Elektron) 합금** : Mg-Al계 합금에 소량의 Zn과 Mn을 넣은 신소재로 항공기나 자동차, 정밀 기계용 부품재료로 널리 사용된다.

24 **강의 담금질 조직의 냉각속도가 빠른 순서**

오스테나이트 > 마르텐자이트 > 트루스타이트 > 소르바이트 > 펄라이트

25 **쇼어 경도(H_S)** : 추를 일정한 높이(h_0)에서 낙하시켜, 이 추의 반발 높이(h_1)를 측정하여 경도 측정

$$H_S = \frac{10,000}{65} \times \frac{h_1(\text{추의 반발 높이})}{h_0(\text{추의 낙하 높이})}$$

26 공석반응은 하나의 고상(γ 고용체)에서 다른 2개의 고상(α 고용체, Fe_3C)이 나오는 반응이다. 이러한 공석반응을 통해서 펄라이트 조직이 생성된다.

① 공정반응 : 두 개의 성분 금속이 용융 상태에서는 하나의 액체로 존재하나 응고 시에는 일정 온도에서 일정한 비율로 두 종류의 금속이 동시에 정출되어 나오는 반응

③ 포정반응 : 액상과 고상이 냉각될 때는 또 다른 하나의 고상으로 바뀌나 반대로 가열될 때는 하나의 고상이 액상과 또 다른 고상으로 바뀌는 반응

④ 편정반응 : 냉각 중 액상이 처음의 액상과는 다른 조성의 액상과 고상으로 변하는 반응

⑤ 포석반응 : 냉각 중 두 개의 고상이 처음의 두 고상과는 다른 조성의 고상으로 변하는 반응

27 하드페이싱 : 금속 표면에 스텔라이트나 초경합금 등의 재료를 용착시켜 제품의 표면에 경화층을 만드는 방법

① 숏피닝 : 강이나 주철제의 작은 강구(볼)를 금속 표면에 고속으로 분사하여 표면층을 냉간가공에 의한 가공경화 효과로 경화시키면서 압축 잔류응력을 부여하여 금속 부품의 피로수명을 향상시키는 표면경화법이다.

② 질화법 : 암모니아(NH_3) 가스 분위기(영역) 안에 재료를 넣고 500[℃]에서 50~100시간을 가열하면 재료표면에 Al, Cr, Mo 원소와 함께 질소가 확산되면서 강 재료의 표면이 단단해지는 표면경화법이다. 내연기관의 실린더 내벽이나 고압용 터빈날개를 표면경화할 때 주로 사용된다.

③ 액체호닝 : 물과 혼합한 연마제를 압축 공기를 이용하여 노즐로 가공할 표면에 고속으로 분사시켜 공작물의 표면을 매끄럽게 다듬는 가공법이다.

⑤ 금속침투법 : 경화시키고자 하는 재료의 표면을 가열한 후 여기에 다른 종류의 금속을 확산작용으로 부착시켜 합금 피복층을 얻는 표면경화법이다.

28 액체 침탄법 : 재료 표면의 내마모성 향상을 위해 KCN(사이안화칼륨), NaCN(사이안화나트륨), 사이안화소다 등을 750~900[℃]에서 30분~1시간 침탄시키는 표면경화법으로, 침탄과 질화가 동시에 된다는 특징이 있다.

29 **선반 작업 시 발생하는 칩(Chip)의 종류**
- 유동형 칩
- 전단형 칩
- 균열형 칩
- 열단형 칩

30 선반 가공에서 나사 절삭을 위해 사용하는 것은 하프너트이다.

31 리밍은 드릴로 뚫은 구멍의 정밀도 향상을 위하여 리머 공구로 구멍의 내면을 다듬는 작업이다.

32 호빙머신으로는 기어 이의 형상에 굴곡이 심한 스파이럴 베벨기어는 가공할 수 없다.

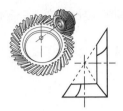

[스파이럴 베벨기어]

33 표준 드릴의 날끝각의 크기는 118°이다.

34 마이크로미터가 나타내는 측정값을 계산하면 다음과 같다.
7.5 + 0.30 = 7.8[mm]

35 점용접(Spot Welding)은 구리합금 전극 사이에 모재를 겹쳐 놓고 전극으로 가압하면서 전류를 통할 때 발생하는 저항열로 접촉 부위를 접합시키는 방법으로, 주로 자동차나 가전제품 등 얇은 판의 접합에 사용되는 용접법이다.

36 **주축 회전수(n)**

$$n = \frac{1,000v}{\pi d} = \frac{1,000 \times 314}{3.14 \times 100} = 1,000 [\text{rpm}]$$

여기서, n : 주축 회전수[rpm]
      v : 절삭속도[m/min]
      d : 공작물의 지름[mm]

37 트루잉(Truing) : 연삭숫돌은 작업 중 입자가 닳거나 떨어져 나가면서 원래의 모양에서 점차 변형이 되는데, 이때 숫돌을 원래의 모양으로 수정하는 작업이다. 공구는 '드레서'를 주로 사용해서 트루잉과 드레싱 작업이 동시에 된다는 장점이 있다.

38 **드릴링 작업에서의 미터보통나사의 기초구멍**

기초구멍 = 나사의 유효지름 − 피치

따라서 이 미터보통나사의 유효지름은 10[mm], 피치는 1.5[mm]이므로 기준구멍은 8.5[mm]가 된다.
※ 드릴링 작업 중 큰 지름을 뚫기 위해서는 먼저 작은 구멍을 만들어야 하는데 이 작은 구멍을 기초구멍이라고 한다.

39 **심압대 편위량(e)**

$$e = \frac{L(D-d)}{2l} = \frac{500(44-40)}{2 \times 200} = \frac{2,000}{400} = 5[\text{mm}]$$

40 드레인 : 유압기기의 관로에서 유체가 탱크로 돌아오는 현상을 말한다.

안심Touch

① 서징(맥동) : 펌프가 운전할 때 압력계의 눈금이 요동치면서 토출량이 변하여 흡입과 토출배관에서 주기적으로 진동과 소음이 발생하는 현상이다.

⑤ 채터링 : 밸브가 진동을 일으켜서 밸브자리인 시트면을 심하게 두드리며 소음을 내는 현상을 말한다.

41　절삭유의 종류별 특징

분 류	종 류	특 징
수용성 절삭유	알칼리성 수용액	냉각작용이 좋은 물에 알칼리성 첨가제를 방부제로 혼합한 중크롬산 수용액이 대표적이며 주로 연삭작업에 사용된다.
	유화유	광유에 비누를 첨가하면 유화되는데, 냉각작용과 윤활성이 좋고 값이 싸므로 절삭제로 주로 사용되며 용도에 따라 물을 섞어 사용한다.
불수용성 절삭유	광 유	• 경유, 머신 오일, 스핀들 오일 등이 있다. • 윤활성은 좋으나 냉각성능이 떨어져서 경절삭용으로 사용된다.
	동식물유	• 냉각작용이 좋아서 다듬질 가공에 주로 사용된다. • 돈유, 올리브유, 피자마유, 콩기름, 종자유 등이 있다. • 라드유는 점성이 높아서 저속 절삭에 적합하다.

42　릴리프밸브는 유압회로에서 회로 내 압력이 설정값 이상이 되면 그 압력에 의해 밸브가 열리면서 압력을 일정하게 유지시켜 주는 밸브로써 안전밸브의 일종이다.

43　쇽업소버 : 오일의 점성을 이용하여 진동을 흡수하거나 충격을 완화시킬 수 있는 유압장치이다.

[쇽업소버]

44　기어펌프에서 발생하는 폐입현상을 방지하려면 릴리프 홈이 적용된 기어를 사용한다.

폐입현상

기어의 두 치형 사이에 있는 틈새에 가둬진 상태로 크기는 유동적이며 유압유의 팽창과 압축이 반복된다. 이 현상 때문에 거품의 발생량이 많아지고 진동과 소음의 원인이 된다.

45　체크밸브란 유체(기체+액체)의 역류를 방지하기 위해 한쪽 방향으로만 흐르게 하는 밸브이다.

[체크밸브 기호]

46

$$단면적\ 변화율 = \frac{\Delta A(단면적\ 변화량)}{A(처음\ 단면적)} = 2\nu\varepsilon$$

$$\Delta A = 2\nu\varepsilon A = 2 \times 0.5\varepsilon \times A = \varepsilon A$$

푸아송의 비(Poisson's Ratio, ν)

봉 재료가 축 방향의 인장하중을 받으면 길이가 늘어나지만 직경은 줄어들게 되는데, 이처럼 축 방향의 변형률에 대한 직경 방향의 변형률의 비로 나타낸 것이다.

$$\nu = \frac{\varepsilon'}{\varepsilon} = \frac{\text{횡 변형률}}{\text{종 변형률}} = \frac{\frac{\delta}{d}}{\frac{\lambda}{l}} = \frac{\delta l}{d\lambda}$$

47 변형량식을 이용하여 탄성계수를 구한다.

$$\delta = \frac{PL}{AE}$$

$$2[\text{mm}] = \frac{(50 \times 10^3)[\text{N}] \times 100[\text{mm}]}{500[\text{mm}^2] \times E}$$

$$E = \frac{50 \times 10^3[\text{N}] \times 100[\text{mm}]}{500[\text{mm}^2] \times 2[\text{mm}]}$$

$$= 5,000[\text{N/mm}^2]$$

$$= 5,000 \times 10^{-6}[\text{N/m}^2]$$

$$= 5 \times 10^{-9}[\text{N/m}^2] = 5[\text{GPa}]$$

변형량(δ)

$$\delta = \frac{PL}{AE}$$

여기서, P : 작용한 하중[N]

L : 재료의 길이[mm]

A : 단면적[mm^2]

E : 세로탄성계수[N/mm^2]

48 외팔보의 분포하중에서 자유단 처짐량, $\delta_{\max} = \frac{wl^4}{8EI}$ 이다.

보에 작용하는 힘의 종류		$M_{\max}$	$\delta_{\max}$	$\theta_{\max}$
	외팔보 집중하중	Pl	$\dfrac{Pl^3}{3EI}$	$\dfrac{Pl^2}{2EI}$
	외팔보 분포하중	$\dfrac{wl^2}{2}$	$\dfrac{wl^4}{8EI}$	$\dfrac{wl^3}{6EI}$

49 둥근 나사는 나사산의 모양이 둥근 모양으로, 먼지나 모래 등이 많은 곳에 사용한다.

50 오일리스 베어링은 다공질이므로 일반 베어링들 보다 강인성은 다소 떨어진다.

51 타이밍벨트는 미끄럼을 방지하기 위하여 벨트 안쪽의 접촉면에 치형(이)을 붙여 맞물림에 의해 동력을 전달하는 벨트로, 정확한 속도비가 필요한 경우에 사용한다.

52 베어링 호칭번호가 6304이므로 안지름은 20[mm]임을 알 수 있다.
베어링의 한계속도계수 $= d \times n$이므로,
$120,000[\text{mm} \cdot \text{rpm}] = 20[\text{mm}] \times n$
$\therefore n = \dfrac{120,000[\text{mm} \cdot \text{rpm}]}{20[\text{mm}]} = 6,000[\text{rpm}]$

53 이어링(Earing, 귀생김) 현상은 판재의 평면 이방성으로 인해 드로잉 된 컵 형상의 벽면 끝에 생긴 파도 모양의 형상으로, 귀생김과 비슷하다고 하여 귀생김 현상으로도 불린다.

54 플래시(Flash) 현상 : 금형에서 주입부 외의 부분인 파팅 라인(Parting Line), 이젝터 핀(Ejector Pin) 등의 틈새에서 용융된 플라스틱이 흘러나와 고화되거나 얇은 조각의 수지가 생기는 불량으로 금형의 접합부에서 발생하는 성형불량이다. 이를 방지하기 위해서는 금형 자체의 밀착성을 좋게 하도록 체결력을 높여야 한다.

55 토글기구 : 지렛대의 원리를 이용해서 작은 조작력으로 큰 힘을 내게 하는 기구로 금속절단기나 암석분쇄기, 프레스 등 짧은 거리를 운동하며 큰 힘을 내는 기계에 사용된다.

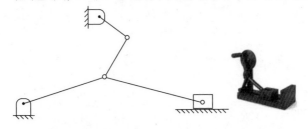

56 전기량과 전하는 쿨롱[C]을 단위로 사용한다.

57 호칭번호가 6203Z인 경우
- 6 : 단열홈형 베어링
- 2 : 경하중형
- 03 : 베어링 안지름번호(= 17[mm])
- Z : 한쪽 실드

58 회주철품은 회색의 색을 띄는 주철을 말하는 것으로, KS 기호는 Gray Cast Iron의 약자인 GC를 사용한다.

59 드릴링 머신 작업 시 구멍 뚫기가 끝날 무렵에는 칩의 튐 방지와 더욱 정밀한 마무리 작업을 위해 이송을 천천히 해야 한다.

60 유류 및 가스에 의한 화재는 B급 화재로 분류된다.

화재의 종류

분류	A급 화재	B급 화재	C급 화재
명칭	일반(보통) 화재	유류 및 가스 화재	전기 화재
가연물질	나무, 종이, 섬유 등의 고체 물질	기름, 윤활유, 페인트 등의 액체 물질	전기설비, 기계 전선 등의 물질

[한국사는 별도 해설 없음]

안심Touch

MEMO

MEMO

참 / 고 / 문 / 헌

- 강기주. 최신 기계공작법. 북스힐.

- 강성두. 기계제작기술사. 예문사.

- 강성두. 산업기계설비기술사. 예문사.

- 강철구 외. 유공압 공학. Prentice Hall.

- 부준홍 외. 열역학 7TH Editon. McGraw-Hill.

- 이승평. 간추린 금속재료. 청호.

- 이승평. 그림으로 설명하는 금속재료. 청호.

- 장길홍. 알기 쉬운 열의 세계. 보성각.

- 홍순규. 9급 공무원 기계설계. 시대고시기획.

- 홍순규. 9급 공무원 기계일반. 시대고시기획.

- 홍장표. 기계설계(이론과 실제). 교보문고.

- 한국직업능력개발원(www.ncs.go.kr). NCS 학습모듈. 보일러 계통설계.

- 한국직업능력개발원(www.ncs.go.kr). NCS 학습모듈. 철도차량 유지보수.

- 한국직업능력개발원(www.ncs.go.kr). NCS 학습모듈. 화력발전설비 정비.

- 한국직업능력개발원(www.ncs.go.kr). NCS 학습모듈. 기본측정기 사용.

- Marks' Standard Handbook for Mechanical Engineers 12th Edition. McGraw-Hill

- Shigley's Mechanical Engineering Design. McGraw-Hill.

- SI 재료역학. Mechanics of Materials 8th Edition. Cengage Learning.

좋은 책을 만드는 길
독자님과 함께하겠습니다.

도서나 동영상에 궁금한 점, 아쉬운 점, 만족스러운 점이
있으시다면 어떤 의견이라도 말씀해 주세요.
시대고시기획은 독자님의 의견을 모아 더 좋은 책으로 보답하겠습니다.

www.sidaegosi.com

공사공단 공기업 전공필기 기계직 필수이론 600제

개정2판1쇄 발행	2021년 02월 05일 (인쇄 2020년 12월 14일)
초 판 발 행	2019년 07월 05일 (인쇄 2019년 05월 02일)
발 행 인	박영일
책 임 편 집	이해욱
편 저	홍순규
편 집 진 행	윤진영 · 박형규
표 지 디 자 인	조혜령
편 집 디 자 인	심혜림 · 정경일
발 행 처	(주)시대고시기획
출 판 등 록	제10-1521호
주 소	서울시 마포구 큰우물로 75 [도화동 538 성지 B/D] 9F
전 화	1600-3600
팩 스	02-701-8823
홈 페 이 지	www.sidaegosi.com
I S B N	979-11-254-8833-0(13550)
정 가	25,000원